EINLADUNG

Die meisten von Ihnen kennen **Irland**, obwohl Sie noch gar nicht dort waren. Die gängigen Klischees haben sich festgesetzt. Das schlechte Wetter, der Linksverkehr und die Unruhen haben viele WOMO-Urlauber bisher von der persönlichen Erkundung abgehalten.
Nach dieser Lektüre werden Sie neugierig genug sein und sich nach **Irland** auf den Weg machen.
Aber Vorsicht! Diese Insel macht süchtig nach mehr. Es kann gut sein, dass Sie nach Ihrem ersten **Irland**-Urlaub Ihre bisherigen, liebgewordenen Urlaubsziele mit diesem hier vergleichen und immer wieder auf die in vielen Belangen faszinierende Insel am Rande Europas zurückkommen.

Zum Wetter: Natürlich regnet es in **Irland**. Regelmäßig. Durchgängige Schlechtwetterperioden gibt es aber kaum. Die Iren sagen, es ist immer schönes Wetter *„between the showers"*. Ohne den Regen gäbe es ja nicht die wirklich beeindruckende üppige Vegetation hier.

Zum Linksverkehr: Davor hatten wir vor dem ersten Mal auch Bammel, ganz ehrlich. Sie werden überrascht sein, wie schnell Sie sich, mit freundlicher Unterstützung Ihres Beifahrers, daran gewöhnen. Auf den Straßen fahren ja alle anderen auch links, und an den Kreuzungen gibt es meist eindeutige Fahrbahnmarkierungen. Schwierigkeiten kriegen Sie vielleicht als Fußgänger. Beim seit Kindesbeinen vertrauten Blick nach links beim Überqueren der Straße werden Sie sich erschrecken, wenn das Auto von rechts kommt.

Zu den Unruhen: Um es gleich vorweg zu sagen: Dies ist ein WOMO-Führer für die ***Insel Irland***. Die gelegentlichen Spannungen im britisch verwalteten Teil Ulsters haben keinerlei Auswirkungen auf Individualurlauber. Wenn Sie diesem Büchlein folgen, werden Sie traumhafte Landschaften, dramatische Küstenregionen sowie aufgeschlossene Menschen überall kennen lernen, und das sowohl in der **Republik Irland** als auch in **Nordirland**.

Viele schöne Reisen auf die ***Grüne Insel*** wünscht Ihnen

Ihr

Uwe

Sehr geehrter Leser, lieber WOMO-Freund!

Reiseführer sind für einen gelungenen Urlaub unverzichtbar – das beweisen Sie mit dem Kauf dieses Buches. Aber aktuelle Informationen altern schnell, und ein veralteter Reiseführer macht wenig Freude.
Sie können helfen, Aktualität und Qualität dieses Buches zu verbessern, indem Sie uns nach Ihrer Reise mitteilen, welchen unserer Empfehlungen Sie gefolgt sind (freie Stellplätze, Campingplätze, Wanderungen, Gaststätten usw.) und uns darüber berichten (auch wenn sich gegenüber unseren Beschreibungen nichts geändert hat).
Bitte füllen Sie schon während Ihrer Reise das Info-Blatt am Buchende aus und senden Sie es uns sofort nach Ihrer Rückkehr zu (per Brief, Fax oder formlos als eMail). Dafür gewähren wir Ihnen bei Ihren nächsten Buchbestellungen direkt beim Verlag ein Info-Honorar von 10%.
Bitte schreiben Sie evtl. Korrekturen auch in unser Forum unter: www.forum.womoverlag.de

Um die freien Übernachtungs- und Campingplätze auf einen Blick erfassen zu können, haben wir diese im Text in einem Kasten nochmals farbig hervorgehoben und, wie auf den Karten, fortlaufend durchnummeriert. Wir nennen dabei wichtige Ausstattungsmerkmale und geben Ihnen eine kurze Zufahrtsbeschreibung. "Max. WOMOs" soll dabei andeuten, wie viele WOMOs dieser Platz maximal verträgt und nicht, wie viele auf ihn passen würden (schließlich gibt es auch Einwohner und andere Urlauber)!
Übernachtungsplätze mit **B**ademöglichkeit sind mit hellblauer Farbe unterlegt. **W**anderparkplätze sind grün gekennzeichnet. **P**icknickplätze erkennen sie an der violetten Farbe. Auf Schlafplätzen, denen die gerade genannten Merkmale fehlen – also auf einfache **S**tellplätze – weist die Farbe Gelb hin.
Empfehlenswerte **C**ampingplätze haben olivgrüne Kästchen.
Wanderungen, die wir Ihnen besonders ans Herz legen möchten, haben wir hellgrün unterlegt.

Und hier kommt das Kleingedruckte:
Jede Tour und jeder Stellplatz sind von uns meist mehrfach überprüft worden, wir können jedoch inhaltliche Fehler nie ganz ausschließen. Bitte achten Sie selbst auf Hochwasser, Brandgefahr, Steinschlag und Erdrutsch!
Verlag und Autoren übernehmen keine Verantwortung für die Legalität der veröffentlichten Stellplätze und aller anderen Angaben. Unsere Haftung ist, soweit ein Schaden nicht an Leben, Körper oder Gesundheit eingetreten ist, ausgeschlossen, es sei denn, unsere Verantwortung beruht auf Vorsatz oder grober Fahrlässigkeit.

INHALT

Zeichenerklärungen für die Tourenkarten

Touren / abseits der Touren

Autobahn
4-spurige Straße
Hauptstraße
Nebenstraße
Schotterstraße
Wanderweg

S W P B — WOMO-Stellplatz, Wander-, Picknick-, Badeplatz (nicht für freie Übernachtungen)

11 12 13 14 — WOMO-Stellplatz, Wander-, Picknick-, Badeplatz (geeignet für freie Übernachtungen)

Alle übernachtungsgeeigneten Plätze sind im Text und auf den Tourenkarten fortlaufend durchnummeriert.

Kirche, Kloster
Burg, Schloss, Ruine
1493 m Berggipfel
Ringforts/Dolmen
Sehenswürdigkeit
Aussicht, Rundsicht
Trinkwasser/Dusche
E Ver-/Entsorgung
WC Toilette
Leuchtturm/Höhle
15 empf. Campingplatz
N53° 02'49.6"; W9° 08'24.9" GPS

Gebrauchsanweisung

Irland ist mittlerweile keine vom Wohnmobiltourismus unberührte Insel am Rande Europas mehr. Vor allem irische WOMO-Urlauber sind hier jetzt zunehmend unterwegs, aber auch solche aus Großbritannien, Frankreich, den BeNeLux-Staaten, Deutschland, Österreich und der Schweiz. Das führt jedoch selbst in der Hochsaison selten dazu, dass man mehr als 2 bis 3 WOMOs auf einem Fleck antrifft.

Wir werden auch Sie mit diesem Büchlein nach **Irland** locken, vielleicht zum ersten Mal. Die weiteren Reisen werden Sie dann

automatisch folgen lassen, oder Sie fahren da nie wieder hin. **Irland** ist kein x-beliebiges Reiseziel, es ist eine Sache des Herzens.

Da wir davon ausgehen dürfen, dass auch im nächsten Jahr nicht alle WOMO-Urlauber in Richtung **Irland** starten werden, wird es zu keinem unverträglichen Massenansturm kommen, so dass es auch weiterhin kaum organisierte Gegenmaßnahmen geben wird, um eine ausufernde Belagerung zu verhindern. Das möge bitte auch so bleiben. Es liegt wohl vor allem an uns selbst, die fast immer noch üppig vorhandene WOMO-Freiheit zu bewahren.

Wir führen Sie zu traumhaften Stellplätzen und bringen Ihnen vor allem die irische Seele näher. Sie werden bald merken, dass man hier für den Fremden ein ehrliches und freundliches Interesse zeigt. Speisen Sie nie einen Iren mit einem knappen Gruß wie *"Hallo!"* ab. Ein wenig mehr darf es schon sein. Eine übliche Begrüßung lautet etwa: *"It's a nice day today, isn't it?"* Einige Sätze zum Wetter und dem woher und wohin können auch nicht schaden. Denken Sie bloß nicht, wir verstehen immer alles, doch ein ambitioniertes Schulenglisch ist hier schon ganz nützlich.

Wenn Sie sich die Gesamtdauer aller Touren betrachten und auch einen Blick auf die Kilometer werfen, wird Ihnen unschwer entgehen, dass man, um das Buch "abzufahren", fast 14 Wochen Zeit braucht. Der

Normalurlauber hat üblicherweise nur 3 bis 4 Wochen im Jahr zur Verfügung, also reicht das Buch locker für 4 Urlaube! Versuchen Sie gar nicht erst, die Touren "runterzuschrubben", da hat man nichts von. Die von uns ausgesuchten Routen berücksichtigen lange nicht alle interessanten Ziele auf der Insel. Ihrem eigenen Entdeckerdrang stehen also alle Möglichkeiten offen.

Nahe bei den Attraktionen, bei einigen Städten und Gemeinden und neuerdings leider auch bei manch angestammten WOMO-Quartier werden Sie auch in **Irland** Parkplätze mit Höhenbegrenzungsbalken oder eindeutigen Verboten finden. Damit sind in der Regel nicht die WOMO-Touristen gemeint, jedoch leider mit betroffen. Hier geht es gegen die ***Tinker*** oder ***Traveller***, ein fahrendes Volk, dessen Herkunft historisch gesehen unklar ist. Apropos ***Traveller***. Wir fuhren viele Jahre ein WOMO, an dem hinten unübersehbar diese, gerade für **Irland** besonders passende Wortschöpfung in großen Lettern prangte. Unser **KNAUS Traveller 575** (Bj. 97) wurde mittlerweile von einem neuen WOMO abgelöst, mit dem wir selbstverständlich alle beschriebenen Touren für Sie abgefahren haben. Damit Sie wissen, was wir meinen, wenn für höhere, breitere, schwerere oder untermotorisierte Fahrzeuge diese oder jene Strecke als nicht geeignet beschrieben wird, dann natürlich immer im Vergleich mit dem unsrigen. Unser ***"ADONIS"*** (Hat Ihr WOMO etwa keinen Namen?) ist ein ausgewachsenes Wohnmobil:

CARTHAGO C-Line T 3.8
Baujahr: 2010
Bauart: Teilintegriert
Basis: FIAT Ducato
2,3 JTD
96 KW = 130 PS
Radstand: 340 cm
Zul. Ges.-Gew.: 3,5 t
Höhe: 2,85 m
Breite: 2,34 m
Länge: 6,35 m

Wo wir durchgepasst haben oder hochgekommen sind, werden es die meisten anderen handelsüblichen Wohnmobile auch schaffen.

Dieses Buch ist auf Basis persönlicher Erfahrungen entstanden. Bisher haben wir **Irland** sechs Mal im Rahmen von Urlaubsreisen besucht. Verstehen Sie diesen Führer also eher

als Erlebnisbericht, bei dem die subjektive Seite und unsere persönlichen Vorlieben im Vordergrund stehen als eine akribische Aneinanderreihung von Fakten. Bei der Beschreibung der Zufahrt zu den schönsten Stellplätzen erhalten Sie hingegen sehr genaue Hinweise (sogar mit **GPS**-Koordinaten), so dass wir Sie vor lästigen Irrfahrten auf der Suche nach einem Übernachtungsplatz bewahren.

Wir begleiten Sie zu den schönsten Stränden, zu uralten steinernen Zeugen der Geschichte und zeigen Ihnen, wie man es am besten anstellt, die großen Städte kennenzulernen. Immer wieder gibt es auch von kleinen Attraktionen abseits der üblichen Touristen-Pfade zu berichten.

Erleben Sie die Stimmung in den Pubs urwüchsiger Fischerdörfer und das moderne **Irland** in Belfast und Dublin!

Bei uns in der Familie wird viel gewandert und so starten wir auch in **Irland** regelmäßig zu Ausflügen und Erkundungen, besonders gerne auf die vorgelagerten Inseln und natürlich auf die Berge. Hier sind offenbar sogar sonst die für Kinder eher lästigen Bergtouren spannender als anderswo.

Besonders interessant ist die ganz spezielle Flora und Fauna auf der Insel. Freuen Sie sich auf Basstölpel und Papageientaucher aus nächster Nähe, Robben fast zum Greifen, aber auch auf Rhododendron, Ginster, Fuchsienhecken und Palmen in Dimensionen, wie man sie nicht für möglich hält. Zählen Sie einmal, ob das mit den vielbesungenen *"Forty shades of green"* auch stimmt, dieser augenfälligen Vielfalt von verschiedenen "Grüns".

Dieser Reiseführer beschreibt insgesamt 14 Touren mit einer Gesamtlänge von fast 4000 Kilometern, die die Insel im Uhrzeigersinn umrunden, ohne dass wichtige Ziele im Binnenland ausgespart bleiben. Wir zeigen Ihnen, wie Sie ohne Campingplatz durch **Irland** reisen können. Doch auch die schönsten und zu empfehlenden **Campingplätze** an der Route werden benannt, auf denen man es sich bei einem längeren Aufenthalt gemütlich machen sollte. Am Anfang jeder Tourenbeschreibung finden Sie eine Übersichtskarte mit der **Streckenführung in rot** und den Picknick-, Bade-, Wanderparkplätzen und sonstigen Stellplätzen, von denen die farbig markierten als **Übernachtungsplätze** geeignet sind. Im Text wird mit entsprechend farbigen Kästchen dann unübersehbar noch einmal auf diese Plätze hingewiesen. Unter der Kategorie **„max. WOMOs"** ist meist nicht die Kapazität der Übernachtungsplätze gemeint, sondern

die nach unserer Meinung vertretbare Belegung, also die Toleranz-Schwelle, dass es keinen stört. Natürlich brauchen Sie trotzdem noch Kartenmaterial. Lesen Sie dazu bitte die **Tipps von A bis Z** am Ende des Büchleins. Dieses Kapitel empfiehlt sich auch deshalb zu Beginn ganz besonders, da Sie dort nicht nur alle wichtigen Informationen erhalten, sondern auch an die „Spielregeln“ zu den Themen **Übernachten** und **Entsorgen** herangeführt werden. Bitte tragen Sie mit Ihrem rücksichtsvollen, freundlichen und dezenten Auftreten mit dazu bei, dass uns allen der Spaß am WOMO-Urlaub in **Irland** möglichst lange erhalten bleibt. Hinterlassen Sie keine Müllberge, bleiben Sie möglichst nicht länger als 2-3 Tage auf einem Übernachtungsplatz und entfalten Sie dort bitte kein campingartiges Leben.
Für die vorliegende 5. Auflage ist dieser WOMO-Führer 2013 komplett nachrecherchiert (und um weitere 24 Seiten erweitert) worden, doch es wird vorkommen, dass Sie die von uns beschriebenen örtlichen Gegebenheiten verändert vorfinden. Bitte teilen Sie uns deshalb Ihre, möglicherweise abweichenden, Erfahrungen zu einzelnen Stellplätzen mit. **Herzlichen Dank** an alle Leser und Freunde, die uns mit ihren Erfahrungsberichten in den vergangenen Jahren wertvolle Hinweise gegeben haben. Vielleicht kennen auch Sie noch weitere, viel schönere Plätze, die uns bislang verborgen blieben? Dann schreiben Sie uns bittte:

Uwe und Annegret
Rohland
Postfach 60 13 45
14413 Potsdam
Rohland@womo.de

Hier sei vorsichtshalber noch angemerkt, dass weder der Verlag noch wir als Autoren dafür garantieren können, dass das freie Übernachten auf den von uns besuchten Plätzen auch künftig jederzeit erlaubt und erwünscht ist. Die Toleranz gegenüber Wohnmobil-Gästen muss nicht von Dauer sein, deshalb sind alle Angaben in diesem Reiseführer ohne Gewähr.

Die Insel **Irland** ist in ihrer längsten Südwest-Nordost-Achse 490 km lang und an der breitesten Stelle, also vielleicht auf der Linie von Achill Island nach Arklow, etwa 330 km breit. Flächenmäßig ist die Insel etwas größer als Bayern und mit 5,5 Millionen Einwohnern eher dünn besiedelt.

Nehmen Sie sich ruhig richtig viel Zeit für das wunderbare Urlaubsziel **Irland**, Sie fahren bestimmt bald wieder hin.

Anreise

Zu diesem komplexen Thema sei vorab festgestellt: Bis nach **Irland** ist es lange nicht so weit, wie die meisten denken.
Um nach **Irland** zu kommen, muss man mindestens einmal, wahrscheinlich eher aber zweimal Fähre fahren. Um der individuell optimalen Variante des "Hin" und wieder "Zurück" nahe zu kommen, sind erst einmal einige wichtige Fragen zu klären.

Wo fahren Sie zu Hause los?
Für Leser aus Hamburg ergeben sich andere Varianten als für solche aus Karlsruhe. Die Anreise aus Berlin oder gar aus Dresden wird sich anders gestalten, als die aus Bern oder Wien.

Fahren Sie lieber lange Auto oder lieber lange Fähre?
Mancher findet eine längere Schiffspassage in Kreuzfahrtformat gleich zu Beginn des Urlaubs entspannend, manchen macht das ganz kribbelig. Selbst mitreisende Kinder sind da ganz verschieden. Die einen sind auf dem Schiff immer unterwegs auf Entdeckung, die anderen werden bald nörgelig und langweilen sich. Wenn sich Vater während der Fährüberfahrt eigentlich etwas ausruhen möchte, kann das schön stressig werden.
Auf langen Fährrouten, wie z.B. den Direktfähren vom **Festland** nach **Irland** (Cherbourg-Rosslare: 19 Stunden) wird man auch schon mal mit heftigem Seegang konfrontiert. Das wird manchem empfindsamen Magen nicht gefallen. Nicht ganz unwichtig ist auch die Frage, ob dem Fahrer/der Fahrerin längere Fahrstrecken Schwierigkeiten bereiten, oder ob man ohne größere Anstrengungen auch ein paar hundert Kilometer mehr locker absolviert. Unsere Erfahrungen gehen dahin, dass sich WOMO-trainierte Kinder auch auf langen "Kanten" in ihrem vertrauten Refugium wohl fühlen, wobei die großen immer mal vorne sitzen dürfen.

Wohin in Irland wollen Sie eigentlich?
Wollen Sie direkt nach **Nordirland**, in den Südwesten, oder gleich erstmal nach **Dublin** und die Ostküste erkunden? Wieviel Zeit haben Sie eigentlich für Ihre **Irland-Tour**? Für jene Leser mit dem Zeitrahmen eines Arbeitnehmers mit mittlerem Jahresurlaub kommt sowieso nur eine abschnittsweise Erkundung der Insel in Frage, da sollte man für eine Reise tatsächlich Schwerpunkte setzen. Je nach bevorzugter Region fällt dann auch die Entscheidung bezüglich der Fähren. Auch wenn Sie mit **Irland** genug zu tun haben, ist als Rahmenprogramm auf der Hin- oder Rücktour ein Abstecher nach Schottland oder gar nach Frankreich in die Bretagne oder die Normandie ganz geschickt einzubauen.

Wieviel Geld wollen Sie ausgeben?
Vorab: Billig ist nichts mehr! Doch: Lange Schiffspassagen sind teurer als kurze. Übernachtfähren sind praktisch, aber man braucht sinnvollerweise eine Kabine zum Schlafen. 100 Kilometer Autofahren sind (immer noch) wesentlich billiger, als 100 Kilometer mit dem Schiff zu fahren.

Ihr Transfer vom **Festland** nach **Irland** wird sich also mit der Kombination von **1 + 2** oder in Form von **3** vollziehen:

1 Über den Kanal/die Nordsee nach Großbritannien
2 Über die Irische See nach Irland/Nordirland
3 Direktfähren vom Festland nach Irland

1 a: Kanaltunnel
Nach einigen Jahren ernüchternder Preisauskünfte zum WOMO-Transport durch den **Kanaltunnel *„Le Shuttle“*** von **Calais nach Folkestone** (www.eurotunnel.com) bietet man mittlerweile konkurrenzfähige Tarife an. Für Leser, die Fähre fahren überhaupt nicht mögen und denen eine gute halbe Stunde „Huckepack-Tunnelfahrt“ nichts ausmacht, eine willkommene Alternative. Bei einer aktuellen Probebuchung für 2014 kostet ein WOMO mit 2 Personen einfache Fahrt je nach Abfahrts-Uhrzeit zwischen 100 und 157 EUR.

1 b: Fähren-Routen vom Festland nach Großbritannien

Brittany Ferries (www.brittanyferries.de)
Cherbourg (F) - Portsmouth (ENG)
Caen (F) - Portsmouth (ENG)
St. Malo (F) - Portsmouth (ENG)
Le Havre (F) - Portsmouth (ENG)
Cherbourg (F) - Poole (ENG)
Roscoff (F) - Plymouth (ENG)

DFDS Seaways (www.dfdsseaways.de)
Esbjerg (DK) - Harwich (ENG)
IJmuiden (NL) - Newcastle (ENG)
Dieppe (F) - Newhaven (ENG)
Le Havre (F) - Portsmouth (ENG)
Calais (F) - Dover (ENG)
Dunkerque (F) - Dover (ENG)

P&O Ferries (www.poferries.com)
Calais (F) - Dover (ENG)
Rotterdam (NL) - Hull (ENG)
Zeebrügge (B) - Hull (ENG)

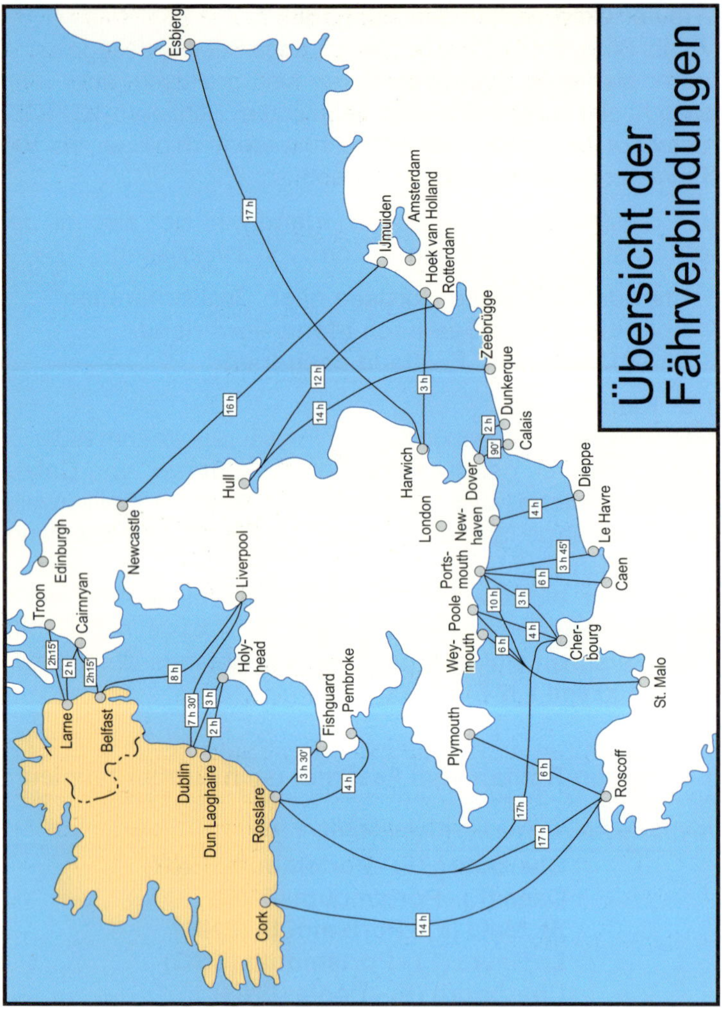

Stena Line (www.stenaline.de)

Hoek von Holland (NL) - Harwich (ENG)

Condorferries (www.condorferries.co.uk)

St. Malo (F) - Weymouth (ENG)
St. Malo (F) - Poole (ENG)
Cherbourg (F) - Portsmouth (ENG)

Hier sei darauf hingewiesen, dass sich **Irland** an das UK PET TRAVEL SCHEME **Großbritanniens** anhängt, das die Mitnahme von Haustieren regelt. So dürfen Hunde und Katzen vom europäischen Festland nur dann nach **Irland** einreisen, wenn sie vorher auf bestimmten (zugelassenen) Wegen vom europäischen Festland nach **Großbritannien** gekommen sind: Dies sind alle Nordsee- und Kanalfähren sowie der **Kanal-Tunnel**. Neuerdings ist auch auf den Direktfähren von ***Irish Ferries*** die Einreise mit Tieren nach **Irland** erlaubt.

In **Großbritannien**, entsprechend der gewählten Route nach 90 Minuten oder 17 Stunden angekommen, schließt sich dann ein mehr oder weniger langer Transit durch **England/Schottland/Wales** an. Dafür sind etwa zwischen 300 und 600 Kilometer zurückzulegen, bevor man die Fähre über die ***Irische See*** nach **Irland/Nordirland** hinüber erreicht.

2: Fähren-Routen über die Irische See

P&O (www.poferries.com)
Cairnryan (SCO) - Larne (NIR)
Troon (SCO) - Larne (NIR)
Liverpool (ENG) - Dublin (IR)

Stena Line (www.stenaline.de)
Liverpool (ENG) - Belfast (NIR)
Holyhead (WAL) - Dublin (IR)
Holyhead (WAL) - Dun Laoghaire (IR)
Fishguard (WAL) - Rosslare (IR)
Cairnryan (SCO) - Belfast (NIR)

Irish Ferries (www.irishferries.com)
Holyhead (WAL) - Dublin (IR)
Pembroke (WAL) - Rosslare (IR)

3: Direktfähren vom Festland nach Irland

Schließlich noch die Anfahrtvarianten für jene **Irland**-Fahrer, die nicht durch **England/Wales/Schottland** düsen möchten und mit nur einer, wenn auch längeren, Fährrpassage ihre Urlaubsinsel erreichen wollen.

Brittany Ferries (www.brittanyferries.de)
Roscoff (F) - Cork (IR)

Irish Ferries (www.irishferries.com)
Roscoff (F) - Rosslare (IR)
Cherbourg (F) - Rosslare (IR)

Celtic Link (www.celticlinkferries.com)
Cherbourg (F) - Rosslare (IR)

Da wären ja zur Planung auch noch die Tarife und die Abfahrtstage und -zeiten interessant. Fragen über Fragen! Wir hatten für unsere **Irland**-Trips immer einen guten Ratgeber, das freundliche Spezial-Reisebüro

Gaeltacht Irland Reisen
Schwarzer Weg 25
47447 Moers

Fon: 02841/930111
Fax: 02841/30665
E-mail: gaeltacht@t-online.de
www.gaeltacht.de

Hier erhalten Sie telefonisch kompetente Auskunft zu allen Themen, die **Irland** betreffen, man beschäftigt sich fast nur mit dem Thema **Irland**. Zu sympathischen Zeiten (Mo - Fr 9 - 19 Uhr, Sa 9 -13 Uhr) ist man bei denen in guten Händen. Stets aktuelle Infos zu Fähren nach **Irland** unter www.irish-net.de.

Hier die sinnvolle Reihenfolge:

1. Anruf mit der Bitte, aktuelles Informationsmaterial zu schicken, vor allem zu den **"Fährpaketen"**, wie *Rainbow Route* oderden *Landbridge Tarif*. Zu Hause suchen Sie sich dann für Ihre individuelle Wunschroute unter den zahlreich angebotenen Möglichkeiten das Passende aus. Sie haben sich umfassend schlau gemacht, und es kommt zum

2. Anruf, bei dem Sie Ihre Pläne darlegen, möglicherweise noch Hinweise auf eine bessere Variante erhalten, und dann werden die Fähren gebucht, alles telefonisch.
Der besondere Vorteil besteht nicht nur darin, dass man hier noch einigermaßen günstige **"Fährpakete"** kriegt, sondern dass man meist sofort erfährt, ob am speziell gewünschten Reisetermin diese oder jene Kabinenkategorie noch zu haben ist und ob bei der Passage auch Platz für das über 3 Meter hohe WOMO ist. Mit den Tickets bekommen Sie auch noch sehr nützliche Anfahrtbeschreibungen der einzelnen Fährhäfen geschickt, damit Sie sich nicht verfahren, wenn die Zeit mal knapp wird. Wir haben all die Jahre gute Erfahrungen mit ***"Gaeltacht"*** gemacht und können diesen pfiffigen und überaus freundlichen Service unseren Lesern wärmstens empfehlen.

Vorschlag für ein Rechenmodell
Um das eigene Optimum für die Anreise nach **Irland** zu finden, kann man nach Wichtung der individuellen Prämissen (Fahrkilometer, Dauer und Komfort der Anreise) die Fährpreise und die Kosten für die gefahrenen WOMO-Kilometer bis zur Ankunft in **Irland** zusammenrechnen. Selbst mit der vereinfachten „Teilkostenrechnung", die nur die variablen Kosten (also die Diesel-Kosten) je WOMO-Kilometer berücksichtigt, kann man verschiedene Varianten ganz gut miteinander vergleichen. Also bei einem Verbrauch von 10 l/100 km und einem Dieselpreis von 1,50 EUR/Liter kostet uns der **WOMO-Kilometer 0,15 EUR**. Fährt man also bei der einen Variante 500 km mehr (und das auf Hin wie auch auf Zurück), kostet das 150 EURO mehr. Rechnen Sie selbst!

Wie nun?
Unsere (vormalige) **Traditions-Route** mit der Kurz-Strecke über den Kanal und der Übernacht-Fähre von **Swansea** nach **Cork**

gibt es nicht mehr, so dass wir nachfolgend alternativ 2 Anreiserouten beschreiben wollen: Die Kombination einer Kanalfähre mit einer 4-Stunden-Passage über die ***Irische See*** vom **Pembroke** nach **Rosslare** und eine Kombination der Nacht-Passage **IJmuiden** nach **Newcastle** plus Kurz-Fähre von **Cairnryan** nach **Larne**, die wir 2013 erneut getestet haben.

Anreise-Route 1:
Calais - Dover + Pembroke - Rosslare
(Anfahrt-Strecke HIN+ZURÜCK ab/bis Potsdam: 2.824 km)

Von **Potsdam** nach **Calais** sind es 895 km. Das ist für eine Tagesetappe schon eine ordentliche Portion, aber durchaus zu schaffen, gerade an langen Tagen im Sommer. So geht es auf der **A 2** Richtung Westen, hinter **Duisburg** nach **Venlo (NL)**, auf dem Autobahnring um **Antwerpen (B)** herum, dann Richtung **Gent**, **Oostende** und schließlich nach **Calais**. Alles Autobahn, das letzte Stück in **Frankreich** sogar nagelneu und ohne Gebühr. Am Abend gesellt man sich entweder zu den anderen WOMOs in Hafennähe [**Calais Plage**: N 50° 58' 00.5" E 1° 50' 41.6"] und setzt am frühen Morgen (6.00 Uhr) des nächsten Tages die Anreise mit der Kanal-Querung fort, oder nimmt in **Calais** noch eine späte Fähre (20.00 Uhr) nach **Dover** hinüber und übernachtet dort [**St. Margarets at Cliffe am Patrol Monument**: N 51° 09' 24.1" E 1° 23' 34.6"]. Nach aktueller Lage lockt ***DFDS Seaways*** auf der Strecke **Calais - Dover** mit den besten Preisen. Während der kurzen Überfahrt nutzen wir die Fahrzeit für einen Imbiss in der SB-Cafeteria, vorzugsweise mit *Englischem Frühstück*, also mit gebratenem Schinken, Würstchen und Ei, dicken Bohnen, Champignons, gegrillter Tomate und dazu natürlich Toast. Für die Zeitplanung des weiteren Tagesverlaufes immer recht erfreulich ist die **Zeitverschiebung**. In **England** und auch in **Irland** ist es 1 Stunde früher als auf dem Kontinent, die Uhren werden also 1 Stunde zurückgestellt. Statt der 90 Minuten Fahrzeit über den Kanal ist man auf der Uhr nur eine halbe Stunde unterwegs! In **Dover** rollen wir vom Schiff und vertrauen uns dem spiralförmigen Gewirr von Straßen am Terminal an, welches uns schließlich in Richtung **London** in die Spur schickt. Nun heißt es aufpassen, jetzt ist **Linksverkehr**!

Durch **England** (Siehe auch ***„Mit dem Wohnmobil nach England"***) und **Wales** geht es nun für die nächsten **517 km** auf sehr gut ausgebauten, meist 6-spurigen Autobahnen. Wir fahren nach **Pembroke**! Von **Dover** aus geht es also los auf der **A 20/M 20** Richtung **London**, dann auf die **M 25 - West** auf den Londoner Ring, den wir mit der **M 4 - West** Richtung **Reading** und **Bristol** wieder verlassen. Kurz hinter **Bristol** queren wir

dann mit der **M 4** auf einer gigantischen Brücke namens **Second Severn Crossing** den ***Mouth of Severn***. Hierfür wird eine Mautgebühr (**Toll**) erhoben, übrigens die einzige Straßen-Gebühr der gesamten Anreise! Bei der "Transit"-Strecke von **Dover** nach **Pembroke** werden Sie eine Besonderheit der britischen Autobahnen kennen- und fürchten lernen: Außer den Raststätten (*Service*), die es manchmal nur alle 50 - 60 Kilometer gibt und die keine Wünsche offen lassen, existieren **keine Parkplätze**. Bitte also für erforderliche Stopps beachten, dass die Entfernungen bis zum nächsten **Service** in **Meilen** angegeben sind (1 Meile = 1,61 Kilometer).Wer früh genug in **Dover** startet, schafft in **Pembroke** die Abfahrt von ***Irish Ferries*** um 14.45 Uhr, erreicht **Irland** in **Rosslare** am frühen Abend und beginnt die **Irland**-Rundfahrt mit unserer **Tour 1**.
Für die beschriebene **Anreise-Route 1** hätten wir für die Fähren laut Probebuchung im Sommer 2014 für 2 Personen mit WOMO Hin+Zurück) etwa **500 EUR** bezahlt. Nachteil: Viele Anreise-Kilometer. Vorteil: Man spart sich die Kabine.

Anreise-Route 2 (Unser persönlicher Favorit)**:**
IJmuiden - Newcastle + Cairnryan - Larne
(Anfahrt-Strecke HIN+ZURÜCK ab/bis Potsdam: 1.844 km)

Wir starten morgens in **Potsdam** auf der **A 2** nach Westen. Unser heutiges Ziel ist der Hafen von ***DFDS Seaways*** in **Amsterdam/IJmuiden** und dort die Fähre nach **Newcastle upon Tyne**, Abfahrt 17.30 Uhr, Eincheckzeit bis 16.45 Uhr. Auch unter Berücksichtigung von Pausen also genug Zeit für die **650 km** Anfahrt. Über die **A 30 (Bad Oeynhausen/Osnabrück)** kommen wir nach **Hengelo (NL)** und dann auf der **A 1** zum Großraum **Amsterdam**, den wir aber Richtung **A 9/Alkmaar** umfahren. **Aber Achtung!** Besonders am Freitagnachmittag kann man auf diesem Autobahnring in bösartige Staus geraten. Bitte entsprechende Zeitreserven einplanen! Hinter **Haarlem** hält man sich strikt an die Hinweise nach **IJmuiden** (Keine Fähr-Symbole!) wechselt kurz auf die **A 22** und verlässt die Autobahn schließlich am **Knooppunt Velsen**. Am letzten Kreisverkehr unmittelbar vor dem Hafen wird noch einmal vollgetankt und nach der üblichen Warterei rollen wir in den großen Bauch der ***„Princess Seaways“***. An Bord finden wir einen guten Standard vor, vergnügen uns ausgiebig am ***Dinnerbufett*** im ***7 Seas***

Restaurant und können am nächsten Tag sogar ausschlafen, denn wir bekommen über Nacht wegen *Greenwich Mean Time* + Sommerzeit eine Stunde geschenkt (...na ja, bis zur Rückfahrt geborgt...), stellen also die Uhren eine Stunde zurück. Das Frühstücksbüfett ist recht ordentlich und ein freundlicher Tag begrüßt uns in **Newcastle upon Tyne**, wo wir pünktlich 9 Uhr Ortszeit das Schiff wieder verlassen. Nun folgen **272 km** quer durch **Nordengland** und **Schottland** nach **Cairnryan**, die man entweder per Transit über **Carlisle**, **Gretna Green**, **Dumfries** und **Newton Stewart** zügig abspult, oder sich Zeit nimmt, mit den **Touren 1+2** unseres Buches ***„Mit dem Wohnmobil nach Schottland“*** auf Erkundung geht und ein paar Zusatz-Tage „einschiebt“. In **Cairnryan** wartet die Fähre von ***P&O***, die uns zügig hinüber nach **Larne/Nordirland** bringt, wo wir dann in die **Tour 12** der **Irland**-Rundfahrt einsteigen.

Je nach Anzahl der Personen, Größe des Fahrzeuges, Saison, Route, Anzahl der Nachtfahrten mit Kabine und deren Kategorie gestalten sich die Preise. Die Fähren der hier beschriebenen **Anreise-Route 2** haben 2013 für 2 Personen mit WOMO (Hin+Zurück und Außenkabine bei ***DFDS***) um die **1.100 EUR** gekostet. Das soll aber nur zur groben Orientierung dienen.

Unser Tipp: In jedem Fall rechtzeitig buchen!

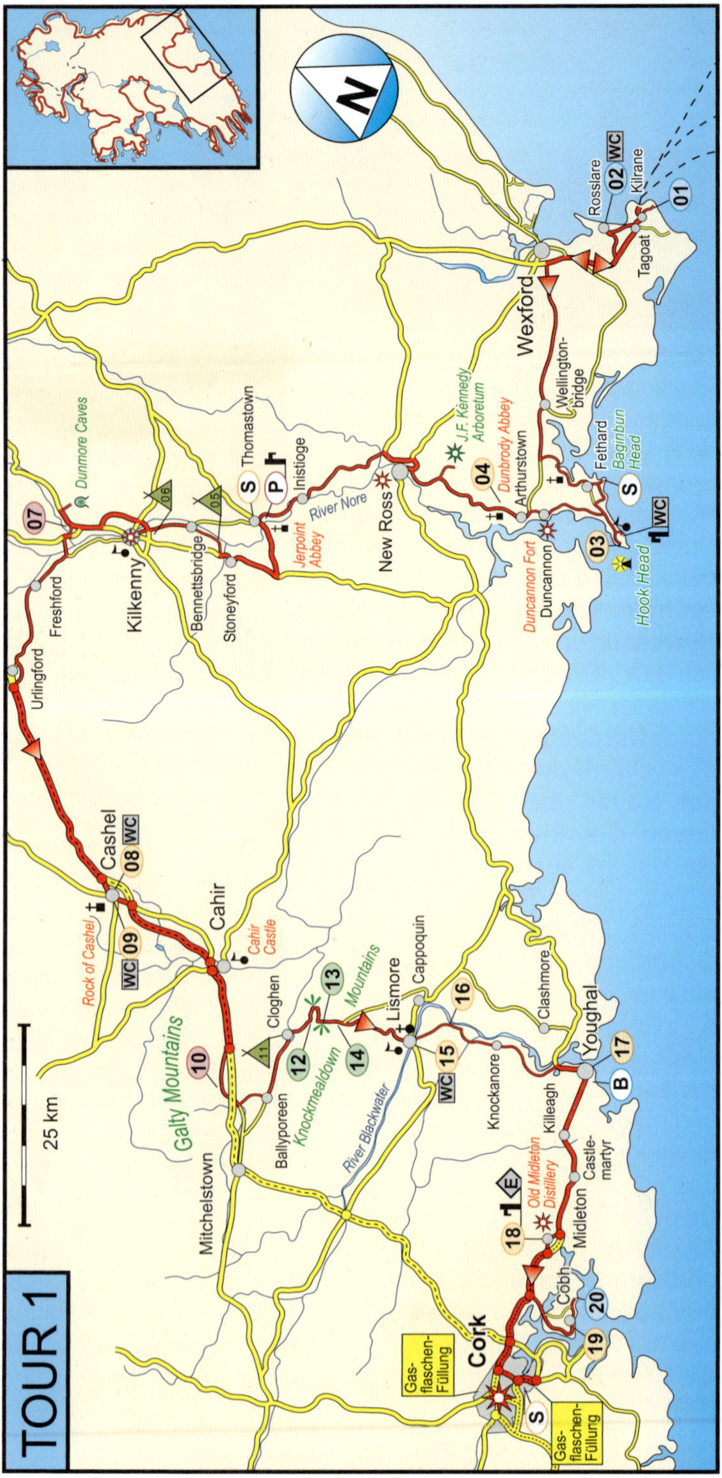

TOUR 1
25 km
N
Cork
Gas-flaschen-Füllung
Gas-flaschen-Füllung
S
Cobh
19
20
Midleton
18
E
Old Midleton Distillery
Castle-martyr
Killeagh
Knockanore
Youghal
B
17
Clashmore
16
15
WC
Lismore
Cappoquin
14
13
12
Mountains
Knockmealdown
River Blackwater
Ballyporeen
Mitchelstown
Galty Mountains
10
11
Cloghen
Cahir
Cahir Castle
Rock of Cashel
09
WC
Cashel
08
WC
Urlingford
Freshford
Kilkenny
07
Dunmore Caves
06
05
Bennettsbridge
Stoneyford
Thomastown
S
P
Inistioge
River Nore
Jerpoint Abbey
New Ross
J.F. Kennedy Arboretum
04
Dunbrody Abbey
Arthurstown
Duncannon
Duncannon Fort
03
Hook Head
WC
S
Fethard
Baginbun Head
Wellington-bridge
Wexford
Tagoat
Rosslare
02
WC
Kilrane
01

TOUR 1 (495 km / 8 Tage)

Rosslare - Hook Head - J.F.K.-Park - New Ross - Kilkenny - Rock of Cashel - Galty Mountains - Knockmealdown Mountains - Lismore - Youghal - Cobh - Cork

Freie Übernachtung:	Rosslare, St. Helen's, Hook Head, Dunbrody Abbey, Ballyrafton Wood, Cashel (2), Glengarra Wood, The Vee (3), Lismore, am River Blackwater, Youghal, Midleton, Cobh, Cuskinny Bay.
Trinkwasserstellen:	Slade, Castle View bei Thomastown.
Campingplätze:	Nore Valley, Kilkenny, Clogheen.
Baden:	Rosslare Strand, St. Helen's, Carne Beach, Baginbun Head, Youghal.
Besichtigen:	Tintern Abbey, Hook Heritage Centre, Dunbrody Abbey, John F. Kennedy Arboretum, New Ross, Jerpoint Abbey, Kilkenny, Dunmore Caves, Rock of Cashel, Lismore, Youghal, „Jameson Experience" in Midleton, Cobh mit „The Queenstown Story" und St. Coleman's Cathedral, Cork City.
Wandern:	Galty Mountains, Knockmealdown Mountains.

Ja, wir haben nun endlich aufgehört, unserer vormaligen Traditions-Anreise nach **Irland**, der nach kurzzeitiger Wiederbelebung wohl nun für immer vom Markt verschwundenen Fährverbindung von **Swansea** nach **Cork**, nachzutrauern. Und Ja, wir haben die Realität akzeptiert, dass die meisten unserer Leser ihre **Irland**-Rundfahrt nicht, wie von uns mittlerweise favorisiert, in **Larne/Nordirland**, sondern in **Rosslare** beginnen und beenden. So fängt also dieser WOMO-Reiseführer nicht mehr wie in den Vorauflagen in **Cork**, sondern nunmehr hier an, in der Süd-Ost-Ecke der ***Grünen Insel***, oder auch am Schwanz von **Irland**. Wieso am Schwanz? Meinen Erst-Kontakt mit **Irland**

hatte ich in den 1960er Jahren als Kind beim Briefmarken sammeln und alles begann mit einem Missverständnis: Beim Blick durch die Lupe sah ich einen zottigen Hund, der aus unerklärlichen Gründen hochkant abgebildet war. Ich habe die Marke also quer einsortiert...

Damit all jene, die aus **Fishguard**, **Pembroke** oder gar aus **Cherbourgh** und **Roscoff** kommend hier anlanden, sofort einen guten Eindruck von ihrer Urlaubs-Insel bekommen, haben wir in Hafennähe gleich 2 feine WOMO-Schlummerplätze zur Auswahl.

(001) WOMO-Badeplatz: St. Helen's Pier

GPS: N 52° 13' 43.4" W 6° 19' 30.0" **max. WOMOs:** 2-3.
Ausstattung/Lage: Parken gegenüber vom leicht maroden Pier und hinter der Brücke rechts, Picknickbänke, 100 m südlich kleiner Badestrand mit Felsen.
Zufahrt: Von Rosslare Harbour 2,4 km auf der **N 25**, dann **links/St. Helen's**, dann noch 2,9 km zum Ziel: über Ramps durch ein Wohngebiet, die Straße wird schmaler, führt durch Golfplätze hindurch. Schließlich rechts weg, dem Fußgänger-Männchen nach.
Insgesamt 5,3 km ab Fähranleger.

(002) WOMO-Badeplatz: Rosslare Strand

GPS: N 52° 16' 22.0" W 6° 23' 09.0" **max. WOMOs:** 2-3.
Ausstattung/Lage: Schön gestalteter Strandparkplatz mit freundlicher Bepflanzung, tagsüber Toiletten, Müllbehälter, Gastronomie anbei. Kurze Parkbuchten, gut geeignet für WOMOs bis 6 m Länge.

Zufahrt: Von Rosslare Harbour 5,0 km auf der **N 25**, in **Tagoat rechts/R 736**, später auf die **R 740/ Rosslare Strand**, schließlich die **Coast Road** queren: Hier ist die Parkplatzeinfahrt.
Insgesamt 9,1 km ab Fähranleger.

Nun rollen wir auf der **N 25 Richtung Wexford**, wenden uns jedoch vor der interessanten Stadt, die wir in **Tour 14** würdigen werden, der **R 733/Wellingtonbridge** zu und schnüren dann mit prächtiger Aussicht auf die Ebene und weit auf die ***Ballyteige Bay*** hinaus diesem Ziel entgegen, fahren am Fluss entlang, nehmen die **R 733/Arthurstown** erst nach rechts, dann hinter der Brücke nach links, um 5,8 km später links in den ***Ring of Hook***, dem ***South East Coastal Drive*** einzubiegen. Wie so oft zieht uns die Spitze einer Landzunge magisch an: Wir wollen zum ***Hook Head***! Mit Blick voraus auf die Bucht führt die gut ausgebaute Straße leicht bergab und wir registrieren eine neue Farb-Variante der Patchwork-Landschaft: Gelbe Felder mit grünem Heckenrahmen. Sie möchten eine romantische Kloster-Ruine sehen? Dann folgen Sie dem Schild zur ***Tintern Abbey*** (Saison 10-18 Uhr, Eintritt) nach rechts. Auch hinter **Saltmills** setzen wir unsere Erkundung dieser Halbinsel auf dem ***Ring of Hook*** fort und folgen in **Fethard-on-Sea** und danach den Hinweisen zum ***Baginbun Head***. Der 700-m-Abstecher auf schmaler Straße endet in der Nähe eines Martello-Towers an einem kleinen (Tages-)Parkplatz [N 52° 10' 35.6" W 6° 49' 49.9"] mit Leitplanke am Abgrund, einem einsamen Ausguck oberhalb von jenem Strand, über den in grauer Vorzeit die ersten Normannen irischen Boden betreten haben sollen.

Wir kehren zurück zum ***Ring of Hook***, schaukeln am Meer und an Weiden entlang und setzen bei der querenden Straße unseren Rundkurs nach links fort. Jetzt kann man den dicken Leuchtturm von ***Hook Head*** schon sehen, und beim Anblick der kläglichen Reste der Burgruine auf der Weide links fällt uns nur „Windschutz für Kühe" ein. Die wesentlich stattlichere Ruine des zinnenbewehrten ***Slade Castle*** im Hafen des gleichnamigen Fischerdorfes (am Mini-Kreisverkehr nach links) dienen der örtlichen Fischergilde zur Lagerung der Lobster-Körbe. Mit geschickt angeordneten Kammern wird das Hafenbecken vor der rauen See geschützt, doch den Effekt können wir bei dem ungewöhnlich ruhigen Wetter nicht überprüfen. Insgesamt sieht es hier ziemlich verkramt aus, halt wie ein kleiner lebendiger Fischer-Hafen. Immerhin findet sich an der Quay-Mauer ein Wasserhahn und versteckt hinter einem Torrest eine recht solide Toilettenanlage.

Nun aber zur Hauptattraktion dieser Halbinsel, dem imponierenden Leuchtturm am ***Hook Head*** (siehe auch Titel-Foto!). An dieser Stelle wurde im Jahre 1245 das erste Leuchtfeuer Europas gebaut, um die Schiffe sicher zum Hafen des heutigen **New Ross** zu leiten. Im ***Hook Heritage Centre*** (tgl. 9.30 bis 18 Uhr, Eintritt) gibt es geführte Touren (letzte Tour 17.30 Uhr) über das Gelände und die 114 Stufen hinauf auf den Leuchtturm, wo man dann eine hübsche Aussicht auf die Küsten-Szenerie genießen und die WOMOs dort unten vor der Mauer zählen kann.

(003) WOMO-Stellplatz: Hook Head

GPS: N 52° 07' 27.2" W 6° 55' 50.3" **max. WOMOs:** >5.
Ausstattung/Lage: Picknickgelände und Toiletten tagsüber auf dem Lighthouse-Gelände, Cafeteria im Besucherzentrum, bei Sturm exakt längs in Windrichtung stellen, sonst schaukelt es heftig.
Zufahrt: Reichlich Stellplätze vor der Mauer auf etwas unebenem Rand- und Grünstreifen und ein Logen-Parkplatz am Ende der Straße.

Was für wunderschöne WOMO-Plätze bei den bizarren Klippen! Doch Vorsicht bei Sturm! Man braucht nicht viel Fantasie, um sich die Brecher an der nahen Küste auszumalen. Dann werden auch die Fontänen der ***Blow Holes*** aktiv. Durch den Druck der Brandung wird Wasser in die Klippenspalten gepresst und durch Löcher in die Höhe geschleudert. Dieses sicher nicht ganz ungefährliche Naturschauspiel findet heute nicht statt und wir haben vor der geruhsamen Nacht reichlich Gelegenheit, auf den Felsen zu kraxeln und die maritime Tierwelt zu beobachten.
Auf der Rückfahrt zum ***Ring of Hook*** kommen wir wieder an der **Loftus Hall** (Parken gegen Gebühr) vorbei, einer neuen Sehenswürdigkeit, die wohl vor allem durch Gespenstergeschichten und seltsame Teufelsmythen Interesse wecken möchte. Der Rest vom ***Ring of Hook*** führt uns mit Blicken auf die Steilküste an echten Windflüchter-Bäumen vorbei über den hübschen Badeort **Duncannon** (Besichtigungstipp: ***Duncannon Fort***, 10 bis 17.30 Uhr, interessante Führung) nach **Ar-**

thurstown. Dieses sehenswerte Fischerdorf an der Meeresbucht verlassen wir auf der **R 733** nach **New Ross** (Abzweig in einer Rechtskurve scharf nach rechts!). Auf den 20 km bis dahin gibt es noch einiges zu sehen! Schon von weitem grüßt das ***Fortified House*** und die ***Dunbrody Abbey***. Das Zisterzienser-

kloster aus dem 12. Jahrhundert präsentiert sich sehr fotogen auf grüner Wiese. Den Schlüssel zur Besichtigung der geheimnisvollen Ruine kriegt man im ***Visitor Centre*** (11-17.30 Uhr, Eintritt) gegenüber, wo es außerdem noch das Eibenhecken-Labyrinth (*Maze*) im Schlosspark, den Pflanzen- und Kräutergarten und den Tea-Room samt Craft-Gallery auszuprobieren gilt. Wie man hört, wird auf dem Parkplatz davor [**004**: N 52° 16' 58.0" W 6° 57' 21.0"] sogar die Über-Nacht-Rast von Wohnmobilen toleriert.

Für den nächsten Programmpunkt, das ***John F. Kennedy Arboretum*** (10-18 Uhr, Eintritt), auf das kurze Zeit später auf dem Weg nach **New Ross** unübersehbar hingewiesen wird, sollte man sich richtig viel Zeit nehmen. Die Vorfahren des berühmtesten aller amerikanischen Präsidenten stammten aus dieser Gegend, so dass Amerikaner mit irischen Wurzeln eine Stiftung gründeten, um ***Kennedy*** mit dieser sensationellen Sammlung von Baum-, Stauden- und Straucharten ein bo-

tanisches und damit lebendiges Denkmal zu errichten. Auf dem riesigen Parkgelände (250 ha) sind nicht nur 500 verschiedene Arten von ***Rhododendron*** zu bewundern, sondern auch unzählige Baumarten aus aller Herren Länder und sogar typische Waldparzellen der Kontinente. Hier wächst wirklich alles! Man kann sich mit Kutschen herumfahren lassen und im Sommer verkehrt nachmittags eine Parkbahn. Die puscheligen Zweige des fremdartigen Baumes (*Monkey Puzzle* oder *Auracaria Auracara* aus Chile) beim ***Visitor Centre*** (Ausstellung, Video-Show) erweisen sich beim Test als ziemlich kratzbürstig und stachlig. Fast überflüssig zu erwähnen, dass es reichlich Picknick-Gelände, einen großen Spielplatz und Parkplätze gibt. Da irische Autofahrer bekanntlich nicht gut zu Fuß sind, ziehen wir den oberen, einige Meter entfernten und deshalb gähnend leeren Parkplatz für unseren Tagesaufenthalt vor. Eine einzigartige Rundsicht bietet bei klarem Wetter der Aussichtsparkplatz (*Viewing Point*) beim 271 m hohen ***Slievecoiltia***, zu dem man schräg gegenüber von der Zufahrt hinaufkurven kann.

Nach **New Ross** ist es nun nicht mehr weit. Vor der Stadt stößt man auf die **N 25** und wieder einmal muss man sich entscheiden. Für die Weiterfahrt auf der **R 700** Richtung **Kilkenny** ist dringend zu empfehlen, hier rechts abzubiegen und sich später links der **N 30** anzuvertrauen, die rechts an der Innenstadt (3-t-Begrenzung!) vorbei führt. Besucher der Stadt nehmen mit uns die **N 25** nach links und parken ihr WOMO direkt hinter dem stolzen Großsegler beim ***Tourist Office*** (Mo-Sa 4-h-Limit, geringe Gebühr) vor der Brücke links am ***River Barrow***. Im Gegensatz zum nachgebauten Auswandererschiff von **Tralee** (**Tour 6**) ist das Ergebnis vom Konkurrenz-Projekt in **New Ross**, die

3-Mast-Bark ***„Dunbrody"*** (www.dunbrody.com) hier zu Hause und kann besichtigt werden. Die Stadt finden wir 2013 im totalen JFK-Fieber vor, denn sein vielumjubelter Irlandbesuch hier am Hafen jährt sich zum 50. Mal. Am Vortag unserer Visite fanden die überregional beachteten Feierlichkeiten zu diesem Jubiläum statt. ***John F. Kennedy***, der wohl charismatischste aller amerikanischen Präsidenten, stand 1963 hier am Hafen, von dem aus sein Urgroßvater während der Hungersnot 1848 nach Amerika auswanderte und hielt eine kurze, aber höchst emotionale Rede. Was ist nun neu hier: Das Redner-Pult und die lebensgroße ***Kennedy***-Statue aus Bronze (mit zum Gruß ausgestreckter Hand, die jeder Besucher ergreift und sich dabei möglichst fotografieren lässt) und die ***Ewige Flamme („The Emigrant Flame")***, die all jenen gewidmet ist, die Irland mit der Hoffnung auf ein besseres Leben verlassen haben. Im Super Value gegenüber holen wir uns gegrillte Hähnchenkeulen und Baguette und setzen nach unserem JFK-Memorial-Imbiss die Reise fort. Wir umkurven das ***Town Centre*** wie schon beschrieben, finden die **R 700** nach **Kilkenny** wieder und verlassen die Stadt über eine Brücke nach links. Es folgt eine Fahrt durch das Tal des ***River Nore***, eine liebenswerte Landschaft mit Weiden, Hecken und Schafen. Das anmutige **Inistioge** (*„Film-Village“*) überrascht uns mit einer Steinbrücke aus dem 18. Jahrhundert, malerischen Ruinen und wunderschönen Grünanlagen. Wir passieren zwei Kirchen auf dem Marktplatz und folgen weiter der **R 700/Kilkenny**, die immer besser wird. Etwa 4 km hinter der nächsten Steinbrücke, also kurz vor **Thomastown** kann man auf dem Picknickplatz ***Castle View*** [N 52° 31' 21.4" W 7° 07' 30.1"; Wasserhahn] pausieren und das tatsächlich mit Blick auf eine romantische Ruine unten am Fluss. Nach **Thomastown** hinein folgen wir zunächst der **R 700** Richtung **Kilkenny** (WOMO-Parkplätze auf dem nunmehr unbeschrankten Parkplatz rechts [N 52° 31' 35.2" W 7° 08' 07.7"]), und fahren hinter dem überaus ansehnlichen Ort mit einem Denkmal für den 1996 verstorbenen ***Hurling***-Spieler ***Oliver Walsh*** auf der **R 448 (M1)/Waterford** weiter. Nur etwa 3 km später erreichen wir ***Jerpoint Abbey*** (10-17 Uhr, Eintritt), die zu unseren Lieblings-Ruinen in Irland zählt und empfehlen eine ausgiebige Besichtigung (interessante Ausstellung, Faltblatt in deutscher Sprache). Wie ***Dunbrody Abbey*** ist auch ***Jerpoint Abbey*** ein Zisterzienserkloster aus dem 12. Jahrhundert, aber viel besser erhalten. Wir kommen fast ins Träumen und sehen die Mönche förmlich ins Gebet vertieft durch die Gänge wandeln, als uns der wohlbekannte Schiffsdiesel-Sound von der nahen Eisenbahnstrecke wieder aus der Vergangenheit zurückholt. Zunächst geht es nun auf der **R 448/Waterford** weiter, dann schlagen wir einen Haken und wechseln (Abkürzung über die **R 699 (M9)/Waterford/Dublin**) zur **R 713**, auf der es noch 20 km bis nach **Kilkenny** sind. Wir brettern jedoch nicht auf dieser „Rennstrecke“ dorthin, sondern nähern uns diesem Ziel auf

eher verschlungenen Pfaden, um Sie mit zwei höchst unterschiedlichen, aber gleichermaßen sehr sympathischen Campingplätzen bekannt zu machen: einen für Familien mit Kindern und einen für Stadterkundungen zu Fuß. Zum ersten verlassen wir die **R 713** nach 8,5 km hinter **Stoneyford** nach einer hübschen Steinbrücke bei einem weinlaubberankten Kirchlein nach **rechts/L 4201** und folgen noch knapp 4 km auf schmaler Asphaltstraße den eindeutigen Hinweisen.

(005) WOMO-Campingplatz-Tipp: Nore Valley Park***

GPS: N 52° 33' 46.4" W 7° 11' 40.9"
Öffnungszeiten: 1.3. bis 1.11.
Ausstattung/Lage: Sehr gepflegter und liebevoll betreuter Platz, Wiesengelände am ***River Nore***, Festtank(Boden-)entsorgung, Kinderparadies: Besucher-Farm mit Streicheltiergehege (sonntags geschlossen), Tretautos, Spielplatz u.v.m., preisgekrönter Platz. www.norevalleypark.com.
Zufahrt: Siehe Text.

Zum nächsten Platz fahren wir die Straße von **(005)** weiter bis **Bennettsbridge**, treffen noch vor dem Ort auf die **R 700** und erreichen ihn nach 6,5 km, kurz vor **Kilkenny**.

(006) WOMO-Campingplatz-Tipp: Tree Grove***

GPS: N 52° 38' 24.2" W 7° 13' 46.7"
Öffnungszeiten: 1.3. bis 15.11.
Ausstattung/Lage: Intelligent angelegter, sehr engagiert geführter Touringplatz für Kilkenny-Besucher, 20-30 Minuten Fußweg in die City. www.treegrovecamping.com.
Zufahrt: Kurz vor dem Stadt-Ring links.

Für einen Tagesaufenthalt in **Kilkenny** fährt man am besten beim Kreisverkehr geradeaus hinein und parkt das WOMO am Straßenrand kurz vor dem ***Kilkenny Castle*** bei den Bussen. Wir starten zu einem Rundgang durch diese zugleich historische und turbulente Stadt, beginnen gleich hier beim ***Kilkenny Design Centre*** (Edel-Souvenirs), schwänzen die Besichtigung vom ***Kilkenny Castle*** (9.30-19 Uhr, Eintritt) und schauen stattdessen beim ***Castle Garden*** (Springbrunnen und nette Rosenrabatten) vorbei. Später schlendern wir gemeinsam mit vielen anderen Besuchern durch diese bunte und charmante Stadt, die sich heute vor allem als Künstler- und Design-Metropole versteht, aber auch nach wie vor mit seiner innerstädtischen

Kilkenny Castle

Brauerei überregionale, wenn nicht gar internationale Bekanntheit genießt. Auch die Führungen (2013: 10 EUR, ab 18 Jahre) mit Verkostung in ***Smithwick's Brewery*** (Mai-September) sind bei den Touristen aus aller Welt sehr beliebt. Zur Klärung der Frage *„Wo schlafen wir heute Abend?"* kommen Sie bitte mit uns zum „Geheimquartier": Zurück zum Stadtring **N 10** folgen wir beharrlich der Richtung **N 77/Durrow** und sehen erste Hinweise zur **Dunmore Cave**, nehmen dann die **N 78** und biegen 1,6 km danach links ab.

(007) WOMO-Picknickplatz: Ballyrafton Wood

GPS: N 52° 43' 15.3" W 7° 16' 29.1" **max. WOMOs:** 2-3.
Ausstattung/Lage: Mit Mäuerchen und Wald gerahmter Platz, Picknickbänke, Wanderwege.
Zufahrt: Dem Hinweis *Jenkinstown Church & Gardens* nach links folgen, Parkplatz gleich nach 40 m links, 3-t-Limit gilt für die Brücke danach.

Höhlenfans werden sicher auf der **N 78** noch zur knapp 3 km entfernten ***Dunmore Cave*** (10-19 Uhr, Eintritt) pilgern, wir fahren vom Abzweig zu **(007)** etwa 300 m auf der **N 78** zurück und nehmen die Abkürzung zur **N 77** nach rechts. Auf jener halten wir uns Richtung **Durrow** und biegen die erste Straße hinter der steilen Steinbrücke über den ***River Dinin*** links ab. Diese führt uns nach **Freshford**, wir haben den nördlichsten Punkt unserer „Binnentour" erreicht und streben unserer nächsten Station, dem Ziel aller Ziele für **Irland**-Touristen, dem ***Rock of Cashel*** entgegen. Dazu bleiben wir auf der **R 693**, rollen auf glatter Straße durch Bilderbuchlandschaft mit bemoosten Mauern, Wassermühle und Ruinen nach **Urlingford** und von dort auf flotter Piste weiter nach **Cashel**. Die lächerlichen 32 km bis dort hin werden im Schnellgang absolviert und schon einige Kilometer vorher sieht man das gewaltige Bauwerk in der Ferne, das wie eine Krone auf dem Felsenmassiv thront. Von der schmalen Zufahrtsstraße zum **Car Park** am Fuße des Rocks darf man sich nicht abschrecken lassen, denn es folgt ein großzügig gestaltetes Areal mit viel Platz und Chancen für ein originelles WOMO-Nachtquartier.

(008) WOMO-Stellplatz: Rock of Cashel

GPS: N 52° 31' 13.7" W 7° 53" 18.4" **max. WOMOs:** >5.
Ausstattung/Lage: Tagsüber (7.30-18 Uhr) gebührenpflichtig, Toiletten, Müllbehälter.
Achtung: Wir erfuhren von nächtlichen Ruhestörungen durch jugendliche Autofreunde. Alternative: Platz **(009)**. **Zufahrt:** Siehe Text.

Wir steigen die steile Zufahrt zum Eingang hinauf und schreiten zur Visite. Dieser Ort hat für die Iren eine ganz besondere Bedeutung, denn im Jahre 450 wurde ***König Aengus*** hier vom National-Heiligen ***St. Patrick*** getauft und damit zum Christentum bekehrt. Bei der feierlichen Zeremonie passierte dem Heiligen allerdings ein Missgeschick. Er durchbohrte mit seinem spitzen Bischofsstab im Eifer des Gefechts (Oder war es zu dunkel?) den Fuß des Königs. Dieser hielt still, denn er meinte wohl, das gehöre zur Taufe dazu. Zu Beginn einer gepflegten Besichtigung des ***Rock of Cashel*** (9-17.30/19 Uhr, Eintritt) sollte man sich das Video (auch in deutsch) anschauen und sich danach einer englischsprachigen Führung anschließen, wenn man auch nicht alles versteht. Wir durchstreifen ausgiebig dieses einmalige Ensemble mit der bewegten Geschichte und registrieren Fortschritte bei den umfassenden Rekonstruktionsarbeiten. Es sieht fast so aus, als ob man den ganzen Komplex aus dem 12., 13. und 15. Jahrhundert wieder aufbauen will. Man kann ja nie wissen!

(009) WOMO-Stellplatz: Cashel Stadt

GPS: N 52° 31' 01.0" W 7° 53' 24.0" **max. WOMOs:** 3-5.
Ausstattung/Lage: Tagsüber (9-18 Uhr) gebührenpflichtig, geschützt gelegener Asphaltparkplatz im Stadtzentrum, Toiletten, Müllbehälter.
Zufahrt: Im Stadtzentrum den P/Bus/Toiletten- Zeichen folgen.

Die ganze Stadt **Cashel** ist voll auf Tourismus getrimmt und viele Läden, Pubs und Hotels prägen ihr Gesicht. Auf der **N 8** und später auf der neuen **M 8** geht es sehr flott in Richtung **Cork**. Auf der rechten Seite erheben sich die ***Galty Mountains***, wir nehmen die Ausfahrt Nr. 11, rollen parallel zur Autobahn auf der **R 639/Mitcheltown Caves** weiter und biegen 8 km später nach rechts zu einem überaus lauschigen WOMO-Nest ab.

(010) WOMO-Picknickplatz: Glengarra Wood

GPS: N 52° 19' 17.6" W 8° 06' 13.8"
max. WOMOs: 3-5.
Ausstattung/Lage: Sehr schön gelegener und gepflegter Platz mit großen Bäumen beim sprudelnden Bergbach, Picknickbänke, Wanderwege, Rhodo satt, *Millennium Forest*.
Zufahrt: Nach Vorankündigung kleines Schild nach rechts, auch mit Hinweis zum (weiter oberhalb im Tal gelegenen) *Youth Hostel*, nach 150 m beginnt rechts der Parkplatz mit dem Picknickareal.

Unser Weg nach Süden folgt nicht den bequemen Hauptstraßen, denn wir suchen immer mal nach der ganz speziellen Route. So biegen wir wieder auf die **R 639** nach rechts, um sie nach exakt 3,5 km in **Skeheenaranky** wieder nach **links/ L3301/Mitchelstown Caves** zu verlassen. Wir wollen nach **Ballyporeen** und folgen Hinweisen zu diesem Ziel beharrlich und das auf zumeist schmaler Straße durch Farmland mit Teichen den Hang hinauf, so dass wir uns mal wieder an schönen Ausblicken erfreuen können. Auch in **Ballyporeen** wird an einen amerikanischen Präsidenten erinnert. Aus diesem unscheinbaren Ort stammen die Vorfahren von ***Ronald Reagan*** und natürlich gibt es ein entsprechendes ***Centre***. Im Ort halten wir uns links und fahren auf der **R 665** durch das Tal nach **Cloghen**, wo gerade das *„Rhododendron-Festival"* gefeiert wird. Über die beherrschende Art der Vegetation in dieser Gegend ist somit wohl alles gesagt! Rechts voraus zeigen sich schon die ***Knockmealdown Mountains***, denen wir uns zielstrebig nähern, um sie anschließend zu durchqueren. Dazu biegen wir in **Cloghen** rechts ab in Richtung **„The Vee"**. Doch an diesem Abzweig fahren wir zunächst vorbei, um eine ziemlich gut versteckte WOMO-Oase aufzuzusuchen. Der Inhaber meint, die Beschilderung ist deshalb so dezent, damit der Platz auch weiterhin ein Geheimtipp bleibt. Nicht mit uns!

(011) WOMO-Campingplatz-Tipp: Parsons Green***

GPS: Einfahrt N 52° 16' 53.0" W 7° 59' 38.2"
Öffnungszeiten: März bis September.
Ausstattung/Lage: Befestigte Stellplätze auf einem sehr gepflegten, mit Hecken unterteiltem Wiesenareal, sehr ordentliche Sanitärausstattung, Tier-Farm, kleines Agrar-Museum, Indoor- und Outdoor-Spielplatz, Shop mit Café, Minigolf.
Zufahrt: Bevor sich am Ortsende von Cloghen die **R 665** nach rechts wendet rechts die Toreinfahrt hinein.

Jetzt stürmen wir direkt auf die Berge zu, begleitet von Steinmäuerchen und überreichlich Rhododendron-Gebüsch, das hier die Bäume zu besiegen scheint. Diese wunderschöne Straße hört auch auf den Namen ***Knockmealdown Drive***, wird uns noch viel Freude bereiten und hält auch nette WOMO-Plätze bereit. Schon 3,7 km hinter dem Abzweig in **Cloghen** passieren wir einen lauschigen **WOMO-Platz** auf Schotter vor der Brücke rechts [**012**: N 52° 15' 15.5" W 7° 57' 37.5"], danach geht es zunächst sachte aber stetig bergauf mit Ausblicken in das von Zicklein bevölkerte Tal und nach einem knappen Aussichtsparkplatz folgt eine echte Haarnadelkurve sowie weitere Haltepunkte, um die spannende Aussicht zu genießen. Jetzt fährt man richtig durchs Gebirge zum Pass hoch. Für irische Verhältnisse sind die Gipfel mit fast 800 m Höhe wahre Riesen! Nach rechts schaut man in ein sehr schmales Tal mit Bergsee, die Hänge sind mit grünem Farn und erikafarbenen Blümchen bedeckt und gleichgültige Schafe wandern am Straßenrand. Auch der zentrale Parkplatz ***„The Vee“*** mit der weißen Ma-

donna am Berg und den bunten Schafen in der Nachbarschaft eignet sich ganz gut als **WOMO-Wanderquartier** [**013**: N 52° 14' 32.5" W 7° 57' 22.1"]. Hier steht man etwas schief auf

Schotter und hat beste Möglichkeiten für eine ordentliche Bergtour. Kurz hinter dem Pass testen wir den kleinen Parkplatz rechts vor der Brücke bei einem Rhododendron-Dschungel und genießen nachts trotz Straßen-Nähe totale Ruhe.

(014) WOMO-Wanderparkplatz: Glentanagree Bridge

GPS: N 52° 13' 20.0" W 7° 56' 32.5"
max. WOMOs: 1-2.
Ausstattung/Lage: Balkon-Parkplatz rechts, Picknickwiese mit Feuerstelle gegenüber am Hang im Rhodo-Busch, schöner Tal-Blick, angenehme Umgebung, Wanderwege.
Zufahrt: 11,1 km nach dem Abzweig in **Cloghen**, 2,5 km hinter **(013)**.

An der folgenden Gabelung bleiben wir rechts, rollen auf der Südseite des Gebirgsmassivs gemächlich wieder bergab und fahren durch teilweise üppig grünen Laubwald das Tal nach **Lismore** hinunter. **Achtung!** Den Abstecher zu unserem vormaligen Traum-Picknickplatz hinter der Steinbrücke nach links sollte man sich aus zwei Gründen dringend verkneifen: Erstens ärgert man sich über den hundsgemeinen Höhenbalken und zweitens kann man wegen erstens hier nicht mal mehr wenden. Am Ende der 20-km-Tour von **Cloghen** über die Berge stößt man auf die **N 72** und nimmt Kurs auf die ***Heritage Town*** **Lismore**, die einen bereits kurz danach mit ihrem bemerkenswert prächtigen ***Lismore Castle*** begrüßt. Hinter der respektablen Brücke über den ***River Blackwater*** (sehen wir noch öfter) kann man, wenn es sich zeitlich gerade ergibt, die Gärten des Anwesens besichtigen (11-16.45 Uhr, Eintritt). In unmittelbarer Nähe gibt es den passenden **WOMO-Stellplatz** dazu, ein guter Ausgangspunkt für einen vertiefenden Aufenthalt in der hübsch herausgeputzten, ja geradezu polierten ***„Tidy Town“*** mit Spaziergang auf dem ***„Lady Louisa's Walk“*** (3-km-Rundweg), Besichtigung der wunderschönen ***Lismore Cathedral*** und dem Besuch im lohnenswerten ***Heritage Centre***, beheimatet im alten Gerichtsgebäude.

(015) WOMO-Stellplatz: Lismore

GPS: N 52° 08' 16.6" W 7° 55' 59.0" **max. WOMOs:** 2-3.
Ausstattung/Lage: Asphalt-Parkplatz beim Spielplatz, anbei Toiletten und ein entzückender Park mit Springbrunnen und Mini-Wasserfall.
Zufahrt: In der Stadt den P-Hinweisen folgen, hinter dem Schloss rechts.

Unsere anschließende (Spezial-)Route nach **Youghal** zum Meer ist für extra hohe WOMOs mit Satellitenschüssel, Boot oder großen Kisten auf dem Dach ungeeignet, denn gelegentlich hängen die Bäume bedrohlich tief. Als alternative Strecke sollten diese Kandidaten den Umweg über **N 72/Cappoquin** und **R 671/Clashmore** vorziehen. Alle anderen kommen mit uns! Wir fahren ein kurzes Stück stadteinwärts, an der nächsten Kreuzung auf der **Main Street** nach links für 500 m durch die schmucke Innenstadt, an der Kirche vorbei und biegen dann rechts nach **Knockanore** ab. Auf holpriger Straße geht es durch grünes Auenland mit sanften Hügeln und später kurz direkt am ***River Blackwater*** entlang (kleiner, leider etwas vermüllter **WOMO-Stellplatz** [**016**: N 52° 06' 25.0" W 7° 52' 10.1"] links am Fluss), bei dem, durch die Meernähe bedingt, gerade auch Ebbe ist. 300 m hinter der Brücke über den ***River Bride*** beginnt nach links die ***Scenic Route***, der wir nach 1 km wieder nach links und auch auf den nächsten 11 km unbeirrt folgen. Wir steigen auf steiler Straße durch dichten Laubwald auf die höhere Ebene, wo uns Getreidefelder erwarten. Hinter **Knockanore** überrascht uns der wirklich scharfe Abschnitt, bei dem die schmale Straße mit engen Kurven durch grünes Dickicht führt und die belaubten Äste das WOMO-Dach fegen. Links sprudelt ein kleiner Fluss und knorrige, bemooste Bäume säumen diese verwunschene Route durch die düstere Dschungelschlucht. Nach vorsichtiger Abfahrt erreichen wir erfreulicherweise eine breitere Straße (beizeiten bremsen: Stopp-Straße!), der wir in Fahrtrichtung folgen, später am nunmehr recht breiten ***River Blackwater*** entlang fahren und schließlich auf glatter Piste der bunten Küstenstadt **Youghal** entgegendüsen. Wir richten uns nach den Hinweisen zum **Town Centre**, gelangen zum meist recht gut besuchten Parkplatz am Hafen beim ***Tourist Office*** und beziehen unser WOMO-Quartier am Pier.

(017) WOMO-Stellplatz: Youghal Hafen

GPS: N 51° 57' 08.7'' W 7° 50' 41.6'' **max. WOMOs:** 2-3.
Ausstattung/Lage: Müllbehälter, kleiner Stadt-Badestrand nebenan, Gastronomie und Läden aller Art in der Nähe, gelegentlich etwas laut.
Zufahrt: Siehe Text.

Zu besonderen Ehren kam das Städtchen als Filmkulisse für die Dreharbeiten zu ***„Moby Dick"*** (1954, mit ***Gregory Peck***). Die ***„Moby Dick's Lounge Bar"*** am Markt diente damals bei den Dreharbeiten als Versorgungs-Zentrum und auch wir hatten in diesem stimmungsvollen Haus schon ein gepflegtes

Lunch. Unseren kleinen Stadtrundgang beginnen wir mit einem Besuch des ***Tourist Office*** mit dem angeschlossenen Minimal-Heimatmuseum. Besonders gut hat uns dann der ***Clockgate Tower*** gefallen. Er gehört zur historischen Stadtbefestigung und erfüllt heute seine Aufgabe als besonders attraktives Nadelöhr des innerstädtischen Autoverkehrs. Gleich nebenan kann man im puppigen ***„Café Rendez Vous“*** nett einkehren. Wem nun der Sinn nach hemmungslosem Badespaß steht, der sollte sein Ränzlein schnüren und den vielgepriesenen 8-km-Riesenstrand an der ***Youghal Bay*** von hier aus zu Fuß erkunden, da es dort kaum WOMO-Parkplätze gibt.

Auf der **N 25/Cork** setzen wir die Tour westwärts fort. Hinter dem Leuchtturm beginnt der eben erwähnte Strandbereich, der von allerlei Urlauber-Belustigungen umgeben ist. Wir passieren die hübschen Örtchen **Killeagh** und **Castlemartyr** und fahren nach **Midleton** ins **Town Centre** hinein, immer auf den spitzen Kirchturm zu, und lassen uns zur Haupt- Sehenswürdigkeit der Stadt leiten: ***„The Jameson Experience“*** (tgl. 10-18 Uhr, letzte Führung 16.30 Uhr, Eintritt, deutsches Info-Blatt). Hier präsentiert sich die Whiskey-Marke ***Jameson*** in einem professionell gestalteten Besucherzentrum mit Audiovision, Führung durch die historischen Produktionsstätten und anschließender Verkostung ausgesprochen sympathisch und hält sogar gleich um die Ecke einen aufwändig gestalteten Parkplatz mit WOMO-Ausstattung bereit.

(018) WOMO-Stellplatz: Midleton Distillery

GPS: N 51° 54' 48.6" W 8° 10' 10.3"
max. WOMOs: 3-5.
Ausstattung/Lage: Asphalt-Parkplatz mit Mäuerchen, Bezahl-WC, Bottle Bank, V/E für WOMOs, offizieller Übernachtungsplatz für WOMOs mit reserviertem Parkplatzbereich, 48-h-Limit, Gastronomie und Läden in der Nähe, Parkbuchten 6,50 m lang.
Zufahrt: In der Stadt **Free Parking** folgen, vor ***Jameson*** links rein.

Nach rechts fitzen wir uns durch die Stadt und zur **N 25/Cork** zurück, erfreuen uns am folgenden 4-spurigen Ausbau der Straße und verlassen diesen Luxus, um auf die **R 624** nach **Cobh** abzubiegen. Unterwegs kann man seinen Kindern etwas Gutes tun und im ***„Fota Wildlife Park"*** (10-17 Uhr, Eintritt) Tiere angucken, oder es lassen und mit uns hinter der Brücke rechts nach **Cobh** weiterfahren. Rechts erschreckt uns der Anblick von Industrieanlagen, wir passieren die Anlegestelle der Fluss-Fähre, fahren nach dem Ortseingang rechts runter und stellen hocherfreut fest, dass man unten beim **Free Parking** am Wasser einen hochoffiziellen WOMO-Stellplatz ausgewiesen hat.

(019) WOMO-Stellplatz: Cobh

GPS: N 51° 50' 49.4" W 8° 18' 29.6" **max. WOMOs:** 10.
Ausstattung/Lage: Großer Asphalt-Parkplatz, 10 markierte WOMO-Stellplätze an der Uferpromenade, Spielplatz, Bottle Bank, 48-h-Limit, 10 min Fußweg in die Stadt. **Zufahrt:** In der Stadt **Free Parking** folgen.

Das ist das perfekte Basislager zur Erkundung dieser berühmten Hafenstadt, des einstmals wichtigsten Überseehafens **Irlands**. Wir betreten das ehemalige Bahnhofsgebäude von **Queenstown** (so hieß **Cobh** von 1849 bis 1922, zu Ehren von ***Queen Victoria***), das ein ganz besonderes Symbol für das bestimmende Thema in **Irland** seit den Hungerjahren darstellt: **Die Auswanderung**. Hier war Endstation der Züge, mit denen die Menschen in die Stadt kamen, um vom nahen Hafen aus ihre Heimat (meist) in Richtung **Amerika** zu verlassen. Diese Zahl macht einen sprachlos: Von 1845 bis 1960 sind insgesamt 2,5 Millionen Menschen via **Queenstown/Cobh** emigriert! Das muss der tränenreichste Ort der Welt gewesen sein, denn die extrem heimatverbundenen Iren ließen meist die Eltern und (wenige) Geschwister zurück. Die Ausstellung im ***Heritage Centre*** zu diesem Thema ist besonders empfehlenswert: ***„The Queenstown Story“*** (10-18 Uhr, Eintritt). Natürlich spielt auch gerade nach dem Kino-Hit die ***„Titanic“*** in **Cobh** eine große Rolle, denn auf ihrer letzten Station vor der allseits bekannten Katastrophe sind hier viele irische Auswanderer an Bord gegangen. Dieses Riesenschiff war sogar für diesen Transatlantik-Hafen zu groß, so dass die Passagiere mit Barkassen zu dem auf Reede liegenden Unglücksdampfer gebracht werden mussten (***Titanic-Trail***: 19-Stationen-Rundgang in der Stadt).

Das Auswandererdenkmal vor der Tür zeigt die 15-jährige ***Annie Moore*** mit ihren Brüdern ***Anthony*** und ***Philip***. Sie folgten ihren Eltern und einem älteren Bruder nach ***Amerika***, gingen dazu am 20. Dezember 1891 an Bord des Dampfschiffes ***„Nevada“*** und kamen am 1. Januar 1892 in **New York** an. ***Annie*** war die erste Immigrantin der gerade neu eröffneten Einwanderer-Anlaufstelle auf ***Ellis Island*** und bekam zur Feier des Tages ein 10-Dollar-Goldstück geschenkt.

Beim Anblick des Gewimmels im Zentrum am Fuße der imposanten neugotischen ***St. Coleman's Cathedral*** sind wir heilfroh, hier keinen WOMO-Parkplatz finden zu müssen, vom Kirchturm erklingt eine leicht verfremdete ***Big Ben***-Melodie (Carillon mit 49 Glokken), es gibt Hafenrundfahrten und allerlei mehr an diesem quirligen Touristenziel. Wir stiefeln noch die supersteile Straße zur alles überragenden Kirche hinauf, die nach insgesamt 48 Baujahren 1916 eingeweiht wurde und sind von den Dimensionen dieses gigantischen Bauwerks schier überwältigt.

Östlich der Stadt findet man noch eine nette Stellplatz-Alternative mit Blick auf die Meeresbucht namens ***Cork Harbour***.

(020) WOMO-Badeplatz: Cuskinny Bay

GPS: N 51° 51' 30.8" W 8° 15' 53.8" **max. WOMOs:** 1-2
Ausstattung/Lage: Asphaltparkplatz an einem Steinbrückchen, kleiner Grobkiesel-Strand / außerorts.
Zufahrt: Der **R 624/Cobh Towncentre** folgen, am Hafen vorbei, dann kräftig bergauf und schließlich Richtung **L 2992/Ballymore** fahren.

Viele Jahre haben wir die Stadt **Cork** verschmäht, einige Male schlechte Erfahrungen bei Experimenten wie „WOMO-Parkplatz-Suche in der Innenstadt" gemacht aber schließlich einen Lesertipp erhalten (Danke dafür!), wie man einen Besichtigungstag in dieser durchaus spannenden Stadt organisiert. Für die Schlüsselfrage „Wo lässt man das WOMO?" gibt es in **Cork** eine neues Zauberwort: ***Black Ash Park 'n Ride***. Bitte folgen! Also zurück zur **N 25** Richtung **Cork**, nach knapp 7 km links mit der **N 25/South Ring West** durch den Tunnel und weitere 7 km später am **Kinsale Road Roundabout** noch ein Stück nordwärts Richtung **Cork City** zum Tagesziel links [***Black Ash Park 'n Ride***, Mo-Sa 7.30 bis 19.30 Uhr, N 51° 52' 43.1" W 8° 27' 59.9", nehmen Sie an der Einfahrt die **Bus Lane**]. Sie haben den perfekten Ausgangspunkt für eine **Cork**-Visite gefunden. In der Tagesgebühr von 5 EUR enthalten ist neben dem Großparkplatz mit Toiletten ein Bus-Shuttle in die City zum **Lapp's Quay** (mindestens alle 15 min). Es ist also zu empfehlen, hier vormittags anzukommen, so dass sich das Tages-Ticket lohnt und ausreichend Zeit für den Stadtrundgang bleibt.

Cork war 2005 Kulturhauptstadt Europas, was der Stadt einen beachtlichen Entwicklungsschub gebracht hat. Doch **Cork** ist keine geleckte Touri-Stadt, sondern wirkt eher etwaus rauh und ungeschliffen. Auch die Straßenmusik bietet wenig Folklore, eher Sachen mit E-Gitarre, die nach ***Rory Gallagher*** klingen, dem großen Sohn der Stadt.
Hier ein paar Tipps für die Stadterkundungstour:
The English Market, die bunte Markthalle der Stadt in der ***Grand Parade Street*** mit sei-

nen opulenten Frischfisch-Auslagen; sehr gutes Lunch im ***Farmgate Café*** oben auf der Empore (www.englishmarket.ie).

St. Anne's Church, nördlich des ***River Lee***, Treppchen hoch in den freakigen Stadtbezirk **Shandon**. Im ***Shandon Bells Tower*** (Mo-Sa 10-17 Uhr, So 11.30-16.30 Uhr) kann man für 5 EUR manuell das Glockenspiel bedienen, also nach verständlicher Anleitung diverse Stücke „vom Blatt" spielen. Sehr schön, wir wollen gar nicht mehr aufhören. Finale: Rundumblick von der Aussichtsplattform ganz oben (www.shandonbells.ie).

The Cork Butter Museum (tgl. 10-17/18 Uhr, Eintritt), gleich neben der ***St. Anne's Church***. Kleine, unspektuläre Ausstellung zur Historie der irischen Butter von den Anfängen mit zielloser Überproduktion und Preisverfall bis hin zur genialen Marketing-Kampagne namens ***Kerrygold*** mit weltweitem Export. Unter diesem Label findet die gute irische Butter dann auch jede Woche den Weg in unseren Kühlschrank daheim (corkbutter.museum).

Auch das macht **Cork** für uns neuerdings so sympatisch: Hier gibt es gleich 2 Stationen, wo man deutsche **Gasflaschen** gefüllt bekommt. Danke für diese wertvollen Lesertipps!
Im Norden: **Esso Tanke** North Ring Road / Ballyhooly Road
N 51° 54' 51.0" W 8° 26' 51.0"
Im Süden: **Cork Gas Centre Forge Hill** (im Gewerbegebiet)
N 51° 52' 11.3" W 8° 28' 54.0"

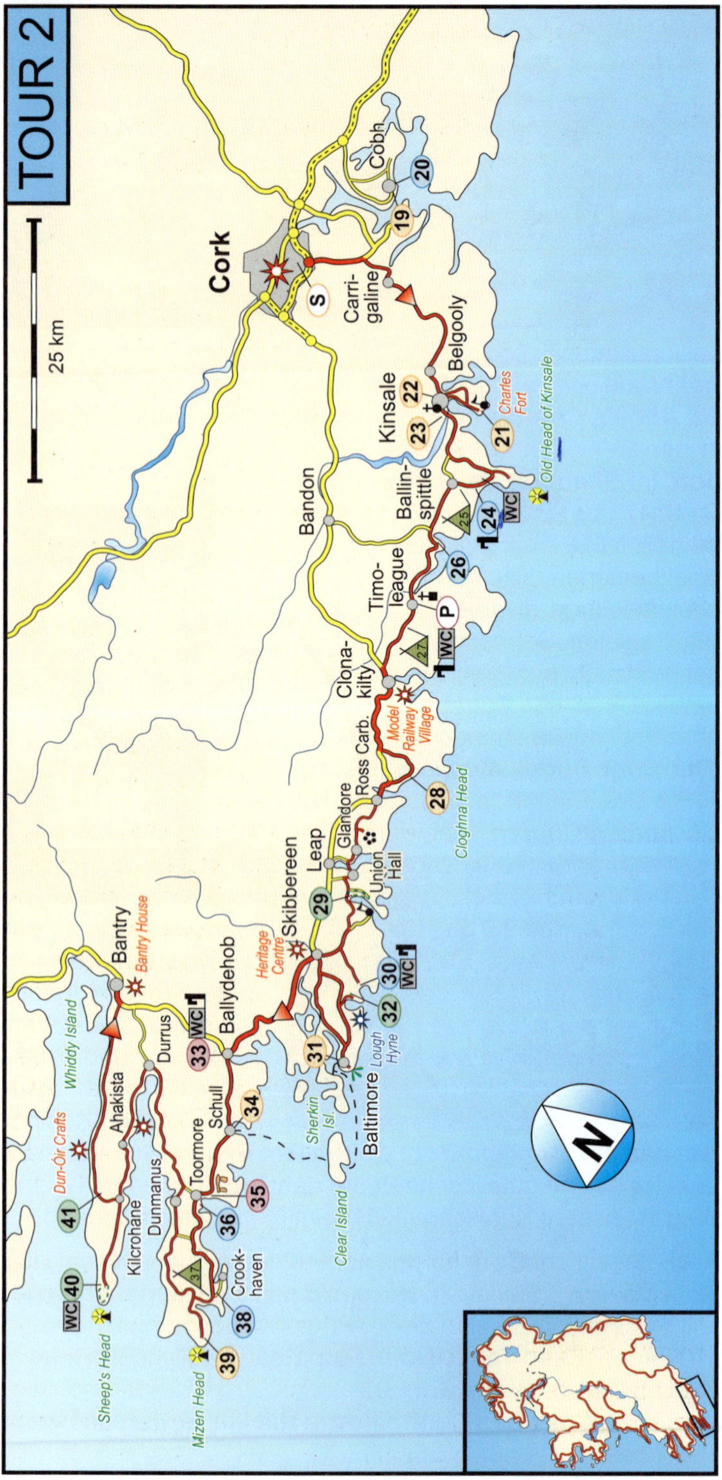
TOUR 2
25 km
Cork
S
Cobh
20
19
Carri-galine
Belgooly
Kinsale
22
23
Charles Fort
21
Old Head of Kinsale
Ballin-spittle
WC
24
25
26
Bandon
Timo-league
P
27
WC
Clona-kilty
Model Railway Village
Ross Carb.
28
Cloghna Head
Glandore
Leap
Union Hall
Skibbereen
29
Heritage Centre
30
WC
32
Lough Hyne
31
Baltimore
Sherkin Isl.
Clear Island
34
Schull
Ballydehob
33
WC
Durrus
Bantry
Bantry House
Whiddy Island
Ahakista
Dun-Óir Crafts
41
Kilcrohane
Dunmanus
Toormore
35
36
Crook-haven
37
38
39
Mizen Head
40
WC
Sheep's Head
N

TOUR 2 (310 km / 7 Tage)

Ringaskiddy - Kinsale - Clonakilty - Union Hall - Baltimore - Mizen Head - Sheep's Head - Bantry

Freie Übernachtung:	Kinsale, Charles Fort, Duggan Bridge, Garrettstown Strand, Garannefeen Strand, Cloghna Head, Rineen Forest, Tragumna Beach, Baltimore, Lough Hyne, Ballydehob, Schull, Toormore Bay, Barley Cove, White Strand, Mizen Head, Sheep's Head.
Trinkwasser:	Garrettstown Strand, Timoleague, Tragumna Beach, Ballydehob.
Campingplätze:	Garrettstownhouse, Sextons, Barley Cove.
Baden:	White Strand, Garrettstown Strand, Garannefeen Strand, Lough Hyne, Tragumna Beach Ballyrisode Beach, Barley Cove.
Besichtigen:	Kinsale mit St. Multose Church, Charles Fort, Timoleague Abbey, „Model Railway Village" in Clonakilty, Baltimore, Skibbereen Heritage Centre, Mizen Vision, Bantry House.
Wandern:	Rineen Forest, zum Baltimore Beacon, auf den Knockomagh beim Lough Hyne, zum Leuchtturm am Sheep's Head.

Wir verlassen **Cork** südwärts auf der **N 27** und rollen bald auf der **R 600** gen **Kinsale**, der ***West Cork Coastal Route***. Es geht gemütlich durch grüne Hügellandschaft mit Feldern, Wiese und Wald. Wir passieren die Ortsdurchfahrt von **Belgooly**, haben den gleichnamigen ***River***, einen Zipfel der Meeresbucht, erst rechts, dann links von uns und folgen schließlich dem ersten Hinweis zum ***Charles Fort*** nach links. Diese Route war vor Jahren extra für „Heavy vehicles", also auch als elegante Anreise-Variante (nicht nur) für fette WOMOs, ausgeschildert. **Kinsale** kann also bis morgen warten, wir biegen 800 m nach dem Abzweig rechts ab und erreichen nach weiteren 1,3 km unseren Übernachtungsplatz hoch über der Bucht.

(021) WOMO-Stellplatz: Kinsale Charles Fort

GPS: N 51° 41' 52.4" W 8° 29' 57.1" **max. WOMOs:** 2-3.
Ausstattung/Lage: Picknick-Wiese mit Bänken, Mülleimer, nettes Pub in der Nähe, schönes Panorama, leicht schiefer Asphalt-Parkplatz.
Zufahrt: Siehe Text.

Die gut erhaltene Festungsanlage mit ihren Ursprüngen aus dem späten 17. Jahrhundert ist ein klassisches Beispiel eines Sternforts, sie wurde 1973 zum Nationaldenkmal erklärt und

kann besichtigt werden (tgl. 10-18 Uhr, Eintritt). Geht man die Straße 300 m hinab nach **Summercove**, findet man ein richtig

uriges Pub namens ***The Bulman***, wo man bei Kaminfeuer und fröhlicher Gesellschaft einen ausgesprochen gemütlichen Abend verbringen kann. Der Rückweg zum WOMO führt dann leider recht steil wieder hinauf.

Wer nun den Straßenengpass in **Summercove** kennt, wird wohl für die Fahrt zum hübschen Hafenstädtchen **Kinsale** die „Heavy Vehicle"-Route (also zurück und dann nach links) bevorzugen. Man parkt dort zweckmäßigerweise am ***Long Quay***, der Straße zum ***Charles Fort***, biegt dazu am Ortsbeginn sehr spitz nach links ab und findet genug Platz, notfalls unter Missachtung der Markierungen.

(022) WOMO-Stellplatz: Kinsale Long Quay

GPS: N 51° 42' 20.9" W 8° 31' 04.8" **max. WOMOs:** 2-3.
Ausstattung/Lage: Gebührenpflichtige Parkplätze (Mo-Sa 10.30-18.00 Uhr, Gebühr, 2-h-Limit), Picknickbänke anbei, am Stadtrand.
Zufahrt: Straße zum Charles Fort, im hinteren Bereich am Ende der markierten Parkbuchten recht ruhig. Siehe Text.

Nun ist erst mal ein Rundgang in **Kinsale** an der Reihe, den wir beim gut sortierten ***Tourist Office*** (kostenloser City-Plan) beginnen. **Kinsale** gilt als Feinschmeckerstadt, sogar als *„Ireland's Gourmet Centre"*. Eine größere Anzahl von Weinrestaurants der gehobenen Preisklasse soll dem Upper-Class-Image offenbar Nachdruck verleihen. Mit der touristengemäßen Ausschmückung dieser Besucher-Hochburg hat man in den letzten Jahren wohl etwas übertrieben: Die quietschbunten Häuserzeilen sehen aus wie „Irisch-Disneyland", doch beim Flanieren nimmt uns noch immer das besondere Flair mit Yachthafen

und Touristen-Gewimmel gefangen. Unsere Schritte lenken wir zur imposanten ***St. Multose Church*** aus dem 12. Jahrhundert, in der man farbige Mosaikfenster und interessante alte Grabsteine besichtigen kann. Als weitere Sehenswürdigkeit ist noch das ***Desmond Castle*** zu nennen. Diese Burg wurde um 1500 gebaut, diente als Zollhaus, später auch als Gefängnis. Heute ist in der Burg das (Sie ahnen es schon!) ***Internationale Weinmuseum*** zu Hause.

Wer sein WOMO am ***Charles Fort*** lassen möchte, kann **Kinsale** auch zu Fuß erreichen, nimmt dazu ab **Summercove** den ***Sclly Walk***, kann sich am Blick auf die malerische Hafenbucht erfreuen, kommt am vielgerühmten Restaurant ***„The Spaniard“*** vorbei und landet im Städtchen am Stellplatz **(022)**.

Wir umkurven die innerstädtische Yachthafen-Bucht und verlassen **Kinsale** in Richtung **Garrettstown** (**R 600**). Die Straße führt dann nach links über die ***Duggan Bridge***, wir lassen den

(023) WOMO-Stellplatz: Duggan Bridge

GPS: N 51° 41' 40.3" W 8° 31' 43.0"
max. WOMOs: 2-3.
Ausstattung/Lage: Parkplatz mit Blick auf die Mündung des Bandon River, Picknickbänke, Mülleimer, straßennah, „No Camping“.
Zufahrt: Nicht links über die Brücke, sondern ein kurzes Stück geradeaus weiter, dann links.

Stellplatz **(023)** rechts liegen, der Blick schweift noch einmal links über die Bucht und weiter gehts auf der ***Coast Road*** zum ***Old Head of Kinsale*** (11 km). An den spärlichen Überresten einer Burg vorbei queren wir in sanften Kurven grüne Hänge und biegen 3 km nach der Brücke nach links auf die **R 604**, zur ***Scenic Route*** ab, zum ***Old Head***.

Die Straße ist nicht sehr breit, aber in gutem Zustand. Wir passieren einen Dauercamping-Platz und haben nach links einen herrlichen Blick aufs Meer. An der nächsten Kreuzung halten wir uns geradeaus. Rechts steht ein zerfallener Turm bei dem ***Lusitania - Memorial***, einem Denkmal, das an eine Schiffskatastrophe erinnert. Ziemlich genau an jener Stelle, wo 1912 möglicherweise die über 1500 Opfer der ***„Titanic“*** das letzte Mal in ihrem Leben Land gesehen haben, wurde nur 3 Jahre später, am 7. Mai 1915, etwa 8 Seemeilen von der Küste entfernt, der Luxusdampfer ***„Lusitania“*** von einem deutschen U-Boot torpediert. Das Schiff, das von **New York** nach **Liverpool** unterwegs war, sank innerhalb von 20 Minuten. Fast 1200 Menschen fanden den Tod. Die genauen Umstände dieser Tragödie konnten nie geklärt werden. Es wurde jedoch bald bekannt, dass sich große Mengen Munition an Bord befanden.

Wir folgen der Straße nun noch ein kurzes Stück bergab und stehen schließlich vor dem Tor einer alten Normannenburg, hinter dem ein neues Wächterhäuschen hervorlugt. Hier ist dann Schluss. Der Rest vom ***Old Head of Kinsale*** gehört zu einem Golf-Club, und es wird Eintritt erhoben. Das wollen wir nicht vertiefen und bleiben auf dem Parkplatz vor dem Tor. Nach rechts lohnt ein kurzer Gang zu den Klippen, wo sich ein prächtiger Ausblick auf die Vogelfelsen bietet. Auf diesem Wiesenhang könnte man den ganzen Tag herumlümmeln! Es zieht uns aber bald weiter. Also zurück zum Denkmal, dort die kleine Straße links hinein, weiter der ***Scenic Route*** folgend, rollen wir nun auf sehr schmaler Straße weiter, das Meer zur Linken. Wir treffen wieder auf die **R 604**, fahren geradeaus Richtung **Ballinspittle/Garrettstown** und erreichen kurze Zeit später den ersten Parkplatz hinter den Dünen. Dieser zeigt sich seit einigen Jahren jedoch „verbalkt", kurz danach gibt es für den Tagesaufenthalt links einen Parkstreifen und landeinwärts eine Toilettenanlage samt Wasserhahn. Eine blaue Fahne weist den ***White Strand***, der zwar nicht eben weiß, aber dennoch wunderschön ist, als einen der ***Blue Flag***-Strände aus,

das europäische Gütesiegel für Badestrände. Ein Stück weiter am ***Garrettstown Strand*** ist die Jugend in Neopren gehüllt mit Surfbrettern in der Brandung unterwegs. Hier findet sich auch ein Schlummerplatz, der uns mit dieser herrlichen Bucht wieder versöhnen lässt. Die Ferienanlage gegenüber stört uns nicht weiter und wir genießen den unverstellbaren Blick durch das Heckfenster aufs Meer.

(024) WOMO-Badeplatz: Garrettstown Strand

GPS: N 51° 38' 32.4" W 8° 34' 36.6"
max. WOMOs: 1-2.
Ausstattung/Lage: Badestrand, ziemlich wellige Wiese mit Meeres-Blick, 200 m die Strandstraße weiter WC-Haus rechts, Wasserhahn links an der Piermauer.
Zufahrt: 900 m hinter dem Strand-WC vom White Strand links.

Wir folgen der **R 604** landeinwärts nach **Ballinspittle** und passieren nach 1,1 km die Einfahrt zu einem Campingplatz bei einem 300 Jahre alten Herrenhaus, der sich bei näherer Betrachtung als wesentlich freundlicher entpuppt, als sein „Mobile-Home"-Outfit zunächst vermuten lässt.

(025) WOMO-Campingplatz-Tipp: Garrettstown House****

GPS: N 51° 39' 11.6" W 8° 35' 42.5" **Öffnungszeiten:** 1.5. bis 6.9.
Ausstattung/Lage: Gute Ausstattung, originelle Anlage mit Indoor-Bereichen für alle Altersgruppen, Spielplätze, Laden, in der Hochsaison zusätzlich sehr schöne „Overflow"-Abteilung mit Aussicht. (www.garrettstownhouse.com) **Zufahrt:** Siehe Text.

In **Ballinspittle** halten wir uns gleich hinter dem Ortseingang links, sind nun auf der **R 600**, die 6 km danach als ***Westcork Coastal Route*/Timoleague** auf einer schönen Steinbrücke einen Meeresarm überquert. Gleich dahinter links bieten sich hinter den Dünen verhältnismäßig gute Chancen für freies WOMO-Leben, eine passable Zufahrt findet sich ein Stück hinter der ersten.

(026) WOMO-Badeplatz: Garannefeen Strand

GPS: N 51° 38' 54.4" W 8° 40' 46.0"
max. WOMOs: 2-3.
Ausstattung/Lage: Etwas holpriger Natur-Belag, Badestelle, Picknickbänke, Dünen dürfen nicht befahren werden. Gut geeignet für WOMOs bis 6 m Länge.
Zufahrt: Sehr spitzwinklige Zufahrt mit Tor links, besser am nächsten Cottage wenden und 50 m zurückfahren.

Nach 8 km Küstenfahrt erreichen wir schließlich **Timoleague**, wo wir dringend einen Zwischenstopp empfehlen. Man folgt hinter der Brücke dem Picknickplatzzeichen nach links und findet angenehme Parkbuchten samt Toiletten und Wasserhahn zu Füßen der faszinierenden Ruine von ***Timoleague Abbey***, ei-

nem Franziskanerkloster aus dem 13. und dem frühen 14. Jahrhundert, in dem man endlos umherstreifen möchte.
Das „No Overnight Parking“ an diesem schönen Flecken wollen wir respektieren, kehren zurück zur **R 600/Clonakilty** und verweisen auf einen kleinen Campingplatz nur 3 km weiter, dem besten 2-Sterne-Platz Irlands.

(027) WOMO-Campingplatz-Tipp: Sextons**

GPS: N 51° 38' 05.9" W 8° 48' 04.5"
Öffnungszeiten: 1.5. bis 15.9.
Ausstattung/Lage: Kleines, liebevoll gestaltetes und sehr gepflegtes Areal, umgebauter Bauernhof mit kleinem Shop, Wiese mit Schotterbuchten, einfache, aber saubere Ausstattung, Spielplatz, Fußballwiese, mehrfach preisgekrönter Platz.
Zufahrt: An der R 600/Clonakilty, etwa 3 km hinter Timoleague.

Unsere nächste Station ist **Clonakilty**, ein hübsches Städtchen mit vielen bunten Häusern, das wir über die **R 600** und die **N 71** erreichen. Wenn Sie eine Aufmunterung für Ihre Kinder brauchen, dann bleiben Sie am ersten Kreisel geradeaus, verlassen die **N 71** 400 m später nach **links/Stoney Beach** und finden nach weiteren 400 m das ***„Model Railway Village“***

(tgl. 11-17 Uhr, Eintritt, www.modelvillage.ie, [N 51° 37' 12.3" W 8° 52' 57.2"]), eine Miniatur-Landschaft mit Städtchen entlang der „West Cork Railway“ um 1940 mit Modelleisenbahn im Maßstab 1:24.
Wir rollen zunächst weiter auf der **N 71/Skibbereen**, werden aber schon 7 km später nach links auf die **R 598** zum ***Long Strand*/Rathbarry** gelockt. Wir holpern wie auf einer schlecht präparierten Bob-Bahn durch Farmland, halten uns 2,6 km danach **rechts/Ross Carbery**, finden alle Strandzufahrten „verbalkt“, aber immerhin doch noch ein Plätzchen mit Aussicht.

(028) WOMO-Stellplatz: Cloghna Head

GPS: N 51° 33' 38.9" W 8° 59' 01.7"
max. WOMOs: 2-3.
Ausstattung/Lage: Ziemlich welliger Asphalt-Parkplatz mit Meeresblick, windanfällig.
Zufahrt: 2,9 km nach dem Abzweig links.

Kurz vor **Ross Carbery** treffen wir wieder auf die **N 71**, empfehlen dringend einen Halt am gut sortierten Fischladen neben der Tankstelle, fahren über einen langen Damm am Ort vorbei und dann gleich links weg auf die **R 597/Glandore**. Also mal wieder auf einer Nebenstraße unterwegs! Es geht zu zwei Zielen, die uns von guten Freunden empfohlen wurden und das auf nicht allzu breiter und ziemlich rumpliger Hecken-Straße. Bei entsprechend bedächtiger Fahrt kann man die freundliche Landschaft genießen, wir sehen Äcker und Wiesen, es geht durch Hügellandschaft mit bunten Häusern, mal hoch und mal runter und schließlich, genau 4,2 km nach Abzweig von der **N 71**, links weg zum ***Drombeg Stone Circel***. Diese 700-m-Zufahrt ist nun aber richtig schmal, jetzt muss man sogar bei PKW-Begegnungen umfassende Manöver fahren. Was folgt, ist ein Besucherparkplatz mit Höhenbalken. Die erste gute Nachricht: Zwei WOMOs können davor parken, ohne jemanden zu behindern. Selbst getestet! Die zweite: Der Besuch lohnt sich! Hier haben vor 3.000 Jahren Menschen gelebt und ihre Spuren hinterlassen. Der kleine, komplett erhaltene Steinkreis und die Reste einer Siedlung, unter anderem ein Kochplatz und Grundrisse von Behausungen, werden von Info-Tafeln verständlich beschrieben.
Nun den Stich zurück und nach links Richtung **Glandore** weiter, wo nach 2,5 km die zweite Empfehlung auf uns wartet: ***The Glandore Inn***, ein Restaurant (www.theglandoreinn.com) mit

Fischgerichten, so recht nach unserem Geschmack. Für uns gibt es „Seafood-Platter“ und „Seafood Chowder“, ein wahrer Genuss! Hinter dem Hafenörtchen, wo man gerade ein Kajak-Event zelebriert, geht es nach 1,4 km von der **R 597** nach links weg auf einer schmalen (Damm-)Brücke (5 t, Ausweichstelle in der Mitte) über die Bucht nach **Union Hall** hinüber. Auch hier gibt es im Hafen Frischfisch zu kaufen, wir fahren Richtung **Skibbereen**, dazu ein recht steiles Sträßchen hinauf und sind nach 2 km an jenem Abzweig [N 51° 33' 19.3" W 9° 09' 47.5"] angekommen, wo immer noch das Hinweis-Schild nach links zum ***Ceim Hill Museum*** [N 51° 32' 24.3" W 9° 09' 36.4"] weist. Von hier aus sind es 1,9 km bis zum legendären Cottage von ***Therése O'Mahony*** und ihrer unglaublich faszinierenden Sammlung, über die wir in den ersten Auflagen dieses Reiseführers ausführlich berichtet haben. Schon bei unserer letzten Recherche-Reise 2009 trafen wir dort niemanden mehr an und auch 2013 nicht, auch vor Ort kein Hinweis auf eine Museum mehr. Wer weiß etwas darüber? Ist die alte Dame nun doch zu krank? Bitte um Leser-Meldungen! Wegen des schmalen Fahrweges sollte man nicht mit dem WOMO dort hin fahren, aber vom nachfolgenden WOMO-Platz aus kann man das Ziel nett in eine Wander-Runde einbauen.

(029) WOMO-Wanderparkplatz: Rineen Forest

GPS: N 51° 33' 06.3" W 9° 10' 12.9"
max. WOMOs: 2-3.
Ausstattung/Lage: Picknickbänke hübsch verteilt im Gelände, Wanderwege, Blick auf die Bucht, absolute Ruhe.
Zufahrt: 600 m nach dem Ceim Hill- Abzweig erreicht man die Einfahrt, dann noch 500 m ziemlich schlimmer Schotterweg zum Picknickareal.

WOMO-Wander-Tipp

Hier kann man eine kleine Rundwanderung starten, doch **Achtung!** Wir haben uns meistens verlaufen, öfter durch bösartiges Gestrüpp gekämpft und selten den richtigen Weg gefunden. Der Rundweg beginnt am Picknickplatz **Rineen Forest** zunächst hübsch breit und aufgeräumt, zeigt sich aber im weiteren Verlauf ziemlich zugewachsen. Eine Ausschilderung sucht man vergebens, man hält sich immer rechts und stößt schließlich in Sichtweite einer Castle-Ruine wieder auf einen Fahrweg, dem man nach links und schließlich in nördliche Richtung bergauf folgt. Das erste Haus in einer Rechtskurve mit dem verwitterten Anker an der Einfahrt war vormals ein lohnendes Ziel für Entdecker: das besagte ***Ceim Hill Museum***. Nun folgt man dem Fahrweg konsequent die schon genannten 2 km weiter über den Hügel, stößt auf das schon bekannte querende Sträßchen, marschiert auf diesem noch 600 m nach links und kommt wieder an der Parkplatzeinfahrt an.

Unser nächstes Ziel heißt **Baltimore**. Das klingt schon recht gewaltig, ist aber „nur" ein kleiner freundlicher Ferienort an der Küste ein Stück weiter. Wir fahren von unserem Stellplatzparadies nach links die Straße zunächst an der Bucht entlang und nehmen etwa 3 km später die **R 596** nach **Skibbereen**. Auf dem Weg dorthin empfiehlt sich jedoch nach 2,2 km ein Abstecher nach links, wo nach 4 km eine Badebucht wartet.

(030) WOMO-Badeplatz: Tragumna Beach (Lesertipp)

GPS: N 51° 30' 09.8" W 9° 15' 55.2"
max. WOMOs: 3-5.
Ausstattung/Lage: Geräumiger Asphalt-Parkplatz, WC, Bottlebank, Kleine Badebucht, Wasserhahn, „Parking of Caravans or Camping not allowed"
Zufahrt: 1,5 km nach Abzweig von der R 596 links halten, dann noch 2,5 km.

Nun aber nach **Skibbereen**! Hier wurde in den ehemaligen Gaswerken ein ***Heritage Centre*** (Mo-Sa 10-18 Uhr, Eintritt, deutsche Infos) gebaut, das mit zwei höchst unterschiedlichen Themenschwerpunkten überrascht: die Große Hungersnot (***The Great Famine***) um 1840, die in dieser Gegend besonders viele Opfer forderte und die Naturschönheiten vom ***Lough Hyne***. Doch dazu später. Zunächst also noch die knapp 12 km auf der „Schaukel-Straße" **R 595** nach **Baltimore**, wo wir uns wegen der angenehmen Atmosphäre und der herrlichen Küstenlandschaft immer besonders wohl fühlen.

(031) WOMO-Stellplatz: Baltimore

GPS: N 51° 29' 09.7" W 9° 22' 10.9"
max. WOMOs: 3-5.
Ausstattung/Lage: Asphalt-Parkplatz-Buchten gegenüber einer neuen Ferienanlage.
Zufahrt: Am Ortsbeginn beim Baltimore Harbour Hotel rechts hinunter den Hinweisen zum **Leisure Centre** nach, an der querenden Straße 50 m nach rechts Parkplätze links, weitere Plätze auf der querenden Straße nach links, gegenüber der Segelschule.

An diesem sonnigen Nachmittag „steppt der Bär" am zentralen Treffpunkt des kultigen Küstenstädtchens bei den urigen Bars und Restaurants, wo sich jung und alt, Einheimische und Gäste in Hafennähe versammeln und es sich gut gehen lassen. Bevor wir hier am Abend in eines der Lokale zum Essen einrü-

cken, holen wir uns den richtigen Appetit mit unserem traditionellen **Baltimore**-Spaziergang. Am Hafen vorbei kommt man schließlich zu einer Bucht, an der links ein Schild zum ***Beacon*** weist. Dieser schmalen Straße folgen wir aufwärts, halten uns bei der Gabelung links und sehen die historische Landmarke, die aussieht wie eine weiße Rakete, schon auf dem Berg stehen. Natürlich kann man auch hier hinauf fahren, aber es gibt nur wenige Ausweichstellen und schon 2 Autos können locker den kleinen Parkplatz am Ende der Straße blockieren.

Wir kraxeln noch links auf das Plateau zum Turm und genießen die kolossale Aussicht auf die Klippen und die Inseln ***Sherkin Island*** und ***Clear Island***. Dorthin verkehren mehrmals täglich Personenfähren von **Baltimore** aus. Noch hinter ***Clear Island***, draußen im ***Atlantik***, liegt das südlichste Stück **Irland**, der Leuchtturm-Felsen ***Fastnet Rock***. Während wir mit diesen Gedanken im Abendlicht auf das Meer hinausschauen, knurrt der Magen und wir eilen zurück zu den Menschen am Hafen. Nach dem Essen nehmen wir in einem der Pubs noch dies und jenes Pint *Guinness,* genießen die ausgesprochene Wohlfühlatmosphäre in **Baltimore** und staunen mal wieder über das irische Familienleben am Abend, einem entspannten Gewusel mit Kind und Kegel.

Am nächsten Morgen fahren wir auf der **R 595** in Richtung **Skibbereen** zurück und biegen nur 1,5 km nach dem Ortsende in einer Linkskurve rechts ab in eine kleine Straße mit dem Hinweis auf ***Lough Hyne***, einem sehr speziellen Gewässer, das mit dem Meer verbunden ist. Wegen seiner durch die Gezeiten

bedingten veränderlichen Wasserhöhe hat sich ein ganz spezieller Lebensraum entwickelt, der unter Naturschutz steht. Die Straße dahin ist recht schmal und holprig, aber immerhin begrenzt durch wunderschöne Fuchsienbüsche, die an die 5 m hoch sind. Zum Schluss führt sie uns in scharfen Kurven hinab zum See, den wir 3 km nach dem Abzweig erreichen. Der sonderbare See ist ein Wassersportparadies, manchmal sind hier jede Menge Seekajaks unterwegs. Für einen Blick aus der Vogelperspektive empfehlen wir (bei guter Sicht) dringend die wunderschöne Wanderung auf den ***Knockomagh*** (197 m), Ein-

stieg (*„Knockomagh Wood Nature Reserve“)* beim ersten Parkplatz, dann *„Hill Top“* folgen. Der komfortabel ausgestattete Weg führt durch üppige Vegetation mit alten Bäumen und oben angekommen liegt einem die traumhaft schöne Küstenlandschaft zu Füßen. Für die gemütliche Tour braucht man je nach Pausenlänge etwa 2 Stunden, sollte Wanderschuhe tragen und auf keinen Fall den Proviant für die Gipfelrast vergessen!

(032) WOMO-Wanderparkplatz: Lough Hyne

GPS: N 51° 30' 22.5" W 9° 18' 11.8" **max. WOMOs:** 2-3.
Ausstattung/Lage: Asphaltparkplatz, Picknickbänke, Bootseinsetz- und Badestelle, Seeblick, ruhig. „No Overnight Camping, No Caravans“.
Nicht erschrecken: Bei hoher Tide kann es vorkommen, dass Teile des Parkplatzes dezent unter Wasser stehen. Bei unserer letzten Übernachtung war es aber nur ein kleiner Streifen diesseits der Mauer.
Zufahrt: beim ersten Parkplatz in die Sackgasse hinein fahren, nach 200 m Parkplätze links.

Das glasklare Wasser im See lockt zum Bade, noch dazu wenn man sieht, dass immer wieder kleine Grüppchen, vorrangig Frauen reiferer Jahrgänge, sich hier zwecks kollektiven Schwimmens verabreden und ihr gemeinsames Hobby dann ausgiebig zelebrieren. Als eingefleischte „Wasserratte“ wollte der Autor dem nicht nachstehen. Also hinein ins Nass! Nach 30 Sekun-

den war er hinreichend erfrischt schon wieder draußen, denn das Wasser war sehr überraschend saukalt! Das zu Rate gezogene Badethermometer zeigte auch nur knapp 15 °C. Wie sich beim Smalltalk herausstellte, treffen sich hier die abgehärteten „Ganzjahres-Schwimmer“. Respekt!
Wir fahren beim Knockomagh-Parkplatz erst einmal die Straße nach rechts weiter, 3,4 km später auf der **R 595** nach **Skibbereen**, nehmen dort die **N 71/Schull**, rollen vorerst am ***River Ilen*** entlang und dann durch üppig grüne Landschaft fernen Bergen entgegen. Nach 17 km erreichen wir **Ballydehob**, wo wir einen ziemlich versteckten Pausenplatz finden.

(033) WOMO-Picknickplatz: Ballydehob

GPS: N 51° 33' 39.8" W 9° 27' 26.0"
max. WOMOs: 2-3.
Ausstattung/Lage: Picknickbuchten am Wasser oder auf Schotter am Pier, WC und Wasserhahn am grünen Hydranten bei der Zufahrt beim Community Park.
Zufahrt: Im Ort hinter einer Steinbrücke nach links den Hinweisen „Scenic Walk“ folgen, am Tennisplatz vorbei und durch den Viadukt hindurch.

Zurück auf der Ortsdurchfahrt geht es geradeaus auf der **R 592/ Schull** auf dem ***Mizen Head Drive*** weiter, der uns später zur meist sturmgepeitschten Spitze der ersten Halbinsel im Südwesten führen wird. Zunächst haben wir nach wenigen Kilometern einen herrlichen Blick auf **Schull** mit Hafen und Bucht, bestaunen Palmen am Straßenrand und finden in diesem quirligen und bunten Fischerdorf einen neuen Platz zum Bleiben. Wegen der Enge am Pier weicht man aus zu einem Platz „um die Ecke“ und schaut sich das Gewusel in dieser quirligen Sommerfrische besser zu Fuß an.

(034) WOMO-Stellplatz: Schull Planetarium

GPS: N 51° 31' 21.9" W 9° 32' 48.2" **max. WOMOs:** 1-2.
Ausstattung/Lage: Parkplatz beim Planetarium oberhalb der Bucht, teilweise schief, die besten Plätze ganz oben. **Notquartier**.
Zufahrt: 200 m nach dem Abzweig zum Pier nach links zum Planetarium abbiegen, nach 250 m links.

Den verführerischen Fischladen am Pier gab es zuletzt nicht mehr, den „Werksverkauf“ der örtlichen Fischergilde findet man nun in der hiesigen Hauptstraße. Hier wird erst einmal für das Abendbrot eingekauft, bevor es mit unserer Tour auf der **R 592** Richtung **Goleen** und **Crookhaven** durch hügelige Wiesenlandschaft weitergeht und sich nach wenigen Kilometern ein

prächtiger Blick voraus auf die ***Toormore Bay*** bietet. Nach schnurgerader Piste folgt eine Rechtskurve an einer Felsenbucht und dieser 70 m später links ein feiner kleiner Parkplatz mit Mäuerchen, gutem Ausblick und einem Altar-Dolmen aus der Eisenzeit auf der Wiese gleich nebenan [**035**: N 51° 30' 50.9" W 9° 38' 38.1"]. Bei Strandwetter sei 2,7 km hinter dem weit verstreuten Örtchen **Toormore**, 700 m hinter einer Brücke, ein Abstecher auf schmalem Asphaltband nach **links/L4405** angeraten, wo man 600 m später auf kleine weiße Bade-Buchten trifft.

(036) WOMO-Badeplatz: Ballyrisode Beach

GPS: N 51° 30' 39.5" W 9° 39' 40.9" **max. WOMOs:** 1-2.
Ausstattung/Lage: Kleiner Parkplatz am Ende der Sackgasse an einer idyllischen Badebucht, Picknickbank, nicht viel Platz, schnell voll belegt. Sinnvollerweise abends anreisen. Zelten und Caravans verboten. **Zufahrt:** Siehe Text.

Auf der **R 591** erreichen wir schließlich **Goleen** („The Mizen Village"), halten uns im Ort an die Richtung **Crookhaven** und schlängeln uns dann direkt an der Küste entlang, so dass sich wieder herrliche Ausblicke auf die Bucht ergeben. Hinter einem Linksknick zeigt sich links der Straße der ***White Strand*** und rechts der Campingplatz, der sich für einen vertiefenden Aufenthalt in dieser traumhaften Umgebung anbietet.

(037) WOMO-Campingplatz-Tipp: Barley Cove

GPS: N 51° 27' 52.4" W 9° 45' 23.8" **Öffnungszeiten:** Sommersaison.
Ausstattung/Lage: Mobilhome-Siedlung und weitläufiges Touring-Areal auf Rasen, Laden, Imbiss, gute Sanitär-Anlagen, gepflegter Platz, Strände in der Nähe, in der Hochsaison voll und laut. **Zufahrt:** Siehe Text.

Das Angebot an wirklich schönen und legalen Übernachtungsplätzen mit Strand ist in dieser Ecke echt knapp. Ganz in der Nähe in Richtung **Crookhaven** am Abzweig zum ***Brow Head*** wurde der vormalige Verlegenheitsplatz zu einem anständigen Schotterparkplatz erweitert, auf dem WOMOs über Nacht stehen bleiben können.

(038) WOMO-Badeplatz: White Strand

GPS: N 51° 27' 41.8" W 9° 44' 40.0" **max. WOMOs:** 2-3.
Ausstattung/Lage: Schotterparkplatz bei einem kleinen Strand, Großstrand anbei, „No Camping, No Caravans" Häuser in der Nähe. **Zufahrt:** Siehe Text.

Wir kehren um und rollen am ***White Strand*** und dem Campingplatz vorbei, um beim nächsten Parkplatz links das traurige Ergebnis von WOMO-Überbeanspruchung zu registrieren. Als jahrelanger Treffpunkt unserer Gilde hat die große Freiheit offenbar deutliche Spuren im idyllischen Dünengelände hinterlassen, so dass man reagiert hat: Höhenbalken, Marke 2,10 m. An diesem Ärgernis vorbei fahren wir als Nächstes über einen Damm und dann links zum ***Mizen Head***, wo die schmale Straße nach 3,5 km auf dem riesigen Parkplatz beim Besucherzentrum endet. Wir genießen den spannenden Ausblick auf das tosende Meer, abends blinkt weit draußen der ***Fastnet Rock***, in der Pfanne brutzeln die Fischfilets aus **Schull** und ein kräftiger Wind schaukelt uns schließlich in den Schlaf.

(039) WOMO-Stellplatz: Mizen Head

GPS: N 51° 27' 06.5" W 9° 48' 35.5"
max. WOMOs: >5.
Ausstattung/Lage: Geräumiger, aber leicht schiefer Asphalt-Platz beim Besucherzentrum mit Meeresblick, Spielplatz, windanfällig.
Zufahrt: Siehe Text.

Nach dem heftigen Regen der Nacht begrüßt uns ein frischer, strahlender Morgen und wir schreiten gut gelaunt zur Besichtigung. Im ***Visitor Centre*** (Hauptsaison 10-18 Uhr, Nebensaison 10.30-17 Uhr) gibt es eine Ausstellung, Infos, ein Café und einen Shop mit Tickets, dann geht es zu Fuß zur Landspitze. Das gesamte Areal war einige Jahre für Besucher nicht zugänglich, denn hier wurden umfassende Bauarbeiten durchgeführt. Das Ergebnis kann sich sehen lassen: Eine neue Brücke, neue Wege, neue Aussichtskanzeln. Da muss man der

Werbe-Botschaft auf dem Flyer mal zustimmen: „The *Must-Do* Experience“. Der Fußweg führt über diese spektakuläre Brücke, die eine tiefe Meeresschlucht überquert und dann bis ans Ende der Felsenspitze zu den Gebäuden der Signal-Anlage.

Unterwegs kann man dramatische Klippenlandschaft bestaunen und dann vorn in der alten Leuchtturm-Warte in einer Ausstellung mit Video und bei der Führung viel Interessantes über diesen spektakulären Vorposten erfahren.
Nach ausführlicher Besichtigung geht die Reise weiter, erst einmal zurück, nicht über den Damm nach rechts, sondern 500 m später links weg auf die ***Coast Road***. Die Straße ist recht schmal, man fährt genussvoll langsam mit 30 Sachen, denn es gibt viel zu sehen. Es bieten sich fantastische Ausblicke auf die Klippen, an die das Meer heftig brandet. Wir winden uns an der Küste entlang, kommen an einem verfallenen Schlossturm vorbei und sehen Boote im ***Dumanus Harbour*** schaukeln. Leider findet man auf dieser Strecke kaum einen halbwegs vertretbaren Parkplatz, also schön langsam fahren!

Schließlich erreichen wir wieder die **R 591**, die uns nach weiterer Küstenfahrt und durch Schafweiden nach **Durrus** bringt. Dort biegen wir 450 m nach der Ortseinfahrt zur **L4704** nach **links/ Kilcrohane** ab, denn jetzt gehts zum ***Sheep's Head***. Viele Jahre vermuteten wir auf dieser Halbinsel WOMO-untaugliche Straßen, doch Freunde rieten uns, diese Schlaufe ins Buch aufzunehmen und wir können schon mal versprechen: Das hat sich gelohnt. Auf hinreichend breiter aber abschnittsweise etwas rumpliger Küstenstraße befahren wir also nun WOMO-Neuland, hier wird Heu gemacht und es riecht nach Sommer. Noch vor **Ahakista** gilt unser erster Stopp dem ***Air India Memorial***, die Gedenkstätte an eine der grausamsten Katastrophen der zivilen Luftfahrt, an die sich kaum jemand mehr erinnert. Durch einen Bomben-Anschlag einer militanten Sikh-Organisation wurde am 23. Juni 1985 ein Jumbo-Jet der ***Air India*** auf dem Weg von Kanada nach Indien in 9.400 m Höhe gesprengt. Beim sogenannten ***Air India Disaster*** kamen alle 329 Insassen ums Leben, die meisten davon kanadische Staatbürger indischer Herkunft. Vor dieser Halbinsel regnete es Trümmer und Leichen vom Himmel. Das Memorial mit den vielen Fotos der Opfer macht einen sprachlos.

Ahakista ist ein gepflegter Ort mit schönen Gartenanlagen, wir halten uns Richtung **Kilcrohane**, es geht nun leicht bergauf und wir genießen den Ausblick über die ***Dunmanus Bay*** hinüber zur Nachbar-Halbinsel, dem ***Mizen Head***- Zipfel. Links grüßt der einsame Turm von ***Droumnea Castle***, noch immer ist die Straße hinreichend breit, doch ab **Kilcrohane** sind wir auf dem ***Sheep's Head Drive*** unterwegs und hier gilt nicht ohne Grund *„Für Busse verboten"*, denn die Straße wird schmaler! Rechts erhebt sich sich ***Caher Mountain***, links schaut man über Ginster-Felsen aufs Wasser. Mit dem Gegenverkehr kann man sich rücksichtsvoll verständigen, das wellige Sträßchen führt bergauf, wo wir dann 2 winzige Wanderparkplätze registrieren, die zum gut begangenen ***Sheep's Head Way*** gehören. Auf nur noch WOMO-breiter Rumpel-Piste geht es umständehalber sehr gemütlich voran und die letzten 3 km schaukeln wir unserem Tagesziel durch Sumpf und Felsen entgegen, das wir nach einem letzten, kräftigen Anstieg erreichen.

(040) WOMO-Wanderparkplatz: Sheep's Head

GPS: N 51° 32' 45.2" W 9° 49' 35.5"
max. WOMOs: 2-3
Ausstattung/Lage: Asphalt-Parkplatz am Ende der Straße rechts, tagsüber Café und WC gegenüber, Picknickbänke, schöne Aussicht, evtl. windanfällig, außerorts und einsam.
Achtung! Am Wochenende kann es auf dem Parkplatz eng werden!
Zufahrt: Siehe Text.

Lighthouse-Runde (4,1 km, 2 h; keine Hunde erlaubt)
Als wir uns abends des milden Lichts, der faszinierenden Ruhe dieser bezaubernden Location und der gebratenen Schellfisch-Filets aus der Bordküche erfreuen, ahnen wir noch nicht, dass unsere Leuchtturm-Wanderung am nächsten Vormittag im Nebel stattfinden wird.
Vorab: Die Wanderung ist wunderschön und wärmstens zu empfehlen. Gut, dass es Leser gibt, die uns in solchen Fällen mit Schönwetter-Fotos aushelfen. Danke dafür!
So ziehen wir also mit Wetterbekleidung und Wanderstiefeln los, starten zunächst auf einem schmalen, steinigen, gut markierten Fußweg

(Gelbe Wandermännchen und rote/blaue durchnummerierte Pfeile). Es geht hoch und runter, auch mal mit leichten Klettereinlagen, zügig voran. Weil es heute kein hinreißendes Panorama des ***Mizen Head***- Zipfels gegenüber und für uns unterwegs nicht viel zu fotografieren gibt, erreichen wir schon nach 30 Minuten das Zielgebiet oberhalb vom Leuchtturm und treffen auf verdutzte Schafe im Nebel, die wohl heute keine Wanderer erwartet hatten. Das Lighthouse-Gelände auf der Fels-Nase selbst ist Privatbesitz, also nicht zugänglich, eignet sich aber bestens als schönes Fotomotiv vor blauem

Fotos: Friedel Sippel

Meer. Das Ende dieser Halbinsel, also das eigentliche ***Sheep's Head***, bietet grandiose Ausblicke, traumhafte Picknickwiesen oberhalb der Felsenklippen, also all das, was ein perfektes Wanderziel braucht. Der Rückweg zum Parkplatz führt uns auf anderem Pfad zunächst durch ein von Felsen flankiertes Sumpf-Tal, rechts erheben sich die Berge und schließlich geht man direkt an der Küstenkante entlang und genießt, wenn dann das Wetter stimmt, super Ausblicke. Etwa eine halbe Stunde ab Leuchtturm führt der Wanderweg über einen Zaun bergauf und 15 Minuten später erreicht man eine Weggabelung, der wir Richtung Parkplatz folgen. Die nächste Zaunüberquerung ist sogar mit einen „Hosenschoner" ausgestattet, wir stiefeln weiter bergauf, passieren eine Hausruine, folgen weiter der unübersehbaren Beschilderung und finden sicher zum Parkplatz zurück, wo wir uns im gemütlichen ***Sheep's Head Café*** mit Tee, Scones, Butter und Jam stärken. Wir wünschen Ihnen für Ihre Wanderung blendendes Wetter!

Nun geht es auf bekannter, gelegentlich kniffliger Fahr-Strecke zurück nach **Klicrohane**, wo wir uns dem ***Sheep's Head Drive*** nach links zuwenden, auf die (ebenfalls für Busse gesperrte) ***Goats Path Road***. Die wie erwartet schmale Straße führt uns auf grobem Asphalt kurvenreich bergauf, bald haben wir tolle Ausblick aufs Meer, denn der Vormittags-Nebel hat sich nunmehr verzogen. Vom nachfolgend beschriebenen Pass-Parkplatz kann man die Szenerie trefflich vertiefen.

(041) WOMO-Wanderparkplatz: Sheep's Head Pass

GPS: N 51° 35' 42.8" W 9° 42' 39.0"; 200 m ü.M.

max. WOMOs: 1-2

Ausstattung/Lage: Etwas schiefer Schotter-Parkplatz, Picknickbank, tolle Aussicht, evtl. windanfällig, Marienstatue und „Finn Mac Cool's Seat" (samt Inschrift: *Water And Ground In Their Extremity*) anbei, ein weiterer Parkplatz gegenüber ist in Bau / einsam, außerorts.

Zufahrt: Siehe Text.

Nun haben wir die ***Bantry Bay*** links unten, das Sträßchen führt recht knapp an der Kante entlang und dann steil bergab: Nichts für Fahranfänger! Von hohen Hecken flankiert treffen wir überraschend auf einen Pottery-Shop namens ***Dun-Óir Crafts*** [N 51° 37' 22.5" W 9° 39' 49.3"] und stoppen nach deutlicher, ja entschiedener Intervention der Beifahrerin auf dem sehr kleinen und sehr schiefen Parkplatz davor. Während sich Anne in diesem wunderschönen Cottage den *„Unusual Ceramics"* der aus Deutschland stammenden Künstler **Conni und Alfred Leipert** widmet, hat der Autor draußen hinreichend Muße zum Fotografieren. Nun haben wir zu Hause wunderschöne neue Tassen

im Schrank, genau solche, die uns schon im ***Sheep's Head Café*** aufgefallen waren.
Auf den verbleibenden 14,6 km vom ***Sheep's Head Drive*** registrieren wir Hinweise zu Wanderwegen und prähistorischen Ringforts, genießen die Aussicht und treffen schließlich auf die **N 71**, die uns sogleich nach **Bantry** führt. Links liegt die wunderschöne ***Bantry Bay*** und ein unübersehbares Schild lotst uns nach rechts auf den sorgfältig gekiesten Parkplatz von ***Bantry House***. Den Nachmittag nutzen wir zu einer ausgiebigen Besichtigung dieses prächtigen Herrenhauses einschließlich der beeindruckenden Gartenanlagen (9-18 Uhr, reichlich Eintritt). Es gibt Info-Blätter in deutscher Sprache, die zur Geschichte des Hauses und der sehenswerten Einrichtung wertvolle Erläuterungen bieten. Leider ist das Übernachten im WOMO auf dem sehr schön angelegten Parkplatz von ***Bantry House*** mit Blick auf die Bucht nicht mehr erlaubt. Schade drum!

TOUR 3
Kenmare
Kenmare River
Bantry
Bantry House
Bantry Bay
Glengarriff
Bamboo Park
Garinish Island
Whiddy Island
Caha Mountains
Healy Pass
Adrigole
Hungry Hill
Lauragh
Derreen Garden
Bunaw
Ardgroom
Eyeries
Castletown-bere
Bear Island
Dunboy Castle
Allihies
Ballydonegan
Cable Car
Dursey Island
10 km
N
42
43
44
45
46
47
48
49
50
51
52
S
S
B
B
P
P
W
E
WC
WC
WC
WC
WC
WC

TOUR 3 (167 km / 5 Tage)

Glengarriff - Dursey Island - Kenmare

Freie Übernachtung:	Bamboo Park, Glengarriff Nature Reserve, Pooleen Wood, Berehaven Golf Club, Castletownbere, Pulleen Lake, oberhalb von Garinish Beach, Travara Strand, Eyeries Strand, Beara Shore.
Trinkwasserstellen:	Glengarriff, Ballydonegan.
Campingplätze:	„Eagle Point" bei Ballylickey, „Hungry Hill Lodge" bei Adrigole, „Anthony" in Ballydonegan.
Baden:	Pooleen Wood, Ballydonegan Beach, Travara Strand, Eyeries.
Besichtigen:	Bantry, Bamboo Park, Garinish Island, Dereen Garden, Kenmare.
Wandern:	Glengarriff Nature Reserve, Dursey Island.

Bevor es wieder auf Tour geht, wird in **Bantry** erst einmal eingekauft und getankt. Dies nehmen wir zum Anlass, durch die hübsche und nicht übermäßig touristisch „aufgetakelte" Innenstadt zu schlendern. Das WOMO parken wir auf dem Marktplatz, wo sich nicht nur die Touristen-Information, sondern auch reichlich Platz findet.
Schließlich führt uns die **N 71** aus der Stadt heraus und wir rollen zügig auf breiter Straße Richtung **Glengarriff**, registrieren hinter **Ballylickey** links die Zufahrt zu einem Campingplatz

(042) WOMO-Campingplatz-Tipp: Eagle Point****

GPS: N 51° 43' 12.9" W 9° 26' 57.8"
Öffnungszeiten: Ende April - Ende September
Ausstattung/Lage: Preisgekrönter 4-Sterne-Platz mit schöner Lage auf einer Landzunge und sehr guter Ausstattung, Wassersport-Paradies. Es gilt ein Hundeverbot. www.eaglepointcamping.com
Zufahrt: 6,5 km hinter Bantry links.

und genießen anschließend die Ausblicke nach links auf die ***Bantry Bay***. Fragen Sie sich denn gar nicht, warum wir im Uhrzeigersinn an der Küste **Irlands** entlang fahren? Wir fahren nie anders herum! Bei unserer Familie liegt das schlicht am Egoismus des Fahrers, der auch der Routenplaner ist. Wenn

der schon die ganze Zeit am Fahren ist, will er natürlich auch den schönsten Ausblick auf das Meer haben, bei Linksverkehr sogar optimal.
Ständig fahren wir nun an „beschrankten" Parkplätzen vorbei, so dass man denkt, das geht jetzt immer so weiter. Knapp 10 km hinter der Campingplatz-Zufahrt, kurz vor der Ortseinfahrt von **Glengarriff** rollen wir nach links durch die Toreinfahrt vom ***Bamboo Park*** (tgl. 9-19 Uhr, Eintritt, Kinder frei, www.bamboo-park.com), einem gänzlich außergewöhnlichen Projekt. Das

vom Golfstrom geprägte Mikro-Klima in dieser geschützten Bucht ermutigte ***Serge de Thibault de Boesinghe***, Sohn einer belgischen Aristokratenfamilie, zusammen mit seiner Frau ***Claudine*** zur Entwicklung eines Parks mit Bambus, Palmen und Farnen auf einem zauberhaft romantischen Anwesen, das früher zum Besitz von ***Bantry House*** gehörte. Der Park wurde im Jahre 2000 für Besucher geöffnet und bietet 30 Arten Bambus, 12 verschiedene Spezies von Palmen, selbstverständlich Rhododendren und vor allem verschlungene Wege durch diese historische Parklandschaft am Ufer des ***Glengarriff Harbour***. Der Bambus braucht neben Wasser und mildem Klima vor allem viel Zeit, um richtig groß zu werden, doch vielleicht geht es ja doch schneller, wenn man bedenkt dass manche Bambusarten bis zu einem Meter am Tag wachsen! Die Chefin sagt augenzwinkernd, manche Besucher kommen gar nicht wegen der üppigen Flora hier her, sondern wegen ihres selbstgebackenen ***Carrot Cake***, einem extra leckeren Möhrenkuchen, den sie in der kleinen Cafeteria anbietet. Wir haben ihn probiert: allererste Güte! Auch der ***Apfelkuchen***, der neue Star im Sortiment, hat uns gut geschmeckt. Urteilen Sie selbst! Neben dem exotischen Flair, das der Park ausstrahlt und den besonders sympathischen Inhabern könnte der ***Bamboo Park*** auch deshalb zu einem Mekka der WOMO-Gemeinde werden, weil wir auf dem Parkplatz hinter dem Bambus-Tor auch über Nacht herzlich willkommen sind.

(043) WOMO-Stellplatz: Bamboo Park

GPS: N 51° 45' 06.0" W 9° 32' 09.2" **max. WOMOs:** 3-5.
Ausstattung/Lage: Gebühr 10 EUR, Toiletten (bei Wunsch auch nachts geöffnet, aber bitte hier keine Kassetten leeren!), Laden, kleine Cafeteria, Tor wird 19 Uhr geschlossen, Platz etwas schief, Fußweg in den Ort 1 km. Er spricht gut deutsch, sie französisch. **Zufahrt:** siehe Text.

Unmittelbar danach folgen wir den Hinweisen nach links zur ***Ferry*** nach ***Garinish Island***. Auf einer mit Blumenkübeln bestückten Zufahrt wird man an einer kleinen Bucht entlang zu einem hübschen Parkplatz [N 51° 44' 58.7" W 9° 32' 34.0"] geleitet. Steigen Sie hier mit uns die wenigen Stufen hinauf und bewundern Sie den tunnelartig zugewachsenen ***Rhododendron***-Weg. Die Wucht der Vegetation ist unbeschreiblich. Das schon einmal als Vorgeschmack auf ***Garinish Island***. Von diesem kleinen Hafen aus fahren gegen (reichlich) Gebühr regelmäßig Boote zu dieser berühmten „Blumeninsel" hinüber, wo

allerdings noch einmal extra Eintritt kassiert wird. Durch die milden Winter und die fast tropischen Verhältnisse mit (leider) sehr regelmäßigem Regen im Sommer entfaltet sich die Vegetation nahezu ungebremst. Besuchen wir also ***Garinish Island*** mit den sehenswerten Gartenanlagen nach italienischem Vorbild mit Magnolien, Kamelien und vielen anderen exotischen Gewächsen. Bei etwas Glück sehen Sie auf der kurzen Bootsfahrt sogar Robben, die sich auf den Felsen rekeln. Das Übernachten auf dem Parkplatz ist hier mittlerweile leider verboten, doch den Wasserhahn am Kartenhäuschen gibt es immer noch. Während der Ortsdurchfahrt sehen wir noch weitere Anbieter für Bootstrips nach ***Garinish Island*** (Preisvergleich!) und stellen fest, dass **Glengarriff** trotz der touristischen Bedeutung eine sehr angenehme und charmante Erscheinung geblieben ist.
Im Ort biegt die **N 71** nach rechts ab und bietet die Möglichkeit, den ***Ring of Beara*** auszulassen und auf landschaftlich reizvoller Berg-Route über den ***Caha Pass*** (Tunnel mit Höhenlimit 3,65 m!) nach **Kenmare** (27 km) zu gelangen. Ein kurzes Stück dort hinauf zu fahren lohnt sich auf alle Fälle, denn dort warten zwei wunderschöne Plätze in traumhafter Umgebung auf WOMO-Kontakte.

(044) WOMO-Wanderparkplatz:
Glengarriff Nature Reserve

GPS: N 51° 45' 18.6" W 9° 34' 01.1" **max. WOMOs:** 2-3.
Ausstattung/Lage: Picknickbänke, Spielplatz, Wandergebiet. **Vorsicht** nach Starkregen! Man warnt vor gelegentlicher Überflutung des Areals.
Zufahrt: In Glengarriff auf die **N 71/Kenmare**, nach 1 km in einer Rechtskurve nach links abbiegen, dann nach 100 m die ersten Parkbuchten, 200 m weiter der eigentliche Parkplatz.

(045) WOMO-Wanderparkplatz: Pooleen Wood

GPS: N 51° 45' 46.7" W 9° 35' 34.5" **max. WOMOs:** 1-2.
Ausstattung/Lage: Picknickbänke, netter Platz im Wäldchen bei einem kleinen Wasserfall und einer Grobkiesel-Sandbank, Badestelle war zuletzt abgezäunt, doch die Badefreunde haben sich Zugang verschafft. Suchen Sie nach Trampelpfaden!
Zufahrt: Entweder beim vorigen Platz durchfahren, dann links abbiegen, noch 2,4 km kurvenreiche Straße bergauf, dann Einfahrt links, oder von der **N 71** aus kurz hinter der Einfahrt zum vorigen Platz nach links den Hinweisen „Barley Lake" folgen und auf o.g. Straße noch 2,7 km hinauf.

Zurück in **Glengarriff** nehmen wir also wieder die **R 572** nach rechts. Hier beginnt der ***Ring of Beara***, der einen Vergleich mit dem wesentlich bekannteren ***Ring of Kerry*** (**Tour 4**) nicht zu scheuen braucht. Leider ist auf der folgenden Route auf einigen der lieb gewordenen WOMO-Plätze mittlerweile das Übernachten verboten, doch die landschaftlichen Reize dieser Runde sind geblieben. So bieten sich schon gleich einmal tolle Ausblicke nach links auf die Bucht und ein Fotostopp 5,6 km nach dem letzten Abzweig ist dringend zu empfehlen. Weitere schöne Parkplätze folgen in kurzen Abständen. Die Straße ist nun verschwenderisch breit ausgebaut und wir treffen auf unseren ersten Esel, der über die Straße wandert. Diese Spezies ist als animalischer Verkehrsteilnehmer eher selten. Viel öfter hatten wir Schafe, Kühe, Ziegen und natürlich Hunde. In **Adrigole** sehen wir einige nette Picknick- und sonstige Parkplätze mit schönen Ausblicken, wir registrieren den Abzweig zum ***Healy Pass*** und 700 m später einen kleinen Campingplatz rechts.

(046) WOMO-Campingplatz-Tipp: Hungry Hill

GPS: N 51° 41' 36.9" W 9° 43' 29.2"
Öffnungszeiten: Mitte März bis Ende Oktober.
Ausstattung/Lage: „Motorhome Stop" bei einem Hostel, Pub und Shop anbei. **Zufahrt:** Siehe Text.

Auf mittlerweile grundsanierter Straße rollen wir weiter, umrunden die ***Adrigole Bay***, rechts erheben sich die ***Hungry Hills*** und das Weideland der Schafe ist mit Felsen durchsetzt. Genau 11 km ab **(046)** geht es links rein zu einem **Golfclub**, wo mal eine richtig originelle Idee umgesetzt wurde: ein komfortables WOMO-Quartier in gepflegter Landschaft, nicht nur für Golfspieler.

(047) WOMO-Stellplatz: Berehaven Golfclub (Lesertipp)

GPS: N 51° 39' 14.7" W 9° 51' 39.3" **max. WOMOs:** 10.
Ausstattung/Lage: WC, Duschen (2 EUR), Strom (2 EUR), Waschmaschine, Wasser, Kassetten-Ensorgung; Gebühren 2013: bis 2 Personen 15 EUR, ab 3 Personen 18 EUR; Restaurant, Wanderwege, schön an der Meeresbucht gelegen. WOMO-Gäste spielen Golf zu ermäßigten Preisen.
Zufahrt: Vom Abzweig 450 m auf löchrigem Asphalt, dann WOMO-Areal rechts.

Das Städtchen **Castletownbere** wird von einem großen Fischereihafen dominiert, wo man einen Parkplatz mit WC [N 51° 39' 05.4" W 9° 54' 30.1"] und auch einen Fischladen (bis 17 Uhr geöffnet) findet, die Piermauer ist mit Palmen geschmückt, es folgen bunte Häuser, reichlich Pubs und schließlich die riesige, wunderschöne Kirche. Weiter rollts auf der **R 572/Dursey Cable Car**, kurz nach der Ortsausfahrt geht es bei Bedarf zum Badestopp nach links zum ***Trá/Strand***, der 400 m später erreicht wird und sich als kleine öffentliche Badestelle ohne Parkplatz, aber mit Liegewiese, Rettungsring und Toilette entpuppt. Nur einen Kilometer auf der **R 572** weiter geht es nach links durch ein geheinmisvolles Portal auf schmalem Fahrweg zum ***Dunboy Castle***, der frühere WOMO-Traumplatz bei der romantischen Ruine. Die damaligen Besitzer des Anwesens, die ***Puxleys***, müssen mit der Ausbeutung der Kupferminen (und vermutlich auch der Arbeiter) bei **Allihies** unanständig viel Geld verdient haben. Im Jahre 1921 wurde der Prachtbau von der ***IRA*** niedergebrannt und gab so viele Jahre eine schaurig schöne Kulisse ab. Diese Meeresbucht mit dem dekorativen Schiffswrack umweht heute noch immer ein besonders geheimnisvolles Flair, doch hier hat sich Unglaubliches getan: Man hat das komplexe Gebäude tatsächlich wieder aufgebaut, dem wohl nun eine Zukunft als Hotel blüht. So war jedenfalls der Plan. In echt steht schon seit Jahren eine Investruine hinter dem Bauzaun, so dass man schon fast wieder geneigt ist, dieses magische Gelände am Meeresarm wieder zum WOMO-Quartier [N 51° 38' 01.6" W 9° 55' 40.7"] auszurufen, doch Vorsicht: weiche Wiese!

Doch der ***Ring of Beara*** hat für WOMO-Fahrer auch noch gute Nachrichten, wie beispielsweise der verlockende Aussichtsparkplatz nach bergigem Parcours 4,2 km später.

(048) WOMO-Stellplatz: Pulleen Lake

GPS: N 51° 37' 40.0" W 9° 58' 42.2" **max. WOMOs:** 1-2.
Ausstattung/Lage: Leicht schiefer Feinschotterplatz, Aussicht auf See und Bucht, straßennah. **Notquartier**. **Zufahrt:** Siehe Text.

Die Straße wird jetzt schmaler, wir bleiben auf der **R 572/Dursey** und nach einem lustigen Gekurve bergauf und bergab landen wir schließlich 40 Fahrminuten später am Ende der Halbinsel. Man glaubt es kaum: Von hier führt eine ***Cable Car***, eine richtige kleine Kabinenseilbahn übers Wasser zur vorgelagerten Insel ***Dursey Island***. Eine Bootsverbindung gibt es nicht, denn der nur 200 m breite ***Dursey Sound*** zwischen Festland und Insel wird von einer kräftigen Tidenströmung gebeutelt.

Als wir 2013 vor Ort waren, konnten wir die neue Gondel betrachten, aber nicht ausprobieren, denn, was ein Pech, wir erwischten die Generalwartungswoche. Auch die ausgediente dunkelblaue Gondel haben wir entdeckt. Sie steht in einem Garten in der Nähe und dient nun als Hühnerstall. Die jeweils aktuellen Fahrzeiten der ***Cable Car*** entnehmen Sie bitte dem Aushang. Hier noch einmal der Bericht über den Tagesausflug auf die spannende Insel bei unserem letzten Besuch.

Dursey Island

Unser WOMO parken wir genau unter dem Bahnkabel direkt vor dem Mäuerchen. Nun schnell die Wanderschuhe angezogen, Fernglas, (natürlich) Regenzeug und Proviant für den ganzen Tag im Rucksack verstaut und schon sind wir dran mit der Überfahrt nach ***Dursey Island***. Die Tickets kaufen wir beim „Operator" ***James Sheehan*** vor dem Einsteigen, er bedient auch die Technik vom Festland aus, und wir schweben in der kleinen Kabine (max. für 6 Personen) lautlos für ein paar Minuten über die schäumende Meerenge. Sinnvollerweise verständigen Sie sich vor dem Start über die Rückfahrzeit, damit Sie auch wieder von der Insel abgeholt werden. Planen Sie eine ausführliche Inselwanderung ein, es wird mit Sicherheit ein spannendes Erlebnis. ***Dursey Island*** (6,6 km lang und 1,5 km breit) hat eine bewegte Geschichte. In grauer Vorzeit haben die Wikinger hier Iren als Sklaven gehalten. Besonders grausam ging es auch im Jahre 1602 zu. Englisches Militär zerstörte die Festung und die 40 Verteidiger wurden hingerichtet. Alle Inselbewohner, sogar Frauen und Kinder, die in einer kleinen Kirche Schutz suchten, wurden über die Klippen geworfen und kamen um.

Heute ist ***Dursey Island*** ein Naturparadies, vor allem für Seevögel. Außer vielen Kühen und Schafen wohnen noch ein Dutzend Menschen auf der Insel. Hier gibt es weder Laden, Pub noch Kirche, es fahren abenteuerliche Rostlauben ohne Kennzeichen als „Shuttle" von der „Bahnstation" zu den wenigen bewohnten Häusern und wir wandern los, immer die Straße entlang. Links unten sehen wir den kleinen Friedhof mit Kirchenruine und weidenden Schafen, die Luft ist fast etwas schwül. Es lohnt auf jeden Fall der leichte Aufstieg zum ***Signal Tower*** hinauf. Dazu kann man sich im ersten Dorf rechts halten und sich dem ***Beara Way*** anvertrauen oder weiter der „Straße" folgen. Von oben hat man einen überwältigenden Ausblick au tosenden Meer verstreuten Felseninseln, die Namen aus de wirtschaftlichen Vokabular tragen: Links voraus ***„The Ca*** Kalb), rechts ***„The Cow“*** (die Kuh) und dahinter der imposante Kegel mit dem Leuchtturm, die mächtigste und wichtigste der 3 Inseln, ***„The Bull“*** (also der Vater). Wir verschätzen uns etwas mit der Zeit und erreichen die ***Cable Car***-Rampe nicht ganz pünktlich, doch die Kabine schwebt wie von Geisterhand zu uns herüber. ***James*** ist etwas sauer und empfängt uns drüben beim Aussteigen mit den Worten *„You are late!“*, gibt uns noch deutlich zu verstehen, dass man hier auf seinem Parkplatz nicht mehr über Nacht stehen darf („by order“), steigt in sein Auto und fährt davon.

Heute haben wir hübsch müde Füße, doch es reicht noch zur Erkundung der näheren Umgebung. Falls sich Ihre Kinder nicht gleich nach der Tagestour in den Alkoven verkrümelt haben, dann nehmen Sie sie mit zur Mutprobe zu den kettengesicherten Angelplätzen unten bei den Klippen. Das Wasser brodelt und Basstölpel stürzen sich spektakulär wie Pfeile ins Wasser, um ihr Abendbrot zu fangen. In dieser Gegend wurde der mit 20 kg größte Lachs in **Irland** gefangen. Vielleicht haben Sie Glück und können mit dem Fernglas sogar Delphine oder Wale beobachten.
Auf dem Rückweg zur Tourstrecke kommen wir noch einmal an diesem sehr schiefen Hinkelstein-Picknickplatz [N 51° 36' 41.8" W 10° 07' 57.0"] mit nunmehr dauerpräsenten Imbisswagen davor vorbei. Der war bei uns vormals als „Notstellplatz“ deklariert, ist die aber nunmehr geforderte Übernachtungsgebühr (2013: 10 EUR) wirklich nicht wert.
Gleich danach, 500 m später, führt eine schmale Straße nach links zum ***Garinish Beach***. Der winzige folgende Ort am Ende

hat einen klitzekleinen, geschützten, weißen Strand mit Rettungsring, eine Post, eine Telefonzelle und einen kleinen Hafen, wo neuerdings WOMOs nachts auch nicht mehr genehm sind. Ein kurzer Spaziergang führt uns durch ein kleines Holzgatter zu den Klippen. Das Meer randaliert heftig an den Felsen

nd die Schafe flüchten vor uns. Wir sehen wieder die gelbe Markierung vom ***Beara Way***. Von hier aus kann man eine nette mehrstündige Rundwanderung starten, die wiederum an der ***Cable Car*** vorbei und schließlich im weiten Bogen zu unserem jetzigen Standort am Hafen zurück führt.
Wir kehren um und wenden uns wieder dem ***Ring of Beara*** zu. Am Wegesrand stehen immer wieder verfallene Häuser, bei manchem steht nur noch der Kamin. Das grelle Sonnenlicht zaubert ungewöhnliche Lichtreflexe, so dass das Meer glänzt wie flüssiges Silber. Echt grandioser Anblick! An der folgenden Kreuzung geht es nach links mit der **R 575** Richtung **Allihies**, und vom kleinen Aussichtsparkplatz mit Steinbank sehen wir in der Ferne schon wieder einen verführerisch weißen Strand leuchten, die ***Ballydonegan Bay***. Unsere WOMO-Wiese hinter der Düne gibt es hier schon lange nicht mehr, am Badestellenpark-

platz an der ***Ballydonegan Beach*** darf man auch nicht mehr über Nacht stehen, doch immerhin gibt es hier noch nachfolgenden Caravan-Platz der Marke „Bauer vermietet Wiese“.

(049) WOMO-Campingplatz-Tipp: Anthony

GPS: N 51° 37' 59.8" W 10° 03' 45.0" **Öffnungszeiten:** Saison
Ausstattung/Lage: Etwas unebene Wiese mit Mäuerchen drum herum für Touring- und Langzeitgäste, ohne Ausstattung, Anmeldung und Infos am blauen Haus beim Strandparkplatz, öffentliches Toilettenhaus und Wasserhahn am Wege.
Zufahrt: Am Strandparkplatz vorbei in die Sackgasse, dann rechts.

Als Nächstes passieren wir das auf extrabunt getrimmte **Allihies** mit einigen Pubs und Läden, folgen am Ortsende der **R 575/Eyeries** und kurven unerschrocken auf echt scharfer Straße zunächst einmal bergab. Eine besonders enge und deshalb mit gelben Pfeilen markierte Rechtskurve führt uns jetzt ganz nah an der Küste entlang, und wir pausieren kurz danach auf einem der neu angelegten Parkplätze, um die sensationelle Aussicht zu genießen: Draußen auf dem Meer sehen wir noch einmal die Zacken-Inseln vor ***Dursey Island***. Über steile Serpentinen windet sich die Straße hinab, dann wieder hinauf, links das Meer, rechts die Berge, einfach toll! Man hat auf der recht schmalen Straße einen guten Überblick und sieht den Gegenverkehr (meist) schon von Ferne. Hinter einer Brücke biegen wir nach links ab und präsentieren stolz einen (zumindest für uns) neuen WOMO-Platz am Meer.

(050) WOMO-Badeplatz: Travara Strand

GPS: N 51° 40' 37.9" W 9° 59' 58.1" **max. WOMOs:** 2-3.
Ausstattung/Lage: Asphalt-Parkplatz rechts vor dem Spielplatz, Picknickbänke, WC mit (leicht maroden, kalten) Duschen, Kieselstrand und Häuser in der Nähe.
Zufahrt: 12,5 km nachdem man beim Ballydonegan Beach auf die R 575 eingebogen ist in die L4907/Travara links rein, 300 m zum Pier.

Es geht links auf der **R 571** nach **Eyeries** weiter, am Ortseingang folgen wir für 350 m den ***Ring of Beara***-Hinweisen geradeaus und finden einen einsamen Platz mit Strand.

(051) WOMO-Badeplatz: Eyeries Strand

GPS: N 51° 41' 18.1" W 9° 58' 18.7"
max. WOMOs: 2-3.
Ausstattung/Lage: Feste Wiese am Strand, nur für schmale WOMOs bis höchstens 6 m Länge geeignet, einsam.
Zufahrt: Vor ***O'Sullivans Food Store*** links rein, 1,5 km teils sehr schmaler, holpriger Fahrweg um ein Gehöft herum, mit einem Gattertor-Engpass (2,40 m breit) und kniffligen, weil rechtwinkligen Kurven.

Zurück auf der **R 571/Kenmare** rollen wir als nächstes durch **Ardgroom**, einen sehr gepflegten Mini-Ort mit Palmen in den Vorgärten. In der Bucht links voraus wird flächendeckend Austern- und Fischzucht betrieben, kurz darauf überraschen uns 2 Kühe auf der Straße und ein Schild begrüßt uns im **County Kerry**. Hier wird die Straße schlechter, aber immerhin breiter und beim Blick auf die Meeresbucht ***Kilmakilloge Harbour*** sieht man flächendeckend Muschel-Zucht-Anlagen. Mehrmals wird am Straßenrand auf ***Standing Stones*** hingewiesen und Trampelpfade locken die Neugierigen ins Rhododendron-Dickicht. Bei **Lauragh** beeindrucken uns wunderschöne große alte Bäume. Hinter dem Ort fahren wir nach links zur **R 573**, die uns als ***Coast Road*** zunächst einmal zum traumhaft schönen ***Derreen Garden*** (tgl.10.00-18.00 Uhr, Eintritt) bringt, der uns

zu einem außerplanmäßigen aber herrlichen Spaziergang verleitet. Auf bemoosten Wegen wandelt man durch den Wald und kann sagenhafte Ausblicke auf die Meeresbucht genießen. Wir bestaunen Bambus, Eukalyptus und fast 20 Meter hohe Rhododendron-Bäume. Die Ausfahrt wird durch tief hängende Bäume und eng stehende Hecken erschwert, wir biegen wieder links auf die ***Coast Road*** und damit weiter am ***Kilmakilloge Harbour*** entlang, obwohl man vom Wasser wegen der überaus üppigen Vegetation am Straßenrand kaum etwas sieht. Wie wir erfuhren, sind WOMO-Crews im Fischerdorf **Bunaw** auf dem Schotterparkplatz gegenüber vom ***Harbour Inn*** auch als Nachtgäste gern gesehen. Der Tipp: Im gemütlichen Pub von ***Teddy O'Sullivan*** soll man ein prächtiges Frühstück bekommen. Uns zieht es jedoch noch ein kurzes Stück auf der rumpligen Schmal-

straße weiter zu einem exklusiven Plätzchen mit prächtigem Panorama links unten am Wasser.

(052) WOMO-Picknickplatz: Beara Shore

GPS: N 51° 46' 58.8"
W 9° 49' 15.2"
max. WOMOs: 2-3.
Ausstattung/Lage: Schön angelegtes Picknick-Areal mit „Dolmen"-Tische auf einer Landzunge.
Zufahrt: 1,4 km hinter dem Kilmakilloge Pier in einer Rechtskurve geradeaus in die **rechte Einfahrt** hinein („Picknick Area"), über ein Cattle Grid noch 100 m zum kleinen, etwas schrägen Parkplatz.

Bei der Weiterfahrt sehen wir links unten noch ein weiteres vielversprechendes Areal, das man durch eine schmale gemauerte Einfahrt erreicht. Wir rollen nun wieder ganz dicht an der Küste entlang, nehmen die kreuzende **R 571/Kenmare** nach links, wo sich dann die Bäume auf beiden Straßenseiten zu einem grünen Tunnel vereinigen. So stellt man sich den tropischen Regenwald vor. Immer wieder bieten sich Ausblicke über den ***Kenmare River***, der kein Fluss sondern eine Meeresbucht ist, auf die gegenüberliegende ***Iveragh Halbinsel***, mit dem ***Ring of Kerry*** (**Tour 4**).

Wir treffen auf die **N 71** und halten uns links Richtung **Kenmare**. Hier würden Sie von **Glengarriff** zu uns stoßen, falls Sie tatsächlich abgekürzt haben. **Kenmare** empfängt uns recht freundlich mit Sonne und frischem Wind und wir schauen am Ortseingang erst einmal am Hafen (wo sonst?) vorbei. Hier starten die Angeltouren und die ***„Seafari“*** (www.seafariireland.com). Mit (zweckmäßigerweise überdachten) offenen Booten geht es je nach Saison täglich 1 bis 3 mal für 2 bis 3 Stunden hinaus, um Robben, Seehunde und allerlei „Geflügel“ zu beobachten. Heute findet allerdings nichts von alledem statt: Zu viel Wind!

Gleich darauf fahren wir mitten hinein in diese bunte und quirlige Stadt (1200 Einwohner), die ihrem irischen Namen (*An Neidin* = „Kleines Nest“) nicht mehr ganz gerecht wird. Obwohl ganz klar vom Tourismus dominiert, macht es Spaß, hier zu flanieren. In der Stadtmitte halten wir uns links und parken genau vor dem ***Tourist Office***, wo man sich gleich im angeschlossenen Heimatmuseum (***Heritage Centre***) einen Überblick verschaffen kann. Wenn es wie gerade zum ***Food Carnival*** mal richtig voll ist in der Stadt, dann parken WOMOs nur ein paar Schritte weiter entspannt am Straßenrand und zwar hier: N 51° 52' 55.7" W 9° 35' 05.9". Der zentrale städtische Parkplatz gegenüber der Kirche hat Toiletten, ist aber mit Querbalken vor WOMOs und sonstigen übermaßigen Fahrzeugen gesichert, so dass nicht mal die

Reisebusse wissen wohin, was regelmäßig zum Verkehrschaos führt! Bunte Häuser prägen das Stadtbild, so vor allem beim zentralen, meist gut besuchten Touri-Laden ***„Quill's"***. In diesem ganz speziellen Laden gehen auch wir gerne einkaufen und greifen dann regelmäßig bei den vom Autor heiß geliebten „traditionellen irischen Großvater-Hemden" zu, die allerdings in Irland heute kein Mensch mehr trägt. Im Städtchen kann man auch ansonsten prächtig einkaufen, vom Schmuckladen bis zum Supermarkt und den Marktständen (Achtung! Frischfisch ist im Sommer, selbst auf Eis feilgeboten, nicht ewig frisch...) findet sich alles, ganz zu schweigen vom mittlerweile unübersichtlich vielfältigen Angebot an Gastronomie im kompletten Spektrum vom Bistro über Fish&Chips-Lokal und Pub bis zum edlen Restaurant. Unser besonderes Interesse gilt neuerdings dem auch bei den örtlichen Gourmets total angesagten, von der deutschen Bäckerin ***Manuela Goeb*** gegründeten Laden ***„The Breadcrumb"***, zu finden in der *New Road*, einem Abzweig der *Henry Street.* Auch wenn es mit dieser Bäckerei ab Sommer 2013 unter italienischer Führung weitergeht, hat man uns vor Ort versichert, dass hier neben italienischen Spezialitäten auch weiterhin gutes Brot nach ***Manuelas*** deutschen Rezepturen gebacken werden wird (www.thebreadcrumb.com).

Wir geben zu: Wir lieben **Kenmare**! Das ist sozusagen unsere Alternative zur Touri-Hochburg **Killarney**, um die man natürlich auf einer Irlandreise auch nicht herum kommt. Für Interessierte gibt es zu Beginn der nächsten Tour einen Abstecher dorthin, der sich durchaus lohnt.

TOUR 4
10 km
N
Dingle Bay
Inch
Killarney
Gas-flaschen-Füllung
C
56
55
Muckross House and Gardens
53
54
Torc Wasserfall
Lough Leane
Killarney National Park
Gap of Dunloe
Looscaunagh Lough
P
Kenmare
Killorglin
1010 m
933 m
1135 m
Macgillycuddy's Reeks
Moll's Gap
57
Cromane
Lough Caragh
Glenbeigh
WC 78
77
WC 76
Rossbeigh
Parkna-silla
Sneem
58
Staigue Fort
WC 59
Castle Cove
B
60
Caher-daniel
Lough Currane
Cahirciveen
72
74
73
WC 75
71
Knight's Town
Waterville
62
61
Derrynane House
Skelligs Chocolate
Ballin-skelligs
WC 63
Portmagee
WC 66
65
64
70
69
68
Valentia Island
Geokaun Mountain
67
Bray Head
Puffin Island
Little Skellig
Great Skellig

TOUR 4 (275 km / 7 Tage)

Killarney - Sneem - Waterville - Portmagee - Valentia Island - Caherciveen - Cromane

Freie Übernachtung:	Torc Wasserfall, Ross Castle, Sneem Pier, am Staigue Fort, Inny Strand, Ballinskelligs, St. Finans Bay, beim Coomanaspic, in Portmagee, beim Bray Tower, Knight's Town, Ballycarbery Castle, 2 Stone Forts, Lough Kay, beim Rossbeigh Strand, Glenbeigh, in Cromane
Trinkwasserstellen:	White Strand, Inny Strand.
Campingplätze:	Dromquinna, Killarney (5), „Wave Crest", „Mannix Point" bei Caherciveen.
Baden:	White Strand, Derrynane, Inny Strand, Ballinskelligs, St. Finans Bay, Lough Kay, Rossbeigh Strand, Cromane.
Besichtigen:	Muckross House and Gardens in Killarney, Staigue Fort, Derrynane House, „Skelligs Chocolate", „The Skellig Experience", die Skelligs, Cahirciveen, Ballycarbery Castle, Cahergall Stone Fort, Leacanubuaile Stone Fort.
Wandern:	Killarney National Park, National Historic Park Derrynane, „Klippen von Kerry", Bray Tower, Great Skellig, Geokaun Mountains.

Die neueste Meldung aus **Killarney** hat es sogar bis in unsere Regional-Zeitung geschafft: Im ***Muckross Lake*** hat man ein geheimnisvolles Objekt geortet! Mitten im See in 10 Meter Tiefe gibt es dort etwas von der Größe eines Wales. Jetzt wolle man herausfinden, ob es sich bewegt! Nun also noch so etwas wie ***„Nessie"*** in **Killarney**?!? Als ob es dort nicht schon genug Touristen gäbe. Vielleicht ja ein Grund mehr für Sie, einen Abstecher dorthin zu unternehmen. Wir meinen zwar, man kann ganz gut auf einen Besuch in **Killarney** verzichten, haben dieses Ziel aller Busrundreisen deshalb bei unserer Tour-Route einfach einmal unberücksichtigt gelassen, doch für eine Stippvisite eignet sich **Kenmare** als Ausgangspunkt ganz besonders. **Killarney** ist nur 32 km entfernt und man fährt weite Strecken durch die liebreizende Landschaft des ***Killarney National Park***. Auf der **N 71** verlässt man **Kenmare** auf einer auf 5 t beschränkten Straße nach Norden Richtung **Killarney**, findet den ersten Parkplatz bei ***Moll's Gap***, einem Pass in der Bergwelt und nach dem ***Looscaunagh Lough*** dann die berühmte Aussicht ***Lady's View***, wo sich dem Betrachter zumindest bei schönem

Wetter und guter Sicht in der Tat ein traumhaftes Panorama über die anmutige Szenerie mit Bergen und Seen bietet. Man kurvt dann hübsch durch die bezaubernde Berglandschaft, passiert einen Felsentortunnel (4,10 m), erreicht schließlich den schon erwähnten ***Muckross Lake*** und kann vielleicht einen Blick auf ***„Muckie“***, das neue Monster erhaschen. Bevor wir uns dem sehenswerten Ensemble ***Muckross House and Gardens*** samt ***Traditional Farms*** zuwenden, schauen wir noch beim oberen Parkplatz vom ***Torc Wasserfall*** vorbei, wo man sich dem gut ausgebauten Wanderwegenetz anvertrauen kann.

(053) WOMO-Wanderparkplatz: Torc Wasserfall

GPS: N 52° 00' 03.2" W 9° 30' 17.3"
max. WOMOs: 2-3.
Ausstattung/Lage: Asphalt-Parkplatz mit „Rallye-Verhinderungs“-Ausstattung, ringsum Berge, Picknickbank, Wanderkarte, 3 Wanderwege, 200 m zum kleinen Wasserfall, einsam.
Zufahrt: Knapp 11 km nach *Lady's View*, bzw. 300 m vor der Einfahrt zum **Muckross House** spitz **rechts** in *die* ***Old Kenmare Road*** abbiegen, diese 1,8 km hinauf fahren, dann Parkplatz links.

Wieder unten auf der **N 71** geht es nach nur 300 m links rein zum Parkplatz des weitläufigen ***Muckross***-Areals. Während die Besichtigung von Herrenhaus und Bauern-Museum kostenpflichtig ist, kann man im wunderschön angelegten Garten gänzlich kostenfrei lustwandeln. Die Parkplatzschranken schließen 19 Uhr automatisch. Wer dann nicht draußen ist bezahlt für die Sonderöffnung 37 EUR.

Der Stadt **Killarney** konnten wir bislang nur wenig abgewinnen und störten uns an dem massiven Touri-Gewimmel. Mittlerweile finden wir es hier durchaus ganz nett, vor allem wegen der liebreizenden Landschaft aus Bergen und Seen drum herum. Gelegentlich strengt es schon noch an, immer wieder freundlich die Offerten zurückzuweisen, die Heerscharen von Pferdewagen-Ausflugs-Anbietern permanent dringlich an einen herantragen, aber das

gehört wohl hier einfach dazu. Mit diesen allgegenwärtigen ***Jaunting Cars*** kann man sich auch zum ***Ross Castle*** kutschieren lassen, wo sich aber auch ein verschwiegenes Nachtquartier für WOMOs findet.

(054) WOMO-Stellplatz: Ross Castle

GPS: N 52° 02' 29.0" W 9° 31' 44.9" **max. WOMOs:** 3-5.
Ausstattung/Lage: Asphalt-Parkplatz, tagsüber WC an der Burg, Burgbesichtigung, Schiffstouren, romantische Spaziergänge.
Zufahrt: Die **N 71** stadteinwärts, hinter dem *River Flesk*, bei der AMBER-Tanke links rein, 2,4 km zum letzten Parkplatz der Straße fahren.

Für einen längeren Aufenthalt kann man vor Ort unter fünf (!) verschiedenen Campingplätzen wählen: ***„Fossa"*** und ***„Beech Grove"*** im Norden der Stadt an der **N 72/Killorglin**, ***„White Villa Farm"*** im Osten an der **N 22/Cork** oder die zwei nachfolgenden, die wir uns einmal genauer angesehen haben.

Achtung! Ganz in der Nähe von **(055)** werden bei ***Hagerty's*** deutsche Gasflaschen gefüllt. Toreinfahrt der LKW-Werkstatt in der Seitenstraße: N 52° 02' 31.7" W 9° 29' 48.9" (Lesertipp).

(055) WOMO-Campingplatz-Tipp: Killarney Flesk (****)

GPS: N 52° 02' 35.3" W 9° 29' 57.1" **Öffnungszeiten:** Apr. bis Sept.
Ausstattung/Lage: Gute Ausstattung und Sanitärgebäude (Duschen 1 EUR), gepflegter Kurzrasen, leichte Hanglage, zentrums- und straßennah, Entsorgungsstation vor dem Tor, beliebt bei irischen Familien, ziemlich teuer. www.campingkillarney.com
Zufahrt: Südlich vom Zentrum, direkt an der **N 71** gelegen.

(056) WOMO-Campingplatz-Tipp: Fleming's White Bridge (****)

GPS: N 52° 03' 25.1" W9° 28' 33.0" **Öffnungszeiten:** Apr. bis Sept.
Ausstattung/Lage: Weitläufiges Areal am Fluss mit mehreren Abteilungen, schön gestaltetes Gelände mit Hecken und Bäumen, gute Ausstattung, gepflegter Kurzrasen, Spielplatz, Shop, ruhige Lage, beliebter Treffpunkt ausländischer Gäste. www.killarneycamping.com
Zufahrt: Östlich vom Zentrum, über die **N 22/Cork** gut zu erreichen.

Wenn Sie dann in aller Ausführlichkeit das lokale Wandergebiet durchstreifen, mit dem Schiffchen über die Seen schippern oder mit den Fahrrädern das ***Gap of Dunloe*** bezwingen, kommt bei Ihnen ganz bestimmt richtige Urlaubsfreude auf.
Beginnen wir nun mit dem ***Ring of Kerry*** in **Kenmare**. Man merkt es gleich: Auch das ist eine beliebte Reiseroute, denn die Touristenbusse rollen stetig. Diese starten traditionell in **Killorglin,** fahren den Ring entgegen dem Uhrzeigersinn und kommen uns also regelmäßig auf manchmal eher schmalen Straßen entgegen. Für uns kein Problem, aber Leser mit ganz besonders großen WOMOs können sich überlegen, ob sie lieber mit dem (Bus-)Strom schwimmen und den Ring gleich von **Killarney** aus ab **Killorglin** andersherum fahren sollten. Wir verlassen **Kenmare** auf der **N 71/Killarney**, von der wenig später unsere **N 70** nach **Sneem** abzweigt. Schon kurz danach folgen wir der WOMO-Beschilderung nach links, wo wir ein neues, ziemlich edles Quartier finden.

(057) WOMO-Campingplatz-Tipp: Dromquinna

GPS: N 51° 52' 26.7" W 9° 38' 39.9" (Einfahrt)
Ausstattung/Lage: Luxus-Camping mit separatem Areal für 12 WOMOs in einem alten „Walled Garden", alle Plätze mit Strom und Wasser-Anschluss, sehr gute Ausstattung, Spielplatz, überdachte Grillstelle mit Bänken, Aufenthaltsräume, Sanitär-Gebäude, Shop, Restaurant „The Boathouse Bistro" (montags geschlossen), Rezeption 16-19 Uhr.
Preis 2013: 30 EUR pro Einheit und Nacht incl. Strom, Duschen, V/E.
www.dromquinnamanor.com
Zufahrt: 4 km nach dem Abzweig auf die N 70 /Sneem links rein, 400 m durch den gepflegten Park, dann rechts

Links schimmert das Wasser durch die Bäume und gelegentlich ist freie Sicht auf den ***Kenmare River*** und die besonnten Hänge gegenüber. Manchmal ist alles richtig dicht bewachsen, so auch 13 km hinter **Kenmare**, als wir in einer engen Kurve die *„Blackwaterbridge"* passieren. Unmittelbar danach kriegt man kurz die echte Küstenstraße geboten, so richtig haarscharf zwischen Felsen und Abgrund, aber die Fahrbahnverhältnisse lassen regelmäßig zu wünschen übrig. In **Parknasilla** stehen prächtige Palmen in einer noblen Hotelanlage, die Berge voraus liegen wie Klöße in der Landschaft und im freundlichen Touristenstädtchen **Sneem** mit seinen herausgeputzten bunten Häusern finden dann auch ein paar WOMOs eine feine Bleibe.

(058) WOMO-Picknickplatz: Sneem Pier

GPS: N 51° 50' 08.8" W 9° 54' 04.4" **max. WOMOs:** 2-3.
Ausstattung/Lage: Ausgesprochen gepflegtes und gärtnerisch gestaltetes Gelände am Fluss, 2 Grillstellen, „Garden of the Senses" gegenüber.
Zufahrt: Gleich bei der Ortseinfahrt links die schmale Straße (Sackgasse) hinein, nach 200 m rechts Parkplatz im Grünen bei einem Picknickgelände, 100 m weiter auf Asphalt am Pier.

Über eine Steinbrücke verlassen wir **Sneem** mit seiner ganzen Blumenpracht, nicht ohne vorher dem hiesigen „Local Hero" zu huldigen, für den man sogar ein Denkmal gebaut hat: ***Steve „Crusher" Casey***, einem (zumindest in Irland bekannten) Wrestling-Weltmeister.
Es folgt ein etwas monotoner Tour-Abschnitt, wo man einen Eindruck von den Ergebnissen des irischen Aufforstungspro-

gramms gewinnen kann. In dieser Gegend muss man mit frei laufenden Schafen rechnen und es wird auch schon einmal eine Kuhherde über die Straße getrieben. Die wellige und kurvenreiche Straße zwingt zu beschaulichem Tempo und erlaubt uns ausführliche Blicke über die felsigen Weiden und die faszinierende Küstenlandschaft mit Inseln weit draußen. Wir lassen uns also Zeit und nehmen natürlich jeden Aussichtsparkplatz mit, so auch jenen mit Blick auf den ***White Strand***, biegen kurz darauf spitz nach links ab und gehen zur Visite vom Parkplatz unterhalb der Straße die 200 m zu Fuß hinunter, wo es sogar einen Wasserhahn gibt. Der kleine geschützte Strand ist mit Felsen garniert und eignet sich vortrefflich für eine Erfrischung an **warmen** Tagen. Also nichts für heute. Die klare Luft und der frische Wind eignen sich wesentlich besser für unser nächstes Ziel, dem wir gleich in **Castle Cove** entgegenstreben: rechts weg zum ***Staigue Fort***. Zuvor ist allerdings noch die lästige Zufahrt über 4 km zu meistern, die sich auf teilweise einspuriger, schmaler Straße für WOMOs durchaus problematisch gestaltet. Gegenverkehr in Form von Artgenossen oder gar Reisebussen erfordert komplizierte Ausweichmanöver (**Vorsicht:** Garstige Hecken können das WOMO-Blech zerschrammen!) und gute Nerven, doch wir erreichen den vergleichsweise großzügigen Parkplatz ohne Blessuren.
Das kreisrunde Stein-Fort mit seinen 4 m dicken Mauern ist vermutlich 2500 Jahre alt und versteckt sich am Ende eines Tales umgeben von saftigem Weideland. Sie werden gegenüber Ihren Sprösslingen gute Argumente brauchen, um weiterzufahren, denn die beeindruckende Kulisse animiert die kleinen Leute zu internationalen Ritterspielen.

Spezialtipp: Wenn sich's einrichten lässt, dann klemmen Sie sich für die Rückfahrt zur **N 70** hinter einen Bus, der für Sie den Weg freiräumt! Doch das hat für uns Zeit bis morgen, denn heute Abend bleiben wir hier oben und genießen ausführlich den besonderen Reiz des geschichtsträchtigen und nunmehr publikumsfreien Areals.

(059) WOMO-Stellplatz: Staigue Fort

GPS: N 51° 48' 16.3" W 10° 01' 02.0" **max. WOMOs:** 2-3.
Ausstattung/Lage: Asphalt-Parkplatz, leicht schräg, Toiletten, ruhig.
Zufahrt: Unübersehbar ausgeschildert. 4 km auf zumeist recht schmaler Straße bergauf bis zum finalen Parkplatz.

Wieder auf dem Ring haben wir noch 4,5 km bis zu einem bemerkenswerten Campingplatz zu fahren, mit seiner wunderbaren Lage am Hang zur ***Kenmare Bay*** und seinen traumhaften Premium-Stellplatz-Logen einer der schönsten in ***Irland***.

(060) WOMO-Campingplatz-Tipp: Wave Crest (****)

GPS: N 51° 45' 31.1" W 10° 05' 27.7" **Öffnungszeiten:** Ganzjährig.

Ausstattung/Lage: Gute Ausstattung, Laden, Bistro, Bootsausleih, Marina, originelle Stellplätze auf Terrassen am Hang, manche davon aber ziemlich windanfällig. www.wavecrestcamping.com
Zufahrt: Siehe Text.

Nur 1,5 km auf dem ***Ring of Kerry*** weiter dreht sich in **Caherdaniel** alles um ***Daniel O'Conell*** (1775-1847). Der ehemalige Wohnsitz des berühmten und hochverehrten irischen Freiheitskämpfers, Politikers und Staatsmannes, das ***Derrynane House***, kann besichtigt werden. Dazu fahren wir innerhalb des Ortes

an der 1. Kreuzung links hinunter, an wunderschönen bunten Pubs vorbei, werfen nur einen flüchtigen Blick auf den mannshohen ***Ogham Stone*** mit seinen uralten Schriftzeichen links am Wegesrand und werden begrüßt im ***National Historic Park Derrynane***. Idyllisch im Grünen parken wir nach 2,5 km Zufahrt am Ende der Straße beim ***Derrynane House*** (Mai bis September tgl. 10.30-18.00 Uhr, Eintritt), treten zur Besichtigung an und streifen durch den weitläufigen verträumten Park. Den Rest des sonnigen Nachmittags verbringen wir in der reizenden Dünen- und Strandlandschaft, schauen uns auch den „Nature Trail" an und bedauern sehr, dass WOMOs nicht mehr über Nacht auf dem Parkplatz bleiben dürfen.
Wir setzen in **Caherdaniel** unsere Reise auf der **N 70** nach links Richtung **Cahirciveen** fort, genießen die berauschenden Ausblicke über die Meeresbucht und sehen weit draußen schon die ***Skellig-Inseln*** liegen, die wir demnächst besuchen werden. Ganz in Ruhe kann man die Szenerie auf dem folgenden Aussichtsparkplatz betrachten.

(061) WOMO-Stellplatz: Beenarourke

GPS: N 51° 46' 35.0" W 10° 10' 02.2" **max. WOMOs:** 3-5.
Ausstattung/Lage: Asphalt-Parkplatz mit steinerner Madonna, schöne Aussicht nach zwei Seiten, sehr windanfällig. zuletzt leider (mal wieder) „No Overnight Parking". Bitten um aktuelle Zustandsberichte.
Zufahrt: 6 km hinter **Caherdaniel**, unübersehbar links der **N 70**.

Bei der nächsten Parknische halten wir schon wieder, um die flickenteppichartige Landschaft samt Steinfort zu betrachten, die uns wie zu Füßen liegt. Voraus erstreckt sich im weiten

Bogen eine Bucht mit weißem Strand, und wir sehen in der Ferne auch schon **Waterville**, wo wir nach 7 km einschweben. Um uns zu orientieren, halten wir im Ort zunächst einmal am Straßenrand, wo sich hinter einem Mäuerchen bis zum Strand ein gepflegter Park mit Hortensien-Stauden und Palmen-Gewächsen erstreckt. Wir registrieren auch hier wieder die für Irland so typischen lebensgroßen V.I.P.-Statuen. So kann man sich in **Waterville** prima mit ***Charlie Chaplin*** und/oder ***Mick O'Dwyer*** fotografieren lassen. Ersterer beliebte hier gelegentlich Urlaub zu machen und ist folgerichtig Namenspate für das örtliche ***Comedy Film Festival***, der andere ist ein „Local Heroe" des Gaelic Football. Ein Kinder-Duo musiziert für die Bus-Touristen, diese sind trotz schlichtem Vortrag von den irischen Weisen total begeistert und werfen großzügig Münzen in den Hut. Neben neuen Hotels gibt es immer noch die urigen Pubs, die zum Verwellen locken, doch wir entdecken auf dem großen Parkplatz beim ***Tourist Office*** (der dem *Butler Arms Hotel* gehört) schon wieder eines dieser „No Overnight Parking"-Schilder. Übrigens: Auch auf dem hübschen kleinen Picknickplatz am angrenzenden Binnensee ***Lough Currane*** (beim Strandhotel hinein, vor dem Stadion nach rechts, 1 km) ist das Übernachten nicht erwünscht, dennoch haben wir hier schon prima übernachtet. „Kein Schlafplatz = Kein Bierumsatz", sagen wir uns und beschließen weiterzufahren: auf der **N 70** immer noch Richtung **Cahirciveen**. Die teilweise sehr schmalen Straßen fahren sich vor allem abends ganz nett, da dann kein Busverkehr mehr stört, wir biegen 4,7 km hinter **Waterville** nach links zum ***Skellig Ring*/R 567** ab, der wegen seiner schmalen, und wie sich bald zeigt, recht steilen Straßen für Busse und Caravan-Gespanne verboten ist. Links sehen wir die weite ***Ballinskelligs Bay*** liegen, an der sich zwei ganz unterschiedliche Übernachtungsplätze anbieten. Sie haben die Wahl! Zum ersten folgen Sie uns zum langgestreckten ***Inny Strand***. Ein Spaziergang auf die Anhöhe zu den Kühen lohnt sich auf jeden Fall, auch wenn der prächtige ***Standing Stone*** (nunmehr eingezäunt) auf Privatgelände steht.

(062) WOMO-Badeplatz: Inny Strand

GPS: N 51° 50' 44.2" W 10° 13' 54.1" **max. WOMOs:** 2-3.
Ausstattung/Lage: Strand, Stellplätze am Straßenrand oder auf dem Wiesenstreifen direkt am Strand, Wasserhahn.
Zufahrt: 4,5 km nach dem Abzweig auf die **R 567** spitz nach links dem Hinweis „Trá" folgen (nach rechts geht's hier zum *Old School House*), dann noch 500 m auf asphaltierter, aber einspuriger Straße.

Den zweiten Platz finden Sie direkt beim Ort **Ballinskelligs**. Dorthin geht es zunächst auf der **R 567** weiter, nach 1,5 km über eine malerische alte Steinbrücke nach links und wieder 3,5 km später noch 100 m nach links zum **Trá**. In der Saison betreut ein Rettungsschwimmer die Badegäste vom Caravan aus und gegenüber grasen die Kühe respektlos bei einer Burgruine, die man bei Ebbe trockenen Fußes erreichen kann.

(063) WOMO-Badeplatz: Ballinskelligs Strand

GPS: N 51° 49' 15.0" W 10° 16' 24.7"
max. WOMOs: 3-5.
Ausstattung/Lage: Asphalt-Parkplatz direkt hinter der Düne beim Strand, Bottle Bank, Müllbehälter, schönes Café anbei, kurzer Fußweg zum Toilettenhäuschen.
Zufahrt: Siehe Text.

Uns begrüßt ein erfreulich sonniger Morgen mit einer frischen Brise, also noch nicht das Richtige für ein Bad im Meer. Bevor es losgeht und wir vom zweiten Übernachtungsplatz aus den ***Skellig Ring*** in Angriff nehmen, hier noch eine deutliche **War-nung:** Für überladene, untermotorisierte oder übergroße WO-

MOs und für unsichere Piloten ist der folgende Abschnitt nach **Portmagee** auf jeden Fall **nicht geeignet!** Alternative: Zurück zur **N 70**, dieser knapp 2 km nach links folgen und dann auf der **R 565** nach **Portmagee** fahren.

Alle anderen kommen mit uns auf eine der schärfsten Straßen Irlands. Von **Ballinskelligs** folgen wir dem ***Skellig Ring*** zunächst auf schmaler Straße verträglich bergauf und -ab durch grünes Weideland. Mit dem Gegenverkehr muss man sich verständigen, um gut aneinander vorbeizukommen. Wir sind begeistert vom Blick über die Bucht, stoppen aber zunächst bei ***Skelligs Chocolate*** (www.skelligschocolate.com, N 51° 50' 44.5" W 10° 19' 49.8"), der nach einem Brand wieder neu errichteten Schokaldenmanufaktur samt Besucherzentrum, wo alle im Werksverkauf angebotenen Köstlichkeiten probiert werden dürfen. Ein Paradies für Naschkatzen und- kater! Schon 400 m danach inspizieren wir den Mini-Parkplatz beim kleinen weißen Strand der ***St. Finans Bay*** und erheben ihn kurzerhand zum WOMO-Platz [**064**: N 51° 50' 46.8" W 10° 20' 10.9"]. Jetzt wird es schwierig! Beim nächsten Abzweig geht's links weg auf einem praktisch einspurigen, von 4 m hohen Fuchsienhecken gesäumten Sträßchen weiter, immer Richtung **Portmagee**. Bitte jetzt keinen Gegenverkehr! Bald überraschen uns besonders enge und dazu steile Kurven, die man gelassen wie zielstrebig im 1. Gang absolvieren sollte. Auf keinen Fall in der Kurve stehen bleiben! Bei teilweise mindestens 20% Steigung kämpfen wir uns in kurzer Zeit 250 Höhenmeter hinauf. Auf dem Scheitelpunkt der Pass-Straße halten wir auf dem kleinen, ziemlich schiefen und windanfälligen Parkplatz am **Coomanaspic** [**065**: N 51° 51' 22.0" W 10° 22' 01.5"] und werden belohnt mit einem atemberaubenden Rundblick auf den ***Atlantik*** mit den ***Skellig-Inseln*** und nach ***Valentia Island*** hinüber.

Tief unten sieht man bereits unser nächstes Ziel, den Fischerort **Portmagee**. Die Schussfahrt dorthin auf schnurgerader Straße ist besonders spannend! Die Piste ist relativ glatt, der Gegenverkehr ist über Kilometer einzusehen und Übermütige lassen es zumindest im unteren Abschnitt schon einmal rollen. Vernünftige fahren natürlich ganz gepflegt mit Motorbremse hinunter! So kriegt man das mobile Urlaubsquartier auch punktgenau schon während der Abfahrt zum stehen, beispielsweise beim **Klippen-Café** (N 51° 52' 11.4" W 10° 22' 43.6"), um kostenpflichtig (Fußgänger-Maut 2013: 4 EUR/Person) in 10 Minuten zu den ***Klippen von Kerry*** zu spazieren, wo es, wie man hört, bei entsprechendem Wetter eine phänomenale Szenerie zu bestaunen gibt.

Nachdem wir in **Portmagee** weich gelandet sind, fahren wir nach rechts durchs Örtchen zum Parkplatz bei der Brücke nach

Valentia Island und stellen fest, dass diese „heiße" Etappe von **Ballinskelligs** aus nur knappe 16 km lang ist. Hier auf dem Parkplatz gegenüber dem ***Community Centre*** [**066**: N 51° 53' 10.4" W 10° 21' 48.9"] stehen wir schon einmal gut, denn erstens findet man hier ein preisgekröntes Klo-Haus und zweitens ist es nicht weit zu den gemütlichen Pubs.

Morgen soll das **„Unternehmen Skelligs"** starten, ein Bootsausflug zu den beiden Felseninseln, fast 20 km draußen im ***Atlantik***, ein Höhepunkt jeder Irland-Reise!
Nach kurzer Lunch-Pause mit leckeren Sandwiches im Café ***„Skellig Mist"*** fahren wir über die Brücke und besuchen zur Einstimmung das architektonisch originell gestaltete und zudem interessante Visitor Centre ***„The Skellig Experience"*** (10-18/19 Uhr, Eintritt) vis-à-vis auf ***Valentia Island***. Eine gut gemachte Audio-Vision-Show und ein deutschsprachiger Guide für den Ausstellungsrundgang geben erste Einblicke zur Geschichte von ***Great Skellig*** (oder auch ***Skellig Michael***), auf der vom 6. bis zum 13. Jahrhundert Mönche wohnten und informieren über die Tierwelt auf der benachbarten Insel ***Little Skellig***. Bei verträglichem Wetter starten von hier Bootsausflüge, bei denen die ***Skelligs*** aber nur umrundet werden. Die Bootstouren mit Aufenthalt zur Inselbesteigung interessieren uns viel mehr, weshalb wir wieder über die Brücke zurück zum Parkplatz fahren und uns für morgen eine Reservierung bei einem der ortsansässigen Anbieter (***Pat Joe Murphy, Caseys*** u.a.) sichern. Die Preise für diese Tagestour sind in den letzten Jahren kräftig gestiegen und mittlerweile schon richtig teuer, doch es lohnt sich wirklich!

Weil wir so gerne über diese schöne Brücke fahren, tun wir es erneut, biegen an der ersten Insel-Kreuzung nach links ab auf den ***Valentia Ring***, um diese Straße nach 1,6 km wiederum nach links zu verlassen. Schon nach 400 m erreichen wir den inzwischen komfortabel ausgebauten Parkplatz links und haben gerade einen weiteren Übernachtungsplatz mit besonders spannender Aussicht gefunden. Ein Abendspaziergang hinauf zum ***Bray Tower*** (2 km) lohnt sich auf jeden Fall, eine Wahnsinns-Aussicht wird Sie belohnen.

(067) WOMO-Wanderparkplatz: Bray Tower

GPS: N 51° 53' 30.8" W 10° 23' 48.4"
max. WOMOs: 3-5.
Ausstattung/Lage: Geräumiger Schotterparkplatz, Picknickbänke, tolles Panorama, Tagesgebühr 2013: 2 EUR.
Zufahrt: Siehe Text.

Glück muss man haben! Heute lacht die Sonne, sogar der heftige Wind hat sich gelegt, es sieht gut aus für unseren ***Skellig***-Ausflug. Wir rollen von unserem Berg herunter, zum 4. Mal über die Brücke und starten zu unserer Traumtour. Insgesamt 12 Passagiere sind zugelassen, das Boot ist voll belegt und schon beim Verlassen der schützenden Bucht zeigt sich recht munterer Wellengang, denn wir fahren schließlich auf die offene See (Werden Sie eigentlich schnell seekrank?). Vorbei an ***Puffin Island***, wo uns tatsächlich die ersten bunten Papageientaucher (engl.: *Puffins*) begegnen, kommen wir schließlich nach einer Stunde bewegter Fahrt bei der Vogelinsel ***Little Skellig*** an und sind glatt überwältigt: Tausende Basstölpel und andere Seevögel leben hier, die Felsen sind weiß von ihnen (und ihrer Sch...) und in der kleinen Bucht, in der unser Boot für eine kurze Weile dümpelt, sehen wir Robben auf den Klippen liegen und das Vogelgeschrei schallt zu uns herab wie elektronisch verstärkt.

Nun aber hinüber nach ***Great Skellig***, wo wir von 12-14 Uhr „Landgang" haben. Nach einem kurzen Stück Weges an der Mauer entlang, schraubt sich ein uralter Weg mit insgesamt 670 sorgfältig aus Steinplatten gesetzten Stufen steil hinauf zu den steinernen ***Bienenkorb-Hütten*** des ehemaligen Mönchsklosters. Es ist schwül, und die für die Fahrt sehr praktischen Regen-Kombis werden in den Rucksack gestopft. Am Wegesrand wuseln zum Greifen nah wieder Papageientaucher zwischen den Felsen herum und amüsieren uns mit ihrem „Geknurre". Hier

verbringen diese bunten Gesellen die Zeit von Mai bis Ende Juli mit Brüten und Aufzucht der Jungen, danach sind sie weg. Unser Aufenthalt auf dieser märchenhaften Insel vergeht wie im Fluge, wir müssen uns beeilen, um rechtzeitig zurück zum Boot zu kommen, das uns schließlich wohlbehalten gegen 16 Uhr wieder in **Portmagee** abliefert. Wir kommen wie aus einer anderen Welt zurück, gehen im Hafen erst einmal ein gepflegtes *Pint Guinness* trinken und fassen zusammen: **Ein unvergessliches Erlebnis!** Heute Abend werden wir auf dem Brückenparkplatz übernachten und können uns also etwas näher der örtlichen Gastronomie widmen, wo wir's uns bei Fischplatte und dunklem Bier gut gehen lassen. So findet unser ***Skellig*-Tag** seinen würdigen Abschluss.

Am nächsten Morgen geht es zum 5. und in diesem Jahr letzten Mal über die Brücke nach ***Valentia Island***, auf der wir uns nun dem ***Valentia Ring*** anvertrauen („Nicht für Busse!" Na mal sehen!). Wir fahren Richtung **Knightstown** auf recht schlechter, weil löchriger Straße, haben aber von hier oben einen herrlichen Blick auf den ***Atlantik*** nach links und später zum ***Portmagee Channel*** nach rechts. Sie haben Glück mit dem Wetter und einen Tag mit klarer Sicht erwischt? Gratulation! Dann haben Sie ein großartiges Date mit den ***Geokaun Mountains*** (www.geokaun.com)! Nach links führt ein mit Picknickarealen ausgestatteter Fahrweg hinauf, der dem zahlenden Besucher (Auto: 5 EUR) für oben einen ***„360° Viewing Point"*** verspricht. Wir testen das für Sie bei Nebel, kämpfen uns im 1. Gang die steile Schotterpiste hinauf und haben drei interessante Parkplätze registriert [**068**: N 51° 55' 08.9" W 10° 21' 10.5"], [**069**: N 51° 55' 16.5" W 10° 21' 05.6"] und on Top [**070**: N 51° 55' 21.1" W 10° 20' 45.1"]. WOMO-Übernachtungen in diesem Areal sollten problemlos möglich sein, aber sinnvollerweise bitten Sie beim Kassenhäuschen dafür um Erlaubnis. Nebenbei erfährt man hier Interessantes zur regionalen Geschichte. Wussten Sie schon, dass von ***Valentia Island*** aus im Jahre 1858 das erste Transatlantische-Seekabel nach ***Neufundland*** verlegt wurde?

Nach einem Links/Rechts-Schlenker führt uns die mit hoch gewachsenen Rhododendron und Fuchsien flankierte Straße ins schmucke Hafenörtchen **Knightstown**, wo wir nun auch eine ruhiges Plätzchen für die Nacht präsentieren können.

(071) WOMO-Stellplatz: Cracow Park (Lesertipp)

GPS: N 51° 55' 24.9" W 10° 17' 34.1" **max. WOMOs:** 2-3.
Ausstattung/Lage: Schotter-Parkplatz links vor dem schönen Spielplatz, Bänke, neue Wohnsiedlung anbei.
Zufahrt: Im Ort nach rechts auf die R 565 abbiegen, nach 100 m links rein, Hinweis: *Cracow Park / Playground.*

Unsere Tour-Fähre wartet schon! Nach **Caherciveen** sind es so nur noch 2 km (alle 10 min., letzte Abfahrt 21.25 Uhr). Die Überfahrt ist schnell erledigt, doch WOMOs mit langem Hecküberstand sollten bei Niedrigwasser beim Rauf und Runter aufpassen, dass nichts kaputt geht. Nachdem wir auf die **N 70** stoßen und auch schon fast in **Caherciveen** sind, geht es noch vor der Stadt nach links (Vorsicht: Ramps!) zu einem wunderschön gelegenen Campingplatz zum Wohlfühlen, der zudem engagiert und ausgesprochen sympathisch geführt wird (Viele Grüße an ***Mortimer!***) und besonders für Wassersportler interessant ist. Nach wie vor gilt hier: Wer diesen WOMO-Führer vorzeigt, kriegt **10 % Rabatt** auf den Übernachtungspreis!

(072) WOMO-Campingplatz-Tipp: Mannix Point (***)

GPS: N 51° 56' 31.3" W 10° 14' 38.8" **Öffnungszeiten:** März bis Sept.
Ausstattung/Lage: Sehr gepflegter Platz mit Wasserzugang, pieksaubere Sanitäranlagen mit frischen Schnittblumen auf der Toilette, Dusche mit Token, Aufenthaltsraum mit Torf-Kamin und Bibliothek, kürzlich erweitertes Wohnmobil-Areal, schönes Wiesengelände mit Hecken. Viele Auszeichnungen, u.a. „Bester 3-Sterne-Platz 2002 in Irland". Auch unser klarer Favorit! www.campinginkerry.com. **Zufahrt:** Siehe Text.

Caherciveen selbst hat auch einiges zu bieten, und so wollen wir uns hier etwas umsehen. In der leicht verstopften Innenstadt folgen wir nach links einem Parkplatzsymbol und finden auf einem geräumigen Areal unsere Bleibe für die nächsten Stunden. Jetzt wird ausführlich gebummelt und auch die Lebensmittelbestände müssen aufgefüllt werden.

Immer wieder erreichen uns Leser-Hinweise zu Sehenswürdigkeiten am Rande unserer Tourstrecke. So starten wir in **Caherciveen** zu einem durchaus lohnenden „Seitensprung", biegen im Ort nach links in die ***BridgeStreet*** ab, passieren auf der **Caherciveen Bridge** den ***Valentia River*** und finden hier drüben spannende Ziele. Zunächst folgend wir nach 1,1 km der Straße nach links, biegen nach weiteren 1,6 km links ab und erreichen nach 900 m einspuriger Zufahrt die malerische, mit Efeu bewachsene Ruine von ***Ballycarbery Castle*** samt kleinem Asphalt-Parkplatz davor [**073**: N 51° 56' 58.2" W 10° 15' 34.3"]. Hier lässt es sich wunderbar herumstromern, Kinder turnen bei Regen durch die Rest-Gemäuer und wir stellen uns vor, wie schön es hier erst bei sonnigem Wetter sein muss.

Den Stich zurück und dann geht es auf schmaler Straße nach links weiter, wo schon nach 600 m unser nächstes „Basis-Quartier", ein kleiner, mit Mäuerchen eingefasster Doppelparkplatz auf uns wartet [**074**: N 51° 57' 19.9" W 10° 15' 40.8"]. Von hier aus kann man prima ***zwei Stone Forts*** erkunden: das ***Cahergall Stone Fort*** (das größere von beiden, 5 min komfortabler Fußweg, Hauptziel der Bustouristen) und das kleinere ***Leacanabuaile Stone Fort*** (10 min Fußweg bergauf, final über eine Weide, für uns das attraktivere Ziel hier). Es ist gerade Hochsommer und die Sonne knallt aufs Haupt? Da haben wir etwas für Sie und zwar ganz in der Nähe! Fahren Sie auf der Schmalstraße 1,3 km weiter, biegen nach links ab sind schon nach 600 m am Bade-Ziel.

(075) WOMO-Badeplatz: Lough Kay

GPS: N 51° 56' 42.1" W 10° 16' 33.7" **max. WOMOs:** 2-3.
Ausstattung/Lage: Leicht brüchiger Asphalt-Parkplatz, großer Blue-Flag-Strand mit Life-Guard, WC-Haus, außerorts, einsam.
Zufahrt: Siehe Text.

Zurück bis zum Abzweig in **Caherciveen** sind es von hier aus 5,2 km wo es nach links auf der **N 70/Killarney** weiter geht. Nach einem etwas langweiligen Abschnitt wird es wieder interessant: Ein prächtiger Ausblick auf die benachbarte ***Dingle Halbinsel*** (mehr in **Tour 5**), dazu eine breite glatte Straße und voraus schon der weiße ***Rossbeigh Strand***. Den schönsten Aussichtsparkplatz für ein gepflegtes Picknick erreicht man 15 km hinter **Caherciveen**, zwei kleinere folgen. Dieser Superstrand soll erkundet werden! Dazu biegen wir kurz darauf in **Glenbeigh** spitz nach links ab auf die **R 564/Rossbeigh**, überqueren den Fluss auf einer blumengeschmückten Steinbrücke, halten uns dann rechts und rollen auf schmaler Straße dem Badevergnügen entgegen. Schon von Ferne sehen wir reichlich Autos auf dem Steindamm am Strand parken, frohlocken aber zu früh: Balkenparkplatz! Das hier ist ein richtiges Surferparadies, der breite weiße Strand und die lange Dünung vom ***Atlantik*** sind beeindruckend und trotz des unbeständigen Wetters wird sogar vereinzelt gebadet! Vor der Schranke gibt es direkt vor der Einfahrt beim Kiosk-Klo-Haus noch zwei Parklätze am ***Rossbeigh Strand*** [**076**: N 52° 03' 14.9" W 9° 58' 35.3"] für WOMOs bis 6 m Länge und gleich um die Ecke ein

paar schräge am Straßenrand bei den Picknickbänken. Wer es ruhiger mag, findet darüber hinaus als Binnen-Variante noch einen leicht schiefen Parkplatz an der Strandzufahrt, 1,8 km landeinwärts bei **Glenbeigh** [**077**: N 52° 03' 19.7" W 9° 57' 04.5"].

Nun rollen wir zurück zur **N 70** und dann weiter Richtung **Tralee**. In dieser Gegend wird örtlich traditionell Torf gestochen. Einige Zeit werden die brikettförmigen Stückchen zum Trocknen zu kleinen Türmchen aufgeschichtet, um alsbald (mit Sicherheit kaum trockner als frisch gestochen) in Plastesäcke verpackt um vermutlich zeitnah den Öfen und Kaminen zugeführt zu werden. An Bord wird noch zum Thema: „Wie das wohl brennt?" diskutiert, als wir den ***River Caragh*** überqueren und unmittelbar hinter der Brücke die **N 70** verlassen und nach links den Hinweisen zum ***„Dooks Golf Club"*** folgen. Dort wendet sich die schmale Straße 2,4 km später nach rechts, wir sehen Kuhweiden, einen kleinen See mit Vogelreservat und erreichen nach 3,2 km die Ortschaft **Cromane**. Wir parken gleich nach dem Ortseingang beim alten Schulhaus links. Der rustikale Allzweck-Laden von ***Florence McCarthy*** schräg gegenüber ist geschlossen, leer geräumt und verwaist: Die alte Dame ist schon vor Jahren gestorben. Schade drum! Wir fahren weiter geradeaus durch den Ort in Richtung ***Cromane Beach***, wo neben der Kirche ein Schild „Fish-Shop open" sowohl unser Interesse weckt als auch unser Abendbrot sichert und ganz in der Nähe noch ein netter WOMO-Platz auf uns wartet.

(078) WOMO-Badeplatz: Cromane Beach

GPS: N 52° 06' 42.2" W 9° 54' 10.9" **max. WOMOs:** 2-3.
Ausstattung/Lage: Asphalt-Parkplatz beim Stein-Strand, Toiletten, Picknickbänke auf Wiesengelände.
Zufahrt: 800 m hinter der Kreuzung in der Ortsmitte (Kirche) hinter ***Jack's Pub*** links; 50 m weiter, hinter dem alten Haus führt ein Fahrweg für agile WOMOs nach links ins Gelände hinter den Dünen und auf das Kieselfeld.
Alternative: Wer noch 2,2 km auf die Landzunge fährt, der findet dort noch weitere Plätze auf dem Seitenstreifen.

Der Strand ist hier nicht so toll, aber es ist hübsch einsam und wir schlafen absolut störungsfrei. Gegenüber sieht man wie zur Vorfreude die gewaltigen Dünenberge der ***Halbinsel Inch*** liegen, doch mehr dazu morgen auf der ***Dingle***-Runde (**Tour 5**).

TOUR 5
10 km
Tralee
Tralee Bay
Brandon Bay
Dingle Bay
Castlemaine Harbour
Castle-maine
Milltown
Killorglin
Boolteens
Derrymore
Camp
Cromane
Castlegregory
Inch
Stradbally
Anascaul
South Pole Inn
Minard Bay
Brandon
Cloghane
M. Brandon 952 m
Connor Pass
Dingle
Doonsheane
Brandon Creek
Feohanagh
Boherboy
Murreagh
Gallarus Oratory
Ventry
Bally-ferriter
Dunquin
Celtic Museum
Slea Head
Clogher Head
Blasket Centre
Great Blasket Island
96
95
94
93
92
91
90
89
88
87
86
85
84
83
82
81
80
79
78
WC
P
N

TOUR 5 (210 km / 6 Tage)

Killorglin - Inch - Dingle - Dunquin - Great Blasket Island - Gallarus - Connor Pass - Brandon Bay - Tralee Bay

Freie Übernachtung:	Inch Strand, Minard Bay, Doonsheanne Strand, Beenbane Strand, Ventry Strand, Dunquin (4), Clogher Strand, Smerwick Harbour, An Bothar Pub, Connor Pass, Fermoyle Strand, Castlegregory Strand.
Trinkwasserstellen:	Ventry, Gallarus.
Campingplätze:	Sammys Store, Oratory House.
Baden:	Inch Strand, Minard Bay, Doonsheanne Strand, Beenbane Strand, Ventry Beach, „Ryans Daughter“, Clogher Strand, Smerwick Harbour, Brandon Bay, Tralee Bay.
Besichtigen:	South Pole Inn, Minard Castle, Killorglin, Dingle, Clochains, Blasket Centre, Louis Mulcahy Pottery, Gallarus Oratory.
Wandern:	Dunmore Head, Great Blasket Island, beim Gallarus Oratory, zum Mount Brandon.

Am nördlichen Ende der ***Cromane***-Landzunge verbirgt sich ein ausgesprochen geschützter Fischereihafen. Das ist schon ein durchaus mutiger Standort für die kleine Flotte, denn große Flächen vom ***Castlemaine Harbour***, dem letzten Zipfel der ***Dingle Bay*** fallen bei Ebbe regelmäßig trocken. Wir halten uns in **Cromane** vor der Kirche nach links, sind beeindruckt von den ausgesprochen gepflegten Anwesen, wo sich gerade fleißige Hausfrauen in den Vorgärten schmucker weißer Häuser um den exakten Rasenschnitt bemühen. Die komfortable Straße führt uns zur **N 70** Richtung **Killorglin**, wo wir kurz danach auch schon einrollen.
Auf einem großzügigen Parkplatz in der Ortsmitte beim Obelisken gegenüber der alten Kirche lassen wir uns für einen Stadtbummel nieder. **Killorglin** unterscheidet sich nicht wesentlich von anderen irischen Städten dieser Größenordnung, ist aber berühmt durch die ***„Puck Fair“***, die hier jedes Jahr vom 10. bis 12. August stattfindet. Dabei handelt es sich um ein aus einem historischen Viehmarkt hervorgegangenes Volksfest, bei dem ein lebendiger Ziegenbock gekrönt wird und das traditionell zu einem 3-tägigen Kampftrinken ausartet. Am Ortsausgang beim Fluss vor der Steinbrücke registrieren wir noch weitere hüb-

sche Parkplätze, dahinter das Denkmal vom Ziegenbock und eine Fischräucherei. Wir setzen unsere Reise auf der **N 70/ Dingle** über **Milltown** nach **Castlemaine** fort, wo wir 300 m nach dem Ortseingang dem unscheinbaren Abzweig scharf nach links auf die **R 561/Inch** (Nicht vorbeifahren!) folgen, die uns nun tatsächlich auf die ***Dingle Halbinsel*** bringt. Die nächsten 20 km sehen wir das schmucke Örtchen **Boolteens**, links dann die Bucht, voraus die Dünenberge vom ***Inch Strand*** und dann nach einer freien Stelle auf dem dazu gehörigen, meist gut gefüllten Parkplatz bei der Zufahrt. Dieser Strand ist riesig und säumt mit seinen 5 km Länge die Westseite der Dünenhalbinsel, die fast bis hinüber zur ***Iveragh Halbinsel*** reicht und praktisch den Abschluss der ***Dingle Bay*** bildet. Beim letzten Besuch ließ der Sturm den Sand fliegen, so dass man sich kaum zu fotografieren traute. Die Surfer hat's gefreut und die Autos auf dem Strand haben sich ihr Peeling abgeholt.

(079) WOMO-Badeplatz: Inch Strand

GPS: N 52°08' 32.0" W 9° 58' 53.2" **max. WOMOs:** 1-2.
Ausstattung/Lage: Toiletten, Lifeguard, Café, Restaurant, Info, Craft-Shop, Recycling. Der Parkplatz wurde ausgebaut und mit einer „Balkenanlage" ausgestattet. Fahrzeuge bis 6,50 Länge passen problemlos auf die Parkplätze davor. **Zufahrt:** 1,8 km hinter dem Ort Inch links unten.

(080) WOMO-Campingplatz-Tipp: Sammys Store

GPS: N 52° 08' 34.8"
W 9° 58' 50.1"
offen: ganzjährig.
Ausstattung/Lage: Die etwas komfortablere Alternative zu **(079)**, Schotter- und Wiesenplätze, schlichte Ausstattung mit WC, Dusche, Müllbehälter, Wasserhahn, direkt an der Straße gelegen. Gebühr 2013: 10 EUR, Anmeldung in Sammys Store (Touri-Info) schräg gegenüber.
Zufahrt: Kurz vor der Strandzufahrt rechts.

An der folgenden Küstenstraße mit herrlicher Sicht auf den Atlantik voraus und zurück zum ***Inch Strand*** müssen wir öfter in einer der Parkbuchten anhalten und genießen den Blick auf die tiefblaue Bucht. Nach 5 km dreht unsere Straße von der Küste ab, um sich dem Landesinneren zuzuwenden und Weideland zu durchqueren. Bei der folgenden Gabelung stoßen wir auf die **N 86**, der wir zuächst ein kurzes Stück bis nach **Anascaul** nach rechts folgen, um dort das **„South Pole Inn"** [N 52° 09' 04.7" W 10° 03' 23.8"] zu beehren. Dieses überaus gemütliche Pub gehörte einst dem irischen Volkshelden ***Tom Crean***, der zwischen 1901 und 1913 an drei, meist dramatisch verlaufenden Antarktisexpeditionen teilgenommen hatte. Unzählige Erinnerungsstücke zieren die Wände des urigen Lokals, das Bier ist gut und sogar das Essen schmeckt. Der berühmte Sohn von **Anascaul** schaut verwegen mit wild entschlossener Miene drein, posiert meist mit Schmauchpfeife im Mund und/oder Schlittenhund-Welpen auf dem Arm und ist so auch im Park gegenüber als Bronze-Statue zu sehen.

Nun aber mit der **N 86** Richtung **Dingle**, doch wir schauen noch vor dem Städtchen, das wir morgen aufsuchen wollen, nach einem netten Stellplatz für die Nacht. Viele Chancen gibt es in der unmittelbaren Umgebung dieses beliebten Touristenzieles nicht, deshalb verraten wir Ihnen nachfolgend gleich 3 verschwiegene Plätze auf dem Weg dorthin, allesamt an wunderschönen Badebuchten gelegen.

(081) WOMO-Badeplatz: Minard Bay (Lesertipp)

GPS: N 52° 07' 36.9" W 10° 06' 30.9" **max. WOMOs:** 1-2
Ausstattung/Lage: Natur- und Schotterplätze links und rechts der Straße, Burgruine, Sandstrand hinter dem Großsteinwall, außerorts einsam
Zufahrt: Ab der Gabelung südlich Anascaul 6,6 km auf der **N 86** Richtung Dingle, dann **links/L8071/Minard Castle** abbiegen, dann noch 3,3 km auf meist recht schmaler Straße zur Bucht.

(082) WOMO-Badeplatz: Beenbane Strand

GPS: N 52° 07' 17.0" W 10° 14' 55.0" **max. WOMOs:** 1-2
Ausstattung/Lage: Asphaltparkplatz beim Strand, die besten Plätze gleich oben rechts. WOMOs sollten besser nicht die untere Wendeschlaufe testen; außerorts, nachts einsam.
Zufahrt: Abzweig von der **N 86** genau 8,6 km nach dem Abweig zum Platz 081, kurz nach einer Pferderennbahn **spitz nach links/Dun Sion** abiegen, nach 500 m geradeaus bleiben (links weg gehts zum Platz 083), dann noch 400 m.

(083) WOMO-Badeplatz: Doonsheane Strand

GPS: N 52° 07' 31.9" W 10° 13' 00.6" **max. WOMOs:** 1-2

Ausstattung/Lage: Nunmehr leicht erweiterter und asphaltierter Parkplatz, Weg hinunter zum Badestrand, Häuser in Sichtweite. Gut geeignet für WOMOs bis 6,50 m Länge.

Zufahrt: Siehe (082), dann noch 2,3 km auf schmaler Heckenstraße, zuletzt rechts halten, dann noch 300 m zum kleinen Parkplatz. Bleiben Sie möglichst ganz oben, denn der Weg führt dann steil hinunter zum Wasser.

Auf der **N 86** unterwegs nach **Dingle** weckt linkerhand noch eine Attraktion für Tierfreunde unser Interesse, das ***Wildlife & Seal Sanctuary*** (Juni bis September tgl. 10-18 Uhr, Eintritt, N 52° 08' 25.2" W 10° 11' 44.9"), eine Art Rettungs- und Aufzuchtstation für Robbenbabys. Vielleicht wollen Sie ja eins adoptieren?

Unser Tag in **Dingle** beginnt mit der Parkplatzsuche, wir halten uns **links/Waterfront**, wo sich für einen ersten Überblick die sympathisch langen Parkbuchten links vor dem Fischereihafen gegenüber vom ***SuperValu*** anbieten. Gleich in der Nähe am Yachthafen residiert das ***Tourist Office*** mit üppigem Shop in einem Neubau. Die von uns geliebten Kurzangeltouren gibt es freundlicherweise jetzt auch wieder. Buchen kann man hinter dem riesigen Pay&Display-Tagesparkplatz im ***Marina Centre***. Angeboten werden 2 Stunden-, Halbtags- und Ganztagstouren.

In **Dingle** gibt es nur eine Konstante: die ***„Dolphin-Trips"*** in die Bucht hinaus zum wohl unsterblichen ortsansässigen Delphin namens ***„Fungie"***, **der** Touristenattraktion im Revier. Das treue Tier lebt seit 1983 in der Bucht und hat den Anbietern der Bootsausflüge schon reichlich Geld eingespielt. Der zentrale Pay&Display-Parkplatz an der Hafenpromenade füllt sich mittlerweile mit Reisebussen, die ihre Touri-Fracht zum Stadtbummel herausgelassen haben. Es herrscht ein buntes Treiben in dieser hübschen Stadt, wegen des stetig anwachsenden Autoverkehrs gibt es sogar eine Fußgängerampel und auch die Gastronomie vor Ort hat sich spürbar gewandelt. Zwar kriegt man immer noch sein *Pint Guinness*, doch der Vormarsch der trendigen Coffee-Shops und Sandwich-Bars ist augenfällig. Sogar *Fish and Chips* gibt es mittlerweile nicht mehr in Zeitungspapier auf die Faust wie früher, sondern auf Porzellan und im blitzsauberen Ambiente durchgestylter SB-Systemgastronomie. Wir probieren das einmal aus, essen gegenüber vom ***Tourist Office*** nicht mal schlecht (lecker Fischtopf namens

„*Seafood Chowder*“) doch auf dem Weg zum standardisierten Europa bleibt hier irgendwie die irische Seele auf der Strecke. Mittlerweile ist es draußen sommerlich warm geworden, wir essen Eis und lassen es uns gut gehen. Gegenüber vom Seglerhafen kann man das höchst interessante Aquarium ***„Dingle Oceanworld“*** (Juli/August tgl. 10-18 Uhr sonst 10-17 Uhr, viel Eintritt) besichtigen, hier verlassen wir **Dingle** und folgen links über eine Steinbrücke dem ***Slea Head Drive*** (**R 559**).
Wir befinden uns wieder in einem *Gaeltacht*-Gebiet, wo mittlerweile konsequent (fast) alles auf gälisch ausgeschildert ist. So steht am nächsten Ortseingangsschild nicht wie erwartet **Ventry** sondern **Ceann Trá**. Gleich nach dem Ort geht es nach links zu einem Parkplatz, der sich der unmittelbaren Nachbarschaft eines großen Dauercampingplatzes erfreut. Allerlei Kinderbelustigung mit Pony-Reiten dient der Unterhaltung der Sommergäste, doch es gibt immerhin Toiletten und sogar einen Wasserhahn. Wir entrinnen dem Trubel umgehend, folgen nach links weiter der **R 559** und verlassen sie nach etwa 3 km (die **R 559** wendet sich hier nach rechts) wieder scharf nach links zum ***Burial Ground***, wo nach 600 m, gleich hinter einem Friedhof, ein geräumiger Parkplatz auf uns wartet. Bei unserer letzten Visite haben wir kein Übernachtungsverbots-Schild gesehen, also nehmen wir diesen Platz an der schönen Bucht namens ***Ventry Harbour*** wieder ins Buch.

(084) WOMO-Badeplatz: Ventry Strand

GPS: N 52° 07' 17.5" W 10° 22' 37.6" **max. WOMOs:** 2-3.
Ausstattung/Lage: Feinschotterparkplatz hinter dem Friedhof am Badestrand. Foto links unten. **Zufahrt:** Siehe Text.

Die heutige Tagesetappe führt uns auf spektakulärer Straße durch eine besonders schöne und aufregende Landschaft. Nach dem kurzen Stück zurück vom Strand stoßen wir auf eine kleine Kreuzung, über die wir geradeaus wieder auf die **R 559** rollen. Jetzt sollte man sich richtig Zeit lassen. Wenn das Wetter passt, wird die Fahrt über diese Küstenstraße ein außergewöhnliches Erlebnis. Die Strecke bietet nicht nur tolle Aussichten auf die ***Dingle Bay***, den ***Atlantik*** und die vorgelagerten ***Blasket Inseln***, sondern auch die Möglichkeit, unterwegs prähistorische ***Steinforts*** und die bienenkorbförmigen ***Clochains*** zu besichtigen. Noch vor ein paar Jahren reichten handgemalte Hinweis-Schilder am Wegesrand und beim Bauern durfte man für Geld auf sein Hang-Grundstück, heute gibt es hier ein neues prähistorisches Museum (***„Celtic Museum"***), manch ***Visitor Centre*** und entsprechende Themengastronomie wie das ***„Stonehouse Restaurant"***.
Hinter der kleinen Furt in einer scharfen Linkskurve folgen einige sehr schöne Picknickplätze mit vorzüglicher Aussicht. Die schönsten davon natürlich auf der linken Seite, und zwar 100 m, 150 m und 1500 m hinter dem ersten Parkplatz (nochmal „Bienenkörbe") rechts. Voraus sehen wir bereits die ***Blasket Inseln*** und einen grandiosen Klippenstrand, dem wir uns gleich noch eingehend widmen werden. Diese Gegend diente als dramatische Kulisse für so bekannte Filmproduktionen wie ***„Ryans Tochter"*** (1970) und für Szenen des Streifens ***„In einem fernen Land"*** mit ***Tom Cruise***. Jetzt wird die Straße sehr schmal, fast einspurig. Links schützt (?) ein Mäuerchen vor dem Abgrund, rechts drohen die Felsen am Hang, so dass man vorausschauend fahren muss und regelmäßig Gelegenheit hat, an Ausweichstellen den Gegenverkehr mit großzügigen Gesten zu beschämen. Diese Passage am ***Slea Head*** wird Sie vielleicht ein paar Nerven kosten, doch mit etwas Geschick und vor allem Gelassenheit kommen Sie gut durch dieses Nadelöhr und erreichen **Dún Chaoin/Dunquin**, einen weitläufigen Küstenort, wo es viel zu entdecken gibt.

(085) WOMO-Stellplatz: Dunquin

GPS: N 52° 06' 18.3" W 10° 27' 19.6" **max. WOMOs:** 1-2.
Ausstattung/Lage: Balkonartiger Parkplatz beim Ortseingangsschild links mit Mäuerchen und Blasket-Blick, Crafts-Laden mit Café gegenüber, straßennah. **Zufahrt:** Siehe Text.

Genau 1 km nach dem Ortseingang folgt man dem Zeichen für „Aussicht/Picknickbank“ nach links zu einem großen, leicht schiefen Parkplatz mit Aussicht und bleibt am besten gleich ganz oben stehen, denn die abschüssige Betonrinne endet ohne Wendestelle an einer Rampe unten am Strand.

(086) WOMO-Picknickplatz: Ryans Daughter

GPS: N 52° 06' 35.5" W 10° 27' 56.4" **max. WOMOs:** 2-3.
Ausstattung/Lage: Parkplatz 200 m von der Straße weg, Platz örtlich etwas schief, Picknickbänke, Klippenstrand, Viehkoppel anbei, wunderschöne Aussicht, ziemlich windanfällig. **Zufahrt:** Siehe Text.

Genießen Sie die spektakuläre Landschaft bei einem Picknick am Hang, gehen Sie mit uns die 52 Stufen hinunter und lassen sich von der bezaubernden Atmosphäre dieser Felsenbucht mit dem feinen Sandstrand (Schwimmverbot wegen gefährlicher Strömung!) hinreißen oder folgen uns über grüne Hügel zu den Klippen von ***Dunmore Head***. An der Grundstücksgrenze sitzt ein kleines Mädchen im Wind und kassiert Eintritt. Von oben hat man einen guten Überblick und schon seit geraumer Zeit fesselt uns der faszinierende Blick auf die bezaubernde Insel gegenüber, die wir morgen besuchen werden: ***Great Blasket Island***. Zur Einstimmung fahren wir am Nachmittag noch ein Stück den ***Slea Head Drive*** weiter, registrieren einiges an neuem Straßenbau inklusive Streckenkorrekturen und finden neue Plätze mit Blick auf den ***Blasket Sound***.

(087) WOMO-Stellplatz: Blasket Sound

GPS: N 52° 07' 15.4" W 10° 27' 32.8" **max. WOMOs:** 1-2.
Ausstattung/Lage: Schotterparkstreifen rechts und links an der alten Straße, Blasket-Blick.
Zufahrt: Nach 1,7 km vom Abzweig zu **(086)** von der neu gebauten Straße dem Hinweis „Blasket Ferry“ nach links folgen dann links in die Sackgasse hinein fahren, Plätze erst links, dann rechts.

Hält man sich noch weitere 100 m an die Ferry-Hinweise, findet man nette Plätze oberhalb des ***Dunquin Quay***, wie z.B. beim ***Armada***-Gedenkstein links.

(088) WOMO-Stellplatz: Dunquin Quay

GPS: N 52° 07' 28.0" W 10° 27' 34.2"
max. WOMOs: 1-2.
Ausstattung/Lage: Schönes Blasket-Panorama, Asphalt- und Natur-Stellplätze am Wegesrand. Achtung! Ungesicherte Klippen-Kante! Infos und Tickets für die Blasket-Touren gleich nebenan. **Zufahrt:** Siehe Text.

Zur gründlichen Einstimmung auf einen Ausflug auf die ***Blasket-Inseln*** empfehlen wir dringend einen Besuch im ***Blasket Centre / The Blascaod Centre*** (Ende März bis Ende Oktober Tgl. 10-18 Uhr, Eintritt), nur 2 km auf dem ***Slea Head Drive*** weiter, dann 500 m links hinunter. Was von der Ferne aussieht wie ein modernes Fabrikgebäude auf der Wiese, beherbergt

eine der bewegendsten Ausstellungen in Irland. Mit großem Aufwand wird dem Besucher die Geschichte von ***Great Blasket Island*** erzählt, der irischen Insel, die **Amerika** am nächsten liegt. Hier geht es um irische Sprache und Kultur, die Seele der Iren. Man sollte sich mindestens 2 Stunden Zeit nehmen für den Rundgang, der Ausstellungsführer und die Video-Show in deutscher Sprache sind sehr hilfreich dabei. Wir kaufen uns noch das Buch ***„Die Boote fahren nicht mehr aus"***, in dem einer der Blasket-Schriftsteller, ***Tomás O'Crohan*** (Übersetzung von ***Annemarie*** und ***Heinrich Böll***), das beschwerliche Leben auf dieser Insel plastisch schildert, von der schließlich 1953 die letzten 22 Bewohner evakuiert wurden. Gut vorbereitet für morgen und tief beeindruckt rollen wir vom gepflegten Parkplatz (Übernachten nicht gestattet), fahren ein Stück die Küstenstraße zurück, biegen rechts ab zur ***Blasket Ferry*** (Sie erinnern sich?) und beziehen unseren Übernachtungsplatz oberhalb der Anlegestelle der ***Blasket***- Boote nahe am Abgrund. Heute wird es nix mit dem geplanten Grillabend, denn der Wind pfeift uns gehörig um die Ohren. Vermutlich handelt es sich aber nur um ein laues Lüftchen im Vergleich zu den Stürmen, die hier regelmäßig toben. Besonders die Spanier bekamen öfter Probleme. So strandete 1588 die ***„Santa Maria de la***

Rosa" der berühmten ***Spanischen Armada*** im ***Blasket Sound***, der tückischen Meerenge zwischen Insel und Festland, und um die Ecke zerschellte in der jüngeren Vergangenheit ein spanischer Fischtrawler.
Das Karten-Häuschen für die ***Blasket***-Touren gleich nebenan ist für alle Fälle gut vertäut. Am nächsten Morgen hat sich der Wind gelegt, wir nehmen die erste Überfahrt 10 Uhr und bekommen die gelben Bordkarten mit der vorgesehenen Rückfahrtzeit 13.30 Uhr. Eine spätere Rückfahrt ist nach Absprache möglich, manche campieren mit dem Zelt drüben sogar mehrere Tage in den Ruinen. Im Nieselregen stehen wir unten am Pier und warten auf das Boot. Wie aus dem Nichts kommen immer mehr Leute zusammen, die mit Kleinbussen aus **Dingle** und sonst woher herangefahren werden. Schließlich ist die Fuhre mit 40 Passagieren ausgebucht, das Boot ist voll. Die nächsten ***Blasket***- Fans kriegen dann blaue (11 Uhr) bzw. grüne Bordkarten (12 Uhr). Das Wetter wird freundlicher, die See ist recht ruhig und die 3 Meilen Überfahrt sind schnell gemeistert. Mit dem angehängten Schlauchboot wird die Human-Fracht portionsweise an Land gebracht und in kleinen Grüppchen geht es auf zur Insel-Entdeckungsreise. In das Ruinendorf auf ***Great Blasket Island*** zieht stückweise wieder

junges Leben ein, sogar ein kleines Café bietet einen willkommenen Imbiss. Wer möchte, kann an Inselführungen teilnehmen und bekommt sicher exakt erläutert, wem hier welches Haus gehörte, doch wir gehen wandern. Eine kleine Inselrunde im Uhrzeigersinn, meist auf bequemen Wegen am grünen Hang entlang, führt uns auf den mittleren der drei Hügel und schließlich an den Klippen vorbei zum malerischen Sandstrand. Mittlerweile zeigt sich strahlender Sonnenschein, so dass wir die Ruhe und die fantastische Aussicht richtig genießen können. Nun schnell zurück zum Anleger! Von oben sehen wir, dass unser Boot schon wartet.
Jetzt muss das WOMO wieder ran. Weiter geht es auf dem ***Slea Head Drive*** durch **Dunquin** zum nächsten Aussichtspunkt, dem ***Clogher Head***. Leider gibt es keinen Parkplatz mehr, denn die Zufahrt links am Scheitelpunkt der Straße wurde für größere Fahrzeuge mit kleinen Felsen „vermint". So steht man halt am Straßenrand. Ein kurzer Gang auf den Felsenberg und wieder bieten sich atemberaubende Aussichten. Wir sehen einen kleinen weißen Strand mit Parkplatz gegenüber und man kann von hier oben schon mal die WOMOs dort unten zählen und sich einen schönen Platz aussuchen. Auf dem Weg dahin, genau 1 km hinter dem ***Clogher Head***, sollte man auf jeden Fall einen Besuch in der ***Louis Mulcahy Pottery*** nebst Restaurant (www.louismulcahy.com) einplanen und sich das bemerkenswerte Sortiment an hochwertiger Keramik anschauen: von Schälchen über Lampenschirme und Waschbecken bis zu Riesenvasen.

(089) WOMO-Badeplatz: Clogher Strand

GPS: N 52° 09' 24.2" W 10° 27' 34.0" **max. WOMOs:** 3-5.
Ausstattung/Lage: Mit Mäuerchen eingesäumter Parkplatz direkt am Strand, *„No Swimming"*, WOMO-Treff, gelegentlich auch einsam.
Zufahrt: 1,5 km nach dem ***Clogher Head*** links weg, dann noch 400 m.

Das folgende Dorf **Ballyferriter** beherbergt eine Sommerschule für gälische Sprache und Kultur. Am Ortsende führt 100 m vor einer Rechtskurve spitz nach links („**Smerwick Hbr**") eine kleine Straße zum Strand. Die mauer- und heckengerahmte, meist einspurige Zufahrt endet nach 1100 m auf einem kleinen Parkplatz. Vor uns liegt die riesige Bucht ***Smerwick Harbour*** mit fast 6 km Sandstrand. Heute wird endlich gebadet!

(090) WOMO-Badeplatz: Smerwick Harbour

GPS: N 52° 10' 46.0" W 10° 24' 19.0" **max. WOMOs:** 2-3.
Ausstattung/Lage: Asphalt-Parkplatz bei einem weißen Riesenstrand.
Zufahrt: Siehe Text.

Wir messen 15°C Wassertemperatur und der Erfrischungseffekt beim Schwimmen wird folgerichtig sehr schnell erreicht. Wenige Kilometer nordwestlich von hier erinnert ein Denkmal am Standort der ehemaligen Burg ***Dún on Óir*** (Gold-Fort) an ein Stück blutige Geschichte. Hier landeten im Jahre 1580 Schiffe mit 600 Spaniern und Italienern zur Unterstützung der irischen Revolte gegen die englische Besatzung. Das Ergebnis war verheerend. Die schlecht organisierte Truppe wurde von den übermächtigen Engländern regelrecht abgeschlachtet.
Die meisten steinernen Zeugen der Geschichte auf der ***Dingle Halbinsel*** sind jedoch viel älter. Neben den bereits gesehenen ***Steinforts*** und ***Clochains***, von denen es reichlich gibt, fahren wir nun zu einem der wichtigsten Touristenziele der Gegend, dem ***Gallarus Oratory***, einem winzigen Steinkirchlein aus dem 8. Jahrhundert. Dazu müssen wir von unserem letzten Bade-

platz zurück zum ***Slea Head Drive***, fahren ihn nach links weiter, halten uns später links, steuern schließlich direkt auf den Campingplatz zu, vor dem wir rechts abbiegen und sogleich

(091) WOMO-Campingplatz-Tipp: Oratory House (***)

GPS: N 52° 10' 22.4" W 10° 21' 21.2" **Öffnungszeiten:** Apr. bis Sept. **Ausstattung/Lage:** Schön gelegen, gute Ausstattung, geschichtsträchtige Umgebung mit Pilgerpfad auf den Brandon Mountain (952 m) und anderen Wandermöglichkeiten. **Zufahrt:** Siehe Text.

am Ziel sind. Das Umfeld wurde in den letzten Jahren um ein kleines ***Visitor Centre*** mit Café, Laden und einfühlsamer 15-min.-Video-Show (9-20 Uhr, wenig Eintritt, Kinder frei, N 52° 10' 25.4" W 10° 21" 12.2") sorgfältig erweitert. Noch ein kurzes Stück des Wegs und wir können dieses schlichte wie kleine, aber höchst interessante und perfekt erhaltene Bauwerk aus der Nähe betrachten. Geschickt errichtet aus unbehauenen Steinen ohne Mörtel o.ä. sind Wände und Dach bis heute (weitestgehend) wasserdicht geblieben.

Der Besitzer des Areals, ***Seamus Kelliher*** steht den speziellen Wünschen der „WOMO-People" ausgesprochen aufgeschlossen gegenüber: Er hat einen großen, ruhigen, asphaltierten Besucher-Parkplatz mit einem Wasserhahn und sogar Toiletten, doch es gibt seit Jahren ein Dauerstreit mit dem benachbarten Campingplatz-Betreiber. Es geht um die Frage, wo Wohnmobile in dieser Gegend übernachten sollen, dürfen oder müssen. Nach aktueller Auskunft haben die gelegentlich lautstarken Interventionen vom Nachbarn zu diesem Thema in letzter Zeit wieder zugenommen. Deshalb werden WOMO-Gäste neuerdings zu einem kostenlosen Übernachtungsplatz geschickt, ein interessanter Geheimtipp, der nun keiner mehr ist. Falls Sie also keine Lust haben, auf dem Campingplatz zu übernachten, dann schauen Sie hier:

(092) WOMO-Gaststätte: An Bothar Pub

GPS: N 52° 13' 34.3" W 10° 18' 26.7" **max. WOMOs:** 3-5
Ausstattung/Lage: Asphalt-Parkplatz vom Pub, Dusche gegen Gebühr, Wasserhahn, WC im Pub, Gastronomie, auch gutes Fühstück.
Zufahrt: Achtung! Zumindest unser Navi kannte die Straßen nicht alle! Ab ***Gallarus Oratory*** 11 km: Am CP vorbei weiter auf der R 559, in Murreagh erst rechts, dann gleich **links/Feohanagh**, hinter **Boherboy** an der Kante entlang, der Richtung **Slea Head Drive/Brandon Creek** folgen, wenn es dann schließlich nach **links** zum **Brandon Creek** weggeht, fahren wir nach **rechts** weiter, dann noch 600 m zum Ziel rechts.

Auf diese Weise sind wir auch schon ganz nahe beim Ausgangspunkt für unseren Wandertag, dem Gipfelsturm auf den ***Mount Brandon***, den mit 952 m zweithöchsten Gipfel Irlands. Zum nachfolgenden Wanderparkplatz haben wir vom gastfreundlichem Pub aus nur noch 3,5 km zu fahren.

(093) WOMO-Wanderparkplatz: Mount Brandon

GPS: N 52° 12' 53.2" W 10° 17' 31.5" **max. WOMOs:** 2-3
Ausstattung/Lage: Asphalt-Parkplatz links am Ende der schmalen Zufahrtsstraße.
Zufahrt: Siehe Text: Ab Platz **(092)** zunächst 2 km weiter auf dem ***Slea Head Drive***, dann **links/Mount Brandon** abbiegen und noch 1,5 km hinauf.

Wanderung auf den Mount Brandon (952 m.ü.M.)
(8,5 km, ca. 700 Höhenmeter hinauf und wieder hinunter, 5 h)

Wir beginnen unseren Gipfelsturm auf einem breiten Fahrweg, marschieren an einer Madonna vorbei, dann durch ein Gatter und „hangeln" uns an den weißen Stock-Markierungen entlang. Dann geht es durch ein trockenes Flussbett, wir erreichen nach 15 Minuten das erste Kreuz und sind nunmehr auf Betriebstemperatur. Nur zur Orientierung: Die nächsten Kreuze sind durchnummeriert und nach Nr. 14 kommt das Gipfelkreuz!

Heute ist es leicht diesig und wir genießen den letzten halbwegs klaren Blick zurück auf die Küstenlandschaft. Es geht stetig ziemlich geradeaus wie auf einer Rampe bergauf, wir kommen ordentlich ins Schwitzen und pausieren im Windschatten eines Felsens. Beim Bananen-Imbiss sehen wir Leute mit spärlichem Schuhwerk und kurzen Hosen vorbeispringen, wir stapfen dann weiter den Berg hinauf und sind froh über unsere gute Ausrüstung mit Bergstiefeln und Teleskop-Stöcken. Bei Kreuz Nr. 11 holen wir Jacken und Mützen aus dem Rucksack, denn es ist nun neblig und der Wind weht uns schon recht ordentlich um die Ohren. Bis zum Kreuz Nr. 13 muss man sich etwas mühen, doch dann ist es bald geschafft und nach 2,5 Stunden Aufstieg

sind wir oben am Gipfelkreuz, Hier pfeift es gewaltig, es ist kalt, wir hocken uns in eine Kuhle und essen unsere Brote. Keiner bleibt heute hier länger als für Gipfel-Rast und Gipfel-Foto nötig.
Beim Abstieg wird es ab Kreuz Nr. 8 in Sachen Sicht und Geläuf wieder recht angenehm, bei Nr. 2 wird der letzte Proviant ver-

tilgt, wir sehen schon das WOMO in der Ferne leuchten und haben dieses auch schon bald erreicht.
Diese Wanderung können wir guten Gewissens empfehlen, denn sie ist gut zu gehen und birgt keinerlei Gefahren. Falls Sie auch noch richtig freundliches Wetter mit blendender Sicht erwischen, sollte dieser Ausflug als unvergessliches Erlebnis in Erinnerung bleiben.
Tipp zur Ausrüstung: Bergschuhe, Wanderstöcke sowie ausreichend Wasser und Proviant.

Nachdem wir nach 1,5 km wieder auf den ***Slea Head Drive*** stoßen, folgen wir diesem nach links, haben nach 8,4 km den ersten Kreisverkehr von **Dingle** erreicht und stehen vor der Frage, wie wir nun elegant zur Nordseite der Halbinsel gelangen könnten. Der kürzeste Weg führt durchs Gebirge über den verheißungsvollen ***Connor Pass***. Diese Straße nach **Tralee** ist jedoch nur für kleine Fahrzeuge erlaubt, die folgende Limits einhalten: 2 Tonnen, 6 feet = 1,83 m Breite und 24 feet = 7,32 m Länge. Vor einigen Jahren haben wir unser WOMO dem Tankwart von ESSO gezeigt und der gab sein "Okay". Nun wollen wir keinen unserer Leser in Schwierigkeiten bringen und empfehlen für übermaßige WOMOs die 32-km-Umleitung über **Anascaul** und **Camp**. Für die Piloten kleinerer WOMOs, die Mutigen und die Istmirdochegal-Kandidaten hier unser Bericht:
Wir ignorieren die Begrenzungen und tun es. Zunächst führt die Straße durchaus straff bergauf ins Gebirge, doch bis zum Parkplatz oben am Pass lauern wir vergebens auf die gefährlichen Stellen und genießen sorglos die grandiose Aussicht voraus auf die ***Brandon Bay*** und zurück zur ***Dingle Bay***. Ein Künstler

mit echter Harfe sitzt im Gelände und gibt der Szenerie mit seinem Spiel den passenden Rahmen. Die Parkplatzbesucher sind ganz verzaubert und kaufen wie verrückt seine CDs aus dem Koffer.

(094) WOMO-Stellplatz: Connor Pass

GPS: N 52° 10' 54.6" W 10° 12' 27.4"
max. WOMOs: 1-2.
Ausstattung/Lage: Pass-Parkplatz (400 m.ü.M), super Aussicht, aber ausgesprochen windanfällig.
Zufahrt: 7,2 km ab Dingle. Siehe Text.

Wir hatten die Verbote für große Fahrzeuge bei der Weiterfahrt schon fast wieder vergessen, als uns kurz hinter dem Pass ein Abschnitt von vielleicht 200 m Sorgen bereitet. Die schmale Straße windet sich hier in engen Kurven unter bedrohlich überhängenden Felsvorsprüngen hindurch, so dass man ein Stück sehr dicht an der linken Begrenzung entlang fahren muss. Das war aber schon alles! Jetzt geht's bergab und trotz einiger lästiger Ausweichmanöver weiden wir uns am Anblick der Bucht in Fahrtrichtung. Unter den verschiedenen Strandparkplätzen an der ***Brandon Bay*** und später an der ***Tralee Bay*** finden wir sogar noch jeweils einen geeigneten Übernachtungsplatz und stellen mal wieder fest, dass uns die ***Dingle Halbinsel*** von allen „Zipfeln" im Südwesten immer noch am besten gefällt.

(095) WOMO-Badeplatz: Fermoyle Strand

GPS: N 52° 14' 35.5" W 10° 07' 30.8" **max. WOMOs:** 1-2.
Ausstattung/Lage: Asphalt-Parkplatz beim weißen Strand an einer Kuh-Koppel, ohne alles, ruhig und gelegentlich einsam.
Zufahrt: 10,2 km nach dem ***Connor Pass*** sehr spitz nach links abbiegen (bzw. 14 km nachdem man in **Camp** auf die **R 560/ Castlegregory** nach links aufgebogen ist rechts halten) Richtung **Brandon Point**. Nach 1,5 km rechts weg ("Fermoyle Strand"), über eine knifflige „Kurven-Brücke" (handvermessene 3,05 m breit), dann noch 200 m.

(096) WOMO-Badeplatz: Castlegregory Strand

GPS: N 52° 15' 37.3" W 10° 00' 49.7" **max. WOMOs:** 2-3.
Ausstattung/Lage: Asphalt-Parkplatz direkt hinter der Stranddüne, WC-Wagen, Picknickbänke, sehr schöner Sandstrand.
Zufahrt: Vom Abzweig ***Connor Pass*** 6,9 km ostwärts, dann nach links auf der **R 560** nach **Castlegregory**, durch den Ort durch, am Ortsausgang nach rechts am Sportplatz vorbei zum finalen Parkplatz.

TOUR 6
25 km
Kilronan
B
Dun Aengus Fort
Aran Islands
WC
P
106
Doolin
Ballyvaughan
Lisdoonvarna
105
Cliffs of Moher
Liscannor
B
Lahinch
Liscannor Bay
N
WC 104
Milltown Malbay
Spanish Point
Quilty
Doonbeg
Kilkee
103
Kilrush
100
Carrigaholt
Scattery Island
98
Saleen
Tarbert
Tarbert House
Bridges of Ross
102
Cross
99
101
Ballylongford
Loop Head
Kilbaha
River Shannon
Ballybunnion
Listowel
Tralee Bay
Kerry The Kingdom
97
Tralee
Castlegregory
96 WC
B
Blennerville
Windmühle
95
Derrymore
Stradbally
Camp

TOUR 6 (250 km / 7 Tage)

Tralee - Listowel - Tarbert - Kilkee - Loop Head - Lahinch - Cliffs of Moher - Doolin - Aran Inseln

Freie Übernachtung:	Saleen Pier, Carrigafoyle Castle, 4-mal auf der Loop Head-Runde, am White Strand bei Milltown Malbay, Cliffs of Moher
Campingplätze:	Woodlands Park in Tralee, Nagles in Doolin.
Baden:	Derrymore Strand, White Strand in Milltown Malbay, Lahinch, Inishmore.
Besichtigen:	Windmühle von Blennerville, Rosenpark, „Kerry The Kingdom“ und Siamsa Tir National Theatre in Tralee, Scattery Island, Cliffs of Moher, Dun Aengus Fort auf Inishmore.
Wandern:	Loop Head, Cliffs of Moher, Schiffsausflug nach Inishmore mit Radtour.

Wer sich den ***Connor Pass*** verkniffen und auch die beiden Badeplätze **(095)** und **(096)** ausgelassen hat, stößt in **Camp** mit der **N 86** wieder zu uns und wir sehen gleich noch eine gute Möglichkeit für einen Badestopp, denn 3,4 km hinter dem Ort geht's spitz nach links auf glatter Straße zum großen Parkplatz vom riesigen ***Derrymore Strand***. Auch wenn hier ein Übernachtungsverbot gilt, den Badespaß sollte das nicht trüben. Die Straße nach **Tralee** führt schnurgerade durchs Gelände, links sieht man die Bucht, voraus schon bald die Stadt und noch davor die riesige weiße ***Windmühle von Blennerville*** in der Sonne leuchten. Der Besucherparkplatz kommt dann aber doch überraschend: die Einfahrt hinter der TEXACO-Tanke, noch vor der Brücke, nach links also nicht übersehen! Die ***Blennerville Windmill*** (9.00/9.30-17.30/18.00, Eintritt) steht hier schon seit dem 18. Jahrhundert, blieb dann fast 100 Jahre unbenutzt und verfiel in dieser Zeit zusehends. Im Jahre 1986 wurde sie restauriert

wieder in Betrieb genommen, für Besucher geöffnet und gilt heute als größte arbeitende Windmühle von **Irland** und **Großbritannien**. Doch hier geht es nicht nur um das Thema „Vom Korn zum (irischen) Brot", sondern auch um die Rolle **Blennervilles** als wichtiger Auswandererhafen Mitte des 19. Jahrhunderts. Die bemerkenswerte Ausstellung mit einer ausführlichen Dokumentation zu dieser dunklen Zeit irischer Geschichte sollte man in aller Ruhe einmal auf sich wirken lassen (deutsche Infos), doch das anschaulichste Exponat ist nicht mehr da. Auf einer Besucher-Werft wurde im Jahre 2000 ein ehrgeiziges Vorhaben abgeschlossen. Eines der legendären Auswandererschiffe, der imposante Dreimast-Segler ***„Jeanie Johnston"***, mit dem während der großen Hungersnot (1845-1849) auf 16 erfolgreichen Überfahrten tausende Iren von ***Kerry*** aus nach **Amerika** gelangten, wurde in Originalgröße neu gebaut und kann nun von nautisch Interessierten für kürzere oder längere Segeltörns gebucht werden (www.jeaniejohnston.ie).
Gegenüber der Einfahrt ist der Bahnsteig der Dampfeisenbahn nach **Tralee**, die leider wegen zu hoher Unterhaltungskosten ihren Betrieb eingestellt hat, unsere Straße dorthin führt über eine Art Damm am Wasser entlang. Hier ein kleiner Gälisch-Kurs: Die Stadt liegt an der Bucht, in die der Fluss ***Lee*** fließt. ***Trá*** bedeutet Bucht oder Strand (kennen wir schon von den Stellplatz-Zufahrten). Alles klar? **Tralee**, die Hauptstadt der Grafschaft ***Kerry***, ist eine Stadt von jener Sorte, bei der wir immer überlegen, ob wir sie nun mögen, oder nicht. Das seit Jahren bedrückende Verkehrschaos (alles muss durch die Stadt) hat nunmehr äußert bizarre Formen angenommen und geht uns mittlerweile reichlich auf die Nerven. Für einen vertiefenden Aufenthalt fährt man am ersten Kreisverkehr geradeaus und folgt den Hinweisen zum städtischen Campingplatz, eine der gepflegtesten Anlagen, die wir kennen.

(097) WOMO-Campingplatz-Tipp: Woodlands Park (****)

GPS: N 52° 15' 41.6" W 9° 42' 12.0" **offen:** Mitte März bis Ende Sept.
Ausstattung/Lage: Sehr gute Ausstattung, schön angelegtes Gelände mit viel Grün, gepflegter Kurzrasen, Bistro, modernes Sanitärgebäude, Spielplatz, sehr guter Touringplatz, mehrfach ausgezeichnet, 10 Fußminuten in die Stadt, gleich nebenan befindet sich der ***Aqua Dom***.

Zufahrt: Siehe Text. 600 m nach dem ersten Kreisverkehr, hinter dem ***Aqua Dom***, rechts rein.

Hier freut man sich immer schon auf Kommentare der deutschen Gäste zu der Abkürzung über der Kassettentoiletten-Entsorgungsstation: **C**hemical **D**isposal **U**nit.
Für unseren Tagesaufenthalt fahren wir leicht schaudernd nach links Richtung **Town Centre** und bleiben kurzentschlossen auf dem 2-h-Parkstreifen gleich am ***Prince's Quay*** vor der Kirche links. Gegenüber kommt man zu Fuß über die ***Ivy Terrace*** schnell zu den wichtigsten Sehenswürdigkeiten der Stadt. Unübersehbar dominiert die ***Ashe Memorial Hall*** den Platz. Außer dem ***Tourist Office*** beherbergt das Gebäude den sehenswerten Museumskomplex ***„Kerry The Kingdom"*** mit der Zeitreise zurück ins Mittelalter: ***„Geraldine Experience"*** (9.30-17.30 Uhr, Eintritt). Nach dem „Geisterbahn-Prinzip" fährt man durch das **Tralee** des Jahres 1450 und erlebt die Vergangenheit in verschiedenen Szenen-Bildern samt Geräuschen und Gerüchen. Weiterhin empfiehlt sich bei einem mehrtägigen Aufenthalt der Besuch im ***Siamsa Tire***, dem ***National Folk Theater*** (Juni bis September tgl. 20.30 Uhr), wo irische Kultur mit Musik und Tanz zelebriert wird.
Ein wunderschöner Stadtpark mit reichlich Rosen schließt sich an, denn in **Tralee** dreht sich alles um die Rose. Abgeleitet von der Holden, die in einem sentimentalen Liebeslied von ***William Mulchinok*** (1820-1864) besungen wird, findet jedes Jahr im August das Festival ***„Rose of Tralee"*** statt. Im Rahmen eines der größten Medienereignisse in **Irland** wird abschließend unter den angetretenen Kandidatinnen die ***„Rose of Tralee"***, sozusagen die ***Miss Irland***, gekürt.

Die Chancen, hier am Ende der ***Denny Street*** (prächtige Haustüren!) einen Bezahl-Parkplatz zu kriegen, stehen auch ganz gut, doch dazu muss man auf filigraner Route mitten durch die verstopfte Stadt und zwar erst Richtung **Killarney** und dann rechts weg zum ***Town Park***.

Wenn Sie mit Kindern unterwegs sind, dann werden Sie wohl ein paar Tage hier verweilen, alles ausführlich besichtigen, ausgiebig im ***Aqua Dom***, Irlands größtem Erlebnisbad, planschen oder das ***Tralee Bay Wetland Centre*** besuchen und dort bei Spaß und Spiel mehr über die Ökologie lernen. Und irgendwann wird vielleicht auch die Dampfeisenbahn wieder nach **Blennerville** fahren...
Wir verlassen **Tralee**, pfitzen uns durch die turbulente Stadt, suchen und finden die **N 69/Listowel/Tarbert** und rauschen bald auf ausgebauter Straße durch flaches Weideland. Wir kommen zügig voran und erreichen nach 25 km das muntere Städtchen **Listowel**, von dem böse Zungen behaupten, dass es hier mehr *Pubs* als Wohnhäuser gibt. Das wollen wir nicht näher untersuchen, umkurven die kleine Kirche, überqueren den Marktplatz dieser hübschen ***„Heritage Town“*** und rollen weitere 17 km nach **Tarbert**, wo uns die Fähre über den hier schon recht breiten ***Shannon*** bringen soll. Unterwegs passieren wir Torffelder und sehen schon einige Kilometer vor **Tarbert** die ***Shannon-Mündung*** liegen. Dort biegen wir links/**N 67** ab und folgen dann den Hinweisen zur ***Car Ferry***. Falls Sie es nicht so eilig haben, den ***Shannon*** zu queren und einen Zwischenstopp an einem verträumten Fischerpier oder einer geheimnisvollen Burgruine einlegen möchten, dann fahren Sie erst einmal nach **Saleen** oder weiter nach **Ballylongford**.

(098) WOMO-Stellplatz: Saleen Pier

GPS: N 52° 33' 39.4" W 9° 28' 03.2"
max. WOMOs: 2-3.
Ausstattung/Lage: Parkplatz mit Picknickareal bei einem kleinen Hafen der Shannon-Fischer, Bänke, ziemlich romantisch.
Zufahrt: Am letzten Abzweig zur Fähre vorbei fahren und geradeaus dem ***Coastal Drive*** folgen. Nach 6,7 km ziemlich schlimmer Straße rechts abbiegen, dann noch 200 m zum Pier.

(099) WOMO-Stellplatz: Carrigafoyle Castle

GPS: N 52° 34' 11.3" W 9° 29' 41.1"
max. WOMOs: 1-2.
Ausstattung/Lage: Kleiner, mit Mäuerchen gerahmter Asphalt-Parkplatz direkt vor der Ruine. Besichtigung ist kostenlos, tgl. 10-18 Uhr geöffnet. Info-Tafeln, Müllbehälter.
Zufahrt: Am Abzweig zu Platz **(098)** vorbeifahren, auf der „Rappelstraße" nach Ballylongford, dort 250 m nach Ortseingang rechts auf die Hauptstraße abbiegen, nach 850 m rechts den Zielhinweisen folgen, jetzt noch 2,4 km auf recht ärmlicher Straße, dann Parkplatz rechts.
Besser fährt man auf der R 551 von Ballylongford zurück nach Tarbert.

Nun also zur Fähre! Wenn Sie Ihre Kinder verschrecken wollen, dann besuchen Sie das ***Tarbert House*** (10-18 Uhr, Eintritt), eine Art „Wachsfiguren-Knast". Kurz vor der Fährstation werden wir durch einen ganz besonderen Anblick erschüttert: Quietschgelbes *Pub* vor hässlichem Kraftwerk! Die Fähre (April bis September in der Woche: 7.30-21.30 Uhr, So: 9.30-21.30, stündlich, Hochsaison halbstündlich) kommt schon um die Ecke, man löhnt (2013) 20 EUR (Wir haben übers Internet www.shannonferries.com 18 EUR bezahlt, Ende 2013 kostet es sogar nur noch 17 EUR) und ist in 20 Minuten drüben. Die

Shannonüberquerung ist selbst beim heutigen Sonnenschein keine Augenweide, wir betrachten schlimmes Industrie-Gebiet und auch von den ***Shannon-Delphinen*** lässt sich keiner blicken. An den unerfreulichen Begleitumständen ändert sich auf der **N 67**, nun im ***County Clare***, bis zur nächsten Station **Kilrush** nicht sehr viel. Wir suchen und finden in dieser Hafenstadt das ***Scattery Island Centre***. Dazu halten wir uns nach der **Marina** links, die finale Beschilderung ist leider mangelhaft. Dieses „Centre“ hat nur ein paar Wochen im Sommer geöffnet, verdient aber seinen Namen nicht, denn die Ausstellung ist etwas „dünne“. Die Bootstouren zur Klosterinsel ***Scattery Island*** mit dem **höchsten Rundturm Irlands** (36 m) gibt es nur in der Hauptsaison, sie starten dann von der benachbarten ***Marina*** (Fahrt 15 min), wo auch Bootstrips auf den ***Shannon*** zum ***„Dolphin Watching“*** angeboten werden. Leider war der Boss im neuen Hafengebäude immer noch nicht zu überzeugen, seinen hervorragenden Parkplatz als Übernachtungsplatz herzugeben. Liebe Leser! Immer wieder fragen! Irgendwann haben wir sie soweit!
Nach einer Lunch-Pause bei ***„Coffey's“*** mit überraschend scharfem Chicken-Curry samt anschließendem, durchaus erfolgreichem „Löschversuch“ mit himmlisch cremigen Sahneeis aus der geliebten Softeis-Maschine verlassen wir **Kilrush** auf der **N 67**, sind 13 km später in **Kilkee**, fahren dort geradeaus ins **Town Centre**, um dieses quirlige Seebad für heute sofort wieder zu verlassen, und zwar an einem Kreisverkehr auf der **R 487** Richtung **Loop Head** nach links. Dieses Ziel ist offensichtlich noch immer ein Geheimtipp, denn nach unserer Erst-Entdeckungsreise 2003 hat sich bis 2013 nicht viel geändert am urwüchsigen Charme dieses irischen Zipfels im Atlantik! Zuerst geht es durch ein Wohngebiet, später durch Weideland mit aufällig vielen Kühen und Kälbern, nach 7,4 km rechts weg nach **Cross**, doch wir bleiben geradeaus und fahren auf der **R 488** nach **Carrigaholt**, um unsere ***Loop Head***- Runde etwas zu erweitern. Im Ort folgen wir der Straße nach rechts, biegen 650 m danach links ab und erreichen nach einem kurzen Stück

rumpliger Straße den geräumigen Schotterparkplatz [**100**: N 52° 36' 00.8" W 9° 42' 08.3"] bei der malerischen Ruine von **Carrigaholt Castle**. Auf das Gelände des einst prächtigen Bauwerks, des Wächters über die Bucht, gelangt man direkt vom Parkplatz aus, indem man über die spärlichen Reste eines Mäuerchens klettert.

Hocherfreut finden wir gegenüber noch den Werksverkauf der örtlichen Fischer-Gilde und decken uns mit Filets von fangfrischen Makrelen ein. Somit ist unser Abendessen gesichert.

Nun holpern wir nach **Carrigaholt** zurück und klinken uns nach links in den **Loop Head Drive** ein. Nächste Stationen: **Cross** und **Kilbaha**, einem hübschen Flecken an der gleichnamigen Bay, wo uns mit ***„Keatings"*** und dem ***„Lighthouse Inn"*** offenbar überregional angesagte Restaurants auffallen. Eine schlichte Asphaltstraße quer durch Kuhweiden bringt uns schließlich hinauf zum finalen Parkplatz am weißen Leuchtturm. Wir errreichen unser Tagesziel kurz vor Sonnenuntergang und sind von der Szenerie mal wieder total überwältigt. ***Loop Head*** bleibt unser ***WOMO Head***.

(101) WOMO-Stellplatz: WOMO Head

GPS: N 52° 33' 40.1" W 9° 55' 50.3" **max. WOMOs:** 3-5.
Ausstattung/Lage: Asphalt-Parkplatz beim Leuchtturm, Blick auf den Atlantik, Picknickwiese an der Klippenkante, Vogelfelsen in der Nähe, windanfällig, gelegentlich einsam. **Zufahrt:** Siehe Text.

Unterhalb der Abbruchkante voraus brüten die Seevögel in den Felsen der steilen Klippenküste und wir genießen das erfreulich unerschlossene, naturbelassene Areal, wo uns noch keine Zäune am Abgrund von neugierigen „Expeditionen" abhalten. Ganz besonders beeindruckt uns das superglatte riesenhafte Felsengebilde, das sich wie ein nackter Kinder-Popo der tosenden Brandung entgegenstreckt. Hier erlebt man hautnah

die Urgewalten der Natur, wenn die langen Atlantik-Wellen auf die Küste treffen und man vom Wind gezaust wird. Stiefeln Sie Richtung Landspitze und erkunden Sie **(Passen Sie bitte auf Ihre Kinder auf!)** die grandiose Klippenwelt mit dem imposanten Vogelfelsen, wo man nach Arten getrennt in verschiedenen Etagen wohnt wie im Hochhaus.

Zurück in Richtung **Kilbaha** nehmen wir nach 1,6 km die schmale, grob asphaltierte und von Heckenrosen gesäumte **Coast Road** nach links, rollen gemächlich auf ziemlich ärmlicher Piste durch Farmland und sind begeistert vom Panorama wildromatischer Landschaft mit tosendem Meer. Beim nächsten Abzweig halten wir uns links, umkurven die Steinstrand-Bucht über eine Art Damm und folgen zuletzt den Hinweisen zu den ***Bridges of Ross*** nach links, wo wir nach 200 m auf dem Parkplatz landen.

(102) WOMO-Stellplatz: Bridges of Ross

GPS: N 52° 35' 24.4" W 9° 52' 04.7" **max. WOMOs:** 2-3.
Ausstattung/Lage: Parkplatz mit brüchigem Belag und einem Mäuerchen gesäumt, Blick auf die Klippenbucht. **Zufahrt:** Siehe Text.

Auch diese wild zerklüfteten Klippen ziehen uns in ihren Bann! Die gnadenlose Kraft der Naturgewalten hat hier in tausenden von Jahren ihre Spuren hinterlassen und riesige „Torbögen" in die Felsen gespült, wobei die größere der beiden „Bridges" mittlerweile zusammengebrochen ist. Man kann hier sehr schön auf den Felsenplatten herumturnen und recht komfortabel die Bucht erkunden. Für Schatzsucher haben wir hier sogar noch ein „Bonbon" versteckt.

WOMO-Cache Nr. 33

GPS: N 52° 35' 31.9" W 9° 51' 55.3". **Schwierigkeit**: leicht.
Tipp: Gehen Sie den Weg rechts oberhalb der Klippen entlang. Wenn sich nach 400 m der Hohlweg weitet, schauen Sie bei den Felsen links.

Wieder auf der Tourstraße fahren wir nach links auf der **Coast Road** weiter, stoßen nach 3 km auf die **R 487**, bleiben für die nächsten 8,3 km Richtung **Cross/Kilkee** und biegen dann links zum ***Castle Point*** ab. Es geht wieder Richtung Meer, dann rechts/links um die ***Goleen Bay*** herum und danach auf den ***Loop Head Drive*** mit Ausblicken auf verwirrend schöne

Küstenlandschaft mit der Felseninsel ***Illaunonearaun*** und wir erspähen auch schon den Parkplatz links unten, eine willkommene Gelegenheit für vertiefende Erkundungen.

(103) WOMO-Stellplatz: Castle Point

GPS: N 52° 39' 21.7" W 9° 43' 14.0"
max. WOMOs: 3-5.
Ausstattung/Lage: Asphaltierter, etwas schiefer Parkplatz mit Buchtblick. Man bittet (mit mäßigem Erfolg) darum, den Parkplatz müllfrei zu halten.
Zufahrt: Siehe Text, 100 m von der Tourstraße links.

Schon wieder kann man diese unglaublichen „Popo-Felsen“ besichtigen. Ein „Cross-Fahrweg“ führt zu den Klippen, wo unerschrockene Angler ihrem, zumindest hier sehr gefährlichem, Hobby nachgehen.

Mit unserer Tour geht es weiter an dramatischer Felsenküste entlang, die immer wieder Verzückung auslösende Aussichten bereit hält. Die Insel links sieht aus wie ein kaputter Tiramisu und voraus ist nun schon wieder **Kilkee** in Sicht, wo unser spannender ***Loop Head***-Ausflug schließlich endet. An der Uferpromenade angekommen halten wir uns rechts, umrunden diese riesige Badebucht und entfernen uns nach kurzer Visite in Richtung **N 67/Ennistimon**. Bis nach **Doonbeg** (neue Kirche mit bunten Fenstern) und auch danach gibt es nur langweilige Kuh-Wiesen zu sehen und WOMO-Piloten können einmal präzises Fahren üben: Immer genau zwischen den linken und den mittleren Reflektoren hindurch, so dass es nicht rumpelt! In **Quilty** haben wir wieder Meer-Kontakt, lassen die ***Coast Road*** zum ***Spanish Point*** (nur Hotels und Balken-Parkplätze) aus, verlassen aber 1,6 km hinter der Ortsmitte von **Milltown Malbay** unsere Tourstraße und schauen uns die aktuellen Gegebenheiten am ***White Strand*** an, denn vielleicht erwischen Sie hier ja Badewetter.

(104) WOMO-Badeplatz: Milltown Malbay

GPS: N 52° 52' 07.5" W 9° 25' 38.3". **max. WOMOs:** 2-3.
Ausstattung/Lage: Der Strand-Parkplatz ist nunmehr „verbalkt", für WOMOs bis 6 m Länge gibt es aber einige Parkbuchten davor. Kleine Bucht mit Steinstrand, Toiletten-Häuschen, Bottle Bank, in der Nähe Mobil-Homes.
Zufahrt: Siehe Text, wenn sich die **N 67** nach rechts wendet, 800 m geradeaus fahren.

Die weitere Route zeigt sich recht abwechslungsreich, bietet schöne Aussichten auf die ***Liscannor Bay*** und bringt uns schnell nach **Lahinch**, einem vielbesuchten Seebad mit großem Surferstrand. Links hinunter gelangen wir zum riesengroßen Parkplatz an der Uferpromenade. Der hintere Teil des Pay&Display-Promenaden-Parkplatzes [N 52° 56' 01.1" W 9°

20' 52.7"] ist „verbalkt", in der Abteilung davor hat man sogar neben den Bussen 2 für WOMOs reservierte Parktaschen markiert. Ob dies auch eine Einladung für die Nacht bedeutet, konnte vor Ort nicht erschöpfend geklärt werden. Wir ziehen los zum „Landgang" in das wuselige Örtchen. In **Lahinch** hat sich in letzter Zeit einiges getan. Neben der uns schon bekannten Spielhölle wurde hier vor einigen Jahren das ***„Lahinch Seaworld"*** (lahinchseaworld.com) gebaut, eine Kombination aus Spaß-Bad, Aquarium und Gastronomie. Sicherlich ganz nett bei schlechtem Wetter. Wir stellen uns gerade ein echtes Erlebnis-Bad mit Schwimmen im Hai-Aquarium vor, ziehen noch kurz durch die vollen Straßen mit den vielen Läden und Gastronomie aller Preisklassen und stellen fest: Noch viel mehr Touri-Betrieb als zuvor!

Kurz hinter „Surf-City" biegen wir von der **N 67** nach links auf die **R 478** ab und kommen unserem Tagesziel, den ***Cliffs of Moher*** nun schnell näher. In **Liscannor** passieren wir mit „The Rock Shop" und „The Story of Liscannor" zwei örtliche Attraktionen, registrieren aktuelle Bootsverbindungen zu den ***Aran Inseln*** sowie Abend-Kreuzfahrten zu den ***Cliffs*** und rollen kurz darauf auf den großen Besucherparkplatz (S. 130 oben), wo man nunmehr bei der Einfahrt gleich den Eintritt entrichtet (2013: Erwachsene 6 EUR, ermäßigt 4 EUR, Kinder unter 16 frei). Über einen echten Zebrastreifen-Fußgängerschutzweg gelangt man hinüber zum ***Visitor Centre*** der ***Cliffs of Moher***. Nach wiederholtem Besuch haben wir uns mit der grundlegenden Umgestaltung des weltbekannten Areals versöhnt und finden es nun durchaus gelungen. Das Besucherzentrum ist (wie im HdR-Auenland) in den grünen Hang integriert, die ***Moher***-Pilger dürfen draußen zwar nicht mehr direkt an die Kante der 200 m hohen und oben überhängenden Klippen heran, was aber durchaus dem Schutz von Mensch und Landschaft dienlich erscheint. Jenseits der ausgebauten Wege ist nach wie vor das Betreten des Privatgeländes nicht erlaubt, woran sich aber nach wie vor nicht jeder hält. Wir stiefeln also links hoch und dann

rechts hinauf zum ***O'Brien's Tower*** und stellen vergnügt fest, dass die Klippen am ***Loop Head*** eine präsentable Alternative zu denen hier bieten und das ganz ohne Touri-Gewimmel. Durch die klare Luft hat man eine wahnsinnige Fernsicht und kann mühelos die vorgelagerten ***Aran Inseln*** draußen im ***Atlantik*** sehen. Das wird unser Ausflug morgen. Hier und jetzt wird viel fotografiert, tausende Seevögel freuen sich über den hübschen Aufwind an der Steilküste und zeigen Flugübungen. Wir beobachten ein erstaunliches Phänomen: Die Gischt unten am Ufer wird durch die Windströmung senkrecht empor getragen, und den Besuchern fliegen bei strahlendem Wetter erbsengroße, salzige „Regentropfen" von schräg unten ins Gesicht. Natürlich haben wir uns im ***Visitor Centre*** ganz offiziell nach den aktuellen Modalitäten zum Thema „WOMO über Nacht auf dem Parkplatz" erkundigt. Uns wurde versichert, dass dies durchaus erlaubt sei. Kein Luxusplatz, aber immerhin.

(105) WOMO-Stellplatz: Cliffs of Moher

GPS: N 52° 58' 18.7" W 9° 25' 19.3" **max. WOMOs:** >5.
Ausstattung/Lage: Geräumiger, leicht schiefer Parkplatz mit WOMO-Sammelstelle, Blick hinab auf die Lahinch-Bucht. Nachts bleiben die Schranken oben, die Kassenhäuschen sind ab 8.15 Uhr besetzt. www.cliffsofmoher.ie. **Zufahrt:** Siehe Text.

Wie sich nun die Umsetzung nach **Doolin**, unserer nächsten Station und Ausgangspunkt für den ***Aran***-Ausflug vollzieht, ist eine Frage des Wetters und Ihrer Kondition. Vor einigen Jahren konnten wir noch auf einem Klippenweg direkt an der Kante entlang bis nach **Doolin** wandern. Dieser Weg ist mittlerweile gesperrt, da die Landbesitzer wahrscheinlich genug hatten von diesem Pilgerweg über ihre Weiden. Der aktuelle Wanderweg (1,5 km auf der Straße weiter, dann links, oder 1000 m später dem ***Burren Way*** nach links folgen, 2 Stunden) erscheint uns weniger spektakulär. Den Wandersleuten (Bergschuhe oder Gummistiefel tragen!) sei gesagt, dass im Ticket-Container am Pier in **Doolin** die Fahrpläne der Busse aushängen, die den WOMO-Abholer am Nachmittag wieder zurück zum Klippenparkplatz bringen.
Die Straße nach **Doolin** ist nicht zu verfehlen. Vom ***Visitor Centre*** folgen wir der **R 478** nach rechts, um sie 4,5 km weiter (schöne Sicht auf die Bucht und die Inseln) an einer kleinen Kreuzung wiederum nach links zu verlassen. Deutlich größere Vehikel als unseres können das gleich wieder vergessen, rollen ab hier noch 2,5 km weiter und kommen über die **R 479** nach **Doolin**. Die halbwegs handlichen WOMOs nehmen mit uns den ersten Abzweig garniert mit den Hinweisen dass diese schmale und später hübsch steile Straße für Busse und Caravans gesperrt ist. Das ist unser Schleichweg nach **Doo-**

lin. Beim engen Bogen um den Turm von ***Doonagore Castle*** herum kann man keinen Gegenverkehr gebrauchen und während Anne die Aussicht auf des Meer genießt, sprießen beim Fahrer die Schweißperlen auf der Stirn. Von oben sehen wir bereits die bunten *Pubs* und Läden der ***Fisherstreet***, halten uns nach der Brücke links, fahren an ihnen vorbei zum Hafen und freuen uns über den großen Parkplatz rechts am grobsteinigen Ufer. Die Toiletten (Wasserhahn für Kanister) und der beeindruckende Blick auf die sturmgepeitschte See sind geblieben, doch das Übernachten direkt vor dem Campingplatz ist schon seit einigen Jahren untersagt.

(106) WOMO-Campingplatz-Tipp: Nagle's (***)

GPS: N 53° 00' 59.6" W 9° 24' 07.6".
Öffnungszeiten: 1.4. bis 30.9.
Ausstattung/Lage:
Schöne Lage beim Doolin Pier, sehr gepflegter, in verschiedene Areale unterteilter Platz mit guter Ausstattung, Rasenflächen mit Asphalt-Stellplätzen, Duschen mit Token, neue Sanitäranlagen. www.doolincamping.com.
Zufahrt: Siehe Text.

Am Nachmittag kommt eine Ladung der heutigen ***Aran***-Ausflügler zurück. Das Schiff kämpft sich durch die Brandung und die Passagiere werden mit einem ruden Regenschauer begrüßt. Soviel Wind wünschen wir uns für diesen Ausflug nicht und lösen unerschrocken im Hafen-Büro Tickets für morgen 10 Uhr nach ***Inishmore***, der größten und touristisch am meisten ausgebauten ***Aran Insel***. Wer nun tatsächlich seine Fahrräder mit nach **Irland** genommen hat, sollte noch ein paar EUR mehr ausgeben und sie mit hinübernehmen.
Der Rest des Tages gehört den bunten Häusern in der ***Fisherstreet***, die wir zu Fuß nach 10 Minuten wieder erreichen. Als wir von den ***„Singing Pubs"*** und der Folk-Szene in **Doolin** Anfang der 90er als „Geheimtipp" erstmals hörten, war es auch schon so gut besucht wie heute. Vor allem bei Deutschen und Holländern erfreut sich dieses Ziel großer Beliebtheit. Neben einigen netten Läden mit Schmuck, Musik und Woll-Klamotten hat man die Wahl zwischen verschiedenen Lokalen. Wir bevorzugen nach wie vor das urwüchsige ***„Gus O'Connor's Pub"***, wo bereits am frühen Abend bei Life-Musik prächtige Stimmung herrscht. Schnell organisieren wir uns am Tresen die ersten *Pints* (knapper halber Liter, für Ladies gibt es auch *Half Pints*) ***Guinness***, und schon bald steht auch das Essen auf dem Tisch: ***„Beef Stew in Guinness"***. Diese Variante des recht groben

Eintopfes ***„Irish Stew“*** schmeckt hervorragend, so dass wir ihn auch zu Hause nach unserem leicht abgewandelten Privat-Rezept öfter kochen:

Guinness Stew (für 4 Personen) *by Annegret Rohland*

1 kg Schmorfleisch vom Rind oder Lammkeule, 2 große Zwiebeln, 2 Knoblauchzehen, 6 mittelgr. Möhren, 8 mittelgr. Kartoffeln, 2 EL Mehl (gewürzt mit Salz und Pfeffer), etwas Fett, 500 ml Guinness Bier, 500 ml Instant-Brühe, Petersilie, 1 TL Thymian, Pfeffer

Fleisch, Möhren, Zwiebeln und Kartoffeln in grobe Stücke schneiden, Fleisch im Mehl wälzen, zügig im heißen Fett anbraten und die zerdrückten Knoblauchzehen sowie die Zwiebelstücken dazugeben. Wenn diese glasig sind, die Möhrenstückchen hinein, kurz andünsten, schließlich die Kartoffelstückchen hinzufügen und alles mit Guinness und Brühe auffüllen. Mit Thymian und etwas Pfeffer würzen, dicht schließenden Deckel auf den Topf und 2 Stunden bei geringer Hitze (am besten in der Röhre) köcheln lassen. Mit Petersilie bestreuen.

Lange bleiben wir heute nicht! Abends wird es zunehmend lauter und wir flüchten aus dem nun überfüllten Pub ins Freie. Auf dem Heimweg zum Hafen blinkt der Leuchtturm von der kleinsten ***Aran***-Insel ***Inisheer*** zu uns herüber, sozusagen als Einstimmung für morgen.
Unser Schiff füllt sich zügig mit Tagesauflüglern, aber auch mit Langzeiturlaubern, die an ihrem üppigen Gepäck zu erkennen sind. Bei sonnigem Wetter und verträglichem Seegang kommen wir über die Stationen ***Inisheer*** und ***Inishmaan*** nach 1 ¼ Stunden Fahrt in **Kilronan**, dem Hafenörtchen von ***Inishmore***, an. Hier machen auch die Schiffe aus **Galway** und **Rossaveal** (preiswerter als von **Doolin**) fest, und in der Nähe landen kleine Flieger aus **Galway** und **Inveran**. Die Zeit bis zur Rückfahrt nach **Doolin** um 16 Uhr wollen wir optimal nutzen, mieten uns gleich am Pier Fahrräder, sind damit sofort mobil und nicht auf Pferdekutschen- oder Kleinbus-Rundfahrten angewiesen. Auf schmalen Straßen, die durch Steinmäuerchen begrenzt sind, radeln wir stressfrei über die karge Karst-Insel gen Westen. Die Sonne meint es gut und an der Badebucht mit kleinem weißen Strand vermissen wir schmerzlich unsere Badesachen.

Auf den Inseln sind trotz (oder für den) Tourismus irische Kultur, Lebensweise und Sprache weitgehend erhalten geblieben. In den letzten Jahren wurden zunehmend Unterkünfte und andere Annehmlichkeiten für den Tourismus, der hiesigen Haupteinnahmequelle, geschaffen. Die kleinen Pulloverläden in den Cottages bleiben bei den heutigen Temperaturen (25°C!) allerdings leer, schon der Gedanke an eine Anprobe ist unangenehm. Ein kurzes Stück hinter dem „verhinderten“ Badestopp stellen wir die Räder ab und steigen hinauf zur wichtigsten Sehenswürdigkeit von ***Inishmore***, dem ***Dun Aengus Fort***. Direkt an der 100 m hohen Steilküste sind mehrere halbkreisförmige Steinwälle einer der größten Befestigungsanlagen Europas aus prähistorischer Zeit zu besichtigen. Von

hier oben hat man einen fantastischen Ausblick über die Insel, die wie eine riesige angeknabberte Waffel im ***Atlantik*** liegt. Unten peitscht die Brandung an die schon reichlich unterhöhl-

ten Felsen, der Anblick berauscht uns förmlich. Wir könnten noch stundenlang hier sitzen und träumen, doch die Uhr mahnt zur Rückfahrt. Im Hafengewimmel gönnen wir uns noch einen kleinen Imbiss und finden schließlich sogar unser Schiff nach **Doolin**. Dort angekommen werden wir in traditionellen schwarzen ***Curraghs*** an Land gebracht. Die mit geteerter Leinwand bespannten Boote fahren heute allerdings mit Außenbordmotor. Das Schiff liegt draußen auf „Reede“, denn bei Ebbe ist es am Pier viel zu flach.

Wir bleiben eine weitere Nacht in **Doolin**, so dass wir heute Abend das Thema ***Fisherstreet*** vertiefen können und uns beim ***Guinness*** über den erlebnisreichen Ausflug freuen.

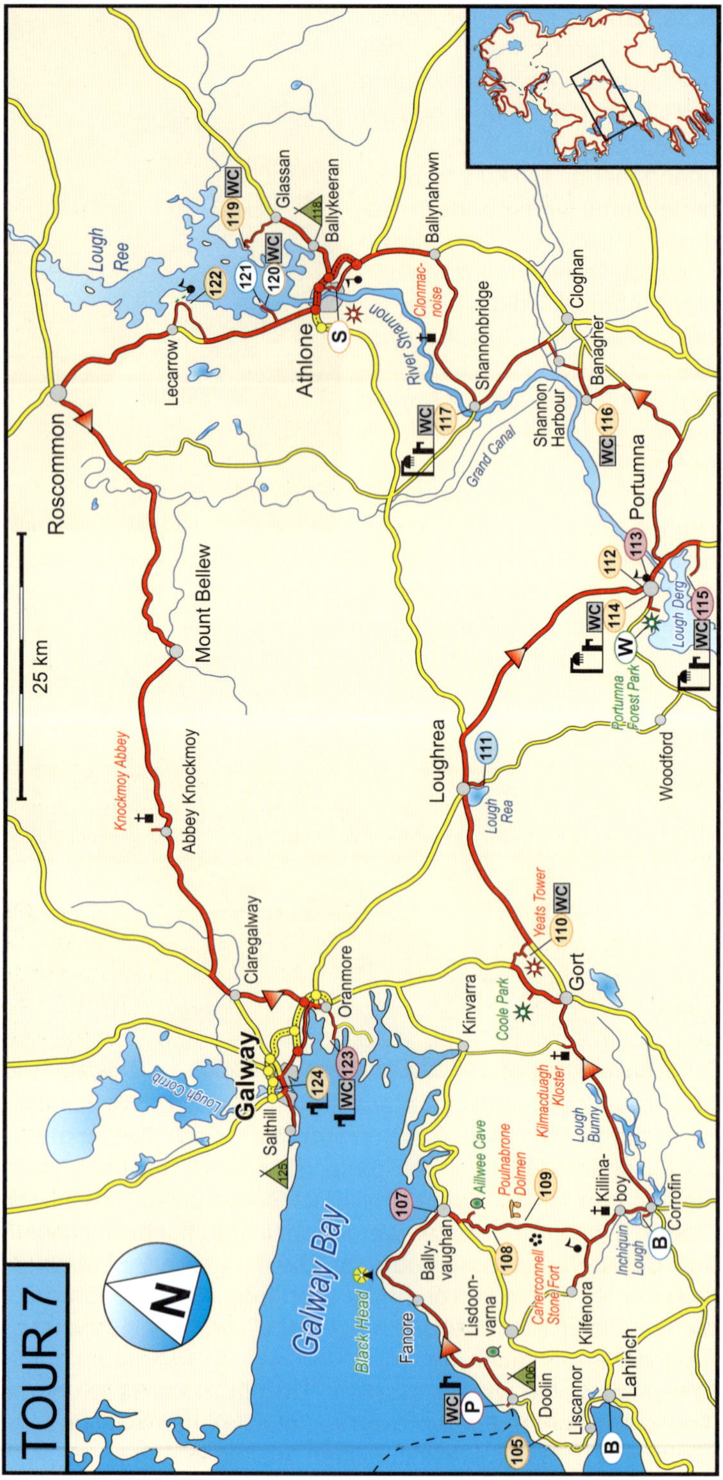
TOUR 7
N
25 km
Galway Bay
Black Head
Galway
Salthill
Lough Corrib
Claregalway
Oranmore
Kinvarra
Coole Park
Gort
Yeats Tower
Kilmacduagh Kloster
Lough Bunny
Killinaboy
Corrofin
Inchiquin Lough
Aillwee Cave
Poulnabrone Dolmen
Caherconnell Stone Fort
Kilfenora
Ballyvaughan
Lisdoonvarna
Fanore
Doolin
Liscannor
Lahinch
Knockmoy Abbey
Abbey Knockmoy
Mount Bellew
Roscommon
Lecarrow
Lough Ree
Glassan
Ballykeeran
Athlone
Ballynahown
Clonmacnoise
River Shannon
Shannonbridge
Grand Canal
Shannon Harbour
Banagher
Cloghan
Portumna
Portumna Forest Park
Lough Derg
Loughrea
Lough Rea
Woodford
105
106
107
108
109
110
111
112
113
114
115
116
117
118
119
120
121
122
123
124
125
WC
S
W
B
P

TOUR 7 (420 km / 7 Tage)

Black Head - Corrofin - Gort - Loughrea - Portumna - Banagher - Shannonbridge - Athlone - Roscommon - Oranmore - Galway

Freie Übernachtung:	Ballyvaughan, Burren (2), Yeats Tower, Lough Rea Longpoint, Portumna (3), Terryglas Marina, Banagher Hafen, Shannonbridge Hafen, Rinardoo Bay, Hodson's Bay (2), Carrownure Bay, Rinville Park, Galway.
Trinkwasserstellen:	Portumna Marina, Shannonbridge, Hodson's Bay Marina, Rinville Park, Galway.
Campingplätze:	Doolin, Lough Ree East bei Athlone, Galway.
Baden:	Inchiquin Lough, Lough Rea Longpoint, Lough Derg, Hodson's Bay.
Besichtigen:	Doolin Cave, Aillwee Cave & Burren Birds of Prey Centre, Poulnabrone Dolmen, Caherconnell Stone Fort, Burren Centre in Kilfenora, Sheela-na-gig in Killinaboy, Klosterruinen Kilmacduagh, Coole Park, Yeats Tower „Thoor Ballylee", Portumna Castle, Klosterruinen Clonmacnoise, Athlone, Knockmoy Abbey, Galway.
Wandern:	Im Portumna Forest Park, Wasserwandern auf Lough Ree und Shannon, beim Rindoon Castle, im Rinville Park.

Am Anfang dieser Tour ins Landesinnere steht ein Erlebnis der besonderen Art: Wir lernen die ganz und gar unwirkliche „Mondlandschaft" des ***Burren*** kennen. Dazu halten wir uns nach der ***Fisherstreet*** links, kommen an der Jugendherberge und an einem weiteren, dem sehr ordentlichen und zudem recht leeren **Riverside Camping** vorbei und staunen über die unerwartete Ausbreitung **Doolins** in diese Richtung. Am Ortsende registrieren wir noch das 2010 neu gebaute Besucherzentrum der **Doolin Caves** (N 53° 02' 30.2" W 9° 20' 41.5", tgl. 10-17 Uhr, Eintritt, www.doolincave.ie), eine familientaugliche Touristenattraktion mit Höhlentouren („...der längste freihängende Stalaktit der nördlichen Halbkugel..."), Shop, Café und Farmland Naturtrail. Obwohl die Straße parallel zur Küstenlinie verläuft, gibt es vorerst nur Weideland zu sehen. Das ändert sich schlagartig 5 km nach Ortsmitte, als wir uns an der Kreuzung links der **R 477/Coast Road** zuwenden. Vom Kontrast zwischen Steinmeer und blauem Atlantik völlig hingerissen, müssen wir nach knapp 3 km am Straßenrand einen kurzen Stopp einlegen. Die

schnell wechselnden Lichtverhältnisse bringen die Fotografen heute schier zur Verzweiflung. Soweit das Auge reicht Steinwüste, die wie eine gigantische, schadhafte Betonplatte zum Meer hin abfällt. Landeinwärts türmt sich wie ein riesiger Trümmerberg das gewaltige Massiv des ***Burren*** auf und im weiteren Verlauf der Küstenstraße finden sich immer mal kleine Stellplätze für leichte WOMOs am Seitenstreifen zur individuellen Nutzung. Wir entdecken links voraus die weiße Bucht von ***Fanore Beach***, freuen uns schon auf den geplanten Picknickaufenthalt in den Dünenwiesen, doch oh Schreck! Höhenbalken verhindern hier nunmehr sogar einen Tagesaufenthalt. Bald danach erreichen wir ***Black Head*** mit weißem Leuchtturm, wo sich die Küstenlinie und zwangsläufig auch die Straße zackig nach rechts wendet. Nur die abgebrühten WOMO-Piloten bleiben hier einfach am Straßenrand stehen. Die anderen fahren, so wie wir, an dieser schönen "Ecke" mangels Parkplatz mit langem Gesicht vorbei. Dicke Busse von vorn zwingen uns gelegentlich zu knappen Manövern, doch wir landen unversehrt in **Ballyvaughan**, wo man gleich am Ortseingang links ein recht passables Notquartier findet.

(107) WOMO-Picknickplatz: Ballyvaughan

GPS: N 53° 07' 14.4" W 9° 09' 27.9" **max. WOMOs:** 1-2.
Ausstattung/Lage: Schotterparkplatz, Picknickbänke, Blick aufs Wasser, straßennah, Bird-Way, „No Camping". **Zufahrt:** Siehe Text.

Schon 850 m danach wenden wir uns auf der **N 67/Lisdoonvarna** dem Landesinneren zu und fahren direkt in den ***Burren*** hinauf. Wir verabschieden uns vom vertrauten Meeresblick für ein paar Tage und lassen uns schon nach 1,6 km von den unübersehbaren Hinweisschildern nach links auf die **R 480/Kilfenora** und gleich erneut nach links zum nächsten Ziel, der ***Aillwee***

Cave (9.30-17.30 Uhr, Jul./Aug. bis 18.30 Uhr, Eintritt, www.aillweecave.ie), der **„schönsten Höhle Irlands“** führen. Gleich hinter dem Tor wird Parkgebühr kassiert, dann fährt man steil hinauf und kann vom oberen Parkplatz schon mal ein traumhaftes Panorama bis hinunter zur Bucht genießen. Das liebevoll arrangierte Gelände überrascht uns ebenso wie das in den steinernen Hang harmonisch integrierte Besucher-Zentrum. Die aufwändige Gestaltung und der personalintensive Betrieb stehen allerdings in keinem rechten Verhältnis zur Höhle selbst, die unseren verwöhnten (Höhlen-)Ansprüchen nicht ganz genügen kann. Nach der halbstündigen, geführten Besichtigung schauen wir noch „eine Etage tiefer“ beim Farmshop mit der Schau-Käserei vorbei und lassen uns nach ausführlicher Verkostung zum Kauf von 2 Stücken ***„Burren-Gold“*** hinreißen. Auch eine Auswahl an Marmelade, einige Sorten Honig und verschiedene andere leckere Souvenirs warten auf Liebhaber. Auf dem Dachfirst sitzen aufgereiht weiße Tauben und erzeugen wunschgemäß ein idyllisches Bild. Direkt gegenüber hat

man 2010 das Besucherangebot um das ***Burren Birds of Prey Centre*** (tgl. 10-17 Uhr, Eintritt) erweitert. Hier kann man (wie wir dankbar registrieren) auf überdachten Wegen wandeln, dabei Greifvögel und Eulen in Volieren besichtigen und 3-mal am Tag (11,14,16 Uhr) einer Flugschau beiwohnen.Wer Höhle und Vögel sehen will, der löst ein Kombiticket, lässt das WOMO auf dem unteren Parkplatz und wird von einem Bähnle hinauf kutschiert.

Wir kehren zurück zur **R 480**, halten uns links Richtung **Ennis** und kurven in Serpentinen hinauf in die ultimative ***Burren***-Landschaft. Die Straßen- und Parkplatzverhältnisse haben sich hier in den letzten Jahren spürbar verbessert, letzteres wird nachfolgend mit Freude dokumentiert:

(108) WOMO-Stellplatz: Burren

GPS: N 53° 04' 36.1" W 9° 09' 34.8"
max. WOMOs: 3-5.
Ausstattung/Lage: Großer Schotterparkplatz rechts der Straße mit Aussicht, Info-Tafel.
Zufahrt: 2,2 km nach Abzweig zur ***Aillwee Cave.***

Die Gegend präsentiert sich nur auf den ersten Blick leblos und karg, denn in diesem riesigen Steingarten hat sich eine ganz spezielle arktische und alpine Vegetation entwickelt. Hier leben auch seit Urzeiten Menschen. Beleg dafür sind nicht zuletzt die unzähligen 4000 bis 5000 Jahre alten ***Megalithengräber***, deren schönstes und meistfotografiertes Exemplar wir 4,2 km nach dem Info-Parkplatz **(108)** unbedingt aus der Nähe betrachten wollen, den ***Poulnabrone Dolmen***. Auch hier hat sich Unglaubliches getan: Nach Jahren des akuten Notstandes ist ein lupenreiner Besucherparkplatz ins Karst-Gelände gebaut worden, den wir sogleich ins Herz geschlossen haben.

(109) WOMO-Stellplatz: Poulnabrone Dolmen

GPS: N 53° 02' 49.6" W 9° 08' 24.9" **max. WOMOs:** >5.
Ausstattung/Lage: Großer, nett gestalteter, unterteilter Asphalt-Parkplatz, interessante Info-Tafeln. **Zufahrt:** Siehe Text, links der Straße.

Die Stimmung des Ortes nimmt uns gefangen. Das Gebilde der senkrecht stehenden Steinplatten mit dem aufgesetzten tonnenschweren „Dach" wirkt wie eine grazile Skulptur, die von leichter Hand geschaffen wurde. Wir fühlen uns fast wie Wallfahrer an heiliger Stätte und genießen am Abend als einzige Gäste ergriffen und stumm das magische Flair dieses Areals. Schon 600 m danach rollen wir rechts auf den Parkplatz des (mittlerweile auf gälisch ausgeschilderten) ***Caherconnell Stone Fort*** (10 - 17/18 Uhr, Eintritt, Café, Shop, www.burrenforts.ie), wo man sich im Besucherzentrum eine 15-Minuten-Audiovision-Show zu den lokalen Monumenten und bei einem erläuterten Rundgang die Überreste des benachbarten kreisrunden ***Stone Forts*** anschauen kann. Hier sehen wir zum ersten Mal auf unserer 2013er Reise einen Hinweis auf eine ***Sheep Dog Demonstration***, der neue Hit der irischen Tourismusbranche, mit dem wir uns aber erst in Tour 8 befassen werden. Die Straße führt uns nun rasch heraus aus dem ***Burren*** und die Strecke wird zur Abwechslung wieder von grünen Weiden gesäumt. Beim ***Leamaneh Castle*** kreuzt die **R 476**, wo man noch nach rechts zum abgelegenen ***„Burren Centre"*** (9.30/10 Uhr - 17/17.30 Uhr, Eintritt, www.theburrencentre.ie) in **Kilfenora** fahren oder gleich mit uns die Tour links in Richtung **Corrofin/Ennis** fortsetzen kann. Halten Sie doch einmal in **Killinaboy** links vor der Kirchenruine für einen Friedhofsbesuch! Hier gibt es neben einem Rundturmstumpf sehr dekorativ mit Efeu berankte Mauern und

eine ***Sheela-na-gig*** am Südportal der ehemaligen Kirche zu bestaunen. Man braucht allerdings ein gutes Auge und viel Fantasie, um in der klitzekleinen und schon recht verwitterten Steinfigur eine nackte Frau zu erkennen. Deren Bedeutung ist ungewiss, doch vermutlich sollten solche Symbole vor Unheil bewahren. 500 m hinter dem Ortseingang von **Corrofin** bietet sich eine gute Chance für eine gepflegte Pause, wenn man an der Madonna-Grotte vorbei beharrlich den Hinweisen (2-mal) nach rechts zum malerisch gelegenen ***Inchiquin Lough*** nachgeht und nach kurzem bergauf und bergab ein ideales Picknick-Gelände mit

Bootseinsetz- und Badestelle am See vorfindet. In **Corrofin** selbst muss man aufpassen, dass man den Abzweig scharf nach links auf die **R 460** Richtung **Gort** nicht verpasst. Auf zum Teil welliger Straße geht es durch das Anglerparadies am ***Lough Bunny***, der Bordkompass zeigt straff auf Nord-Ost und bald entdecken wir voraus den Rundturm der Klosteranlage ***Kilmacduagh***. Dahin braucht es fast keine Beschilderung, wir fahren auf Sicht, biegen also ab nach **Kinvarra** und sind auch schon gleich da. Diese Ruinen sind weit weniger bekannt und überlaufen als anderswo. Der Parkplatz ist mit Höhenbalken (Wie oft rammen wohl Fahrräder auf Pkw-Dächern dagegen?) und Übernachtungsverbot gut vor WOMOs gesichert, also parken wir gegenüber vor den Häusern. Wir stromern über das weitläufige Gelände mit dem imposanten, wenn auch etwas schiefen

Rundturm, erfreuen uns an der malerischen Szenerie und wundern uns mal wieder über dieses eigenartige grüne Glas-Granulat auf einigen Gräbern. Nebenan grasen Kühe respektlos zwischen historischen Ruinen. Wenn der Fotograf ruft, stellen sich die braunen Models auch schon mal in Positur. Sind sie nicht prächtig?

Die Straße nach **Gort** haben wir in 400 m wieder, halten uns an die **R 460** immer geradeaus, biegen zum **Town Centre** nach links ab und verlasssen die Stadt auf der **N 18/Galway**. Bei einem Kreisel sehen wir erste Hinweise zum ***Coole Park*** und biegen 1,6 km danach links (Die Pforte schließt 19.30 Uhr) zu diesem reizvollen Refugium der Schriftstellerin ***Lady Gregory*** ab. Wenn

das Wetter passt, sollte man hier eine ausführliche Picknickrast mit Kultur einlegen. Man rollt auf einer prächtigen Baumallee (Vorsicht! Humpen!) zum Parkplatz (N 53° 05' 32.8" W 8° 50' 11.6") und erfährt im Besucherzentrum in einer liebevoll, mit Videos sehr lebendig gestalteten Ausstellung (tgl. 10-17/18 Uhr, kostenlos) viel über das Wirken dieser beeindruckenden Frau. Sie lebte von 1852 bis 1932 und liebte vor allem Bücher und Bäume. Sie hat die schönen Künste gefördert, einen Literaturzirkel betrieben und berühmte Zeitgenossen zum Tee eingeladen. Im wunderschön angelegten ***Walled Garden***, der heute der Allgemeinheit zur Verfügung steht, kann man den ***„Autograph Tree"***, ein Gästebuch der besonderen Art, bewundern. Ein gern und wohl auch häufig gesehener Besucher, ***William Butler Yeats***, hat sich natürlich auch am Baum verewigt: Seine Signatur ist laut Erläuterungstafel die Nr. 15. Sein damaliger Sommersitz ist unser nächstes Ziel, nur knapp 8 km von hier entfernt. Wir kehren zurück zur **N 18**, fahren nach links weiter und folgen nach 4 km den Hinweisen zum **Thoor Ballylee, Yeats Tower**. Wir landen schließlich auf dem einsamen Parkplatz der Pilgerstätte für Literatur-Kenner und beschließen den Abend mit einem romantischen Spaziergang rund um unseren heutigen Übernachtungsplatz.

(110) WOMO-Stellplatz: Yeats Tower

GPS: N 53° 06' 13.4" W 8° 46' 26.2"
max. WOMOs: 2-3.
Ausstattung/Lage: Mit Mäuerchen gesäumter Asphalt-Parkplatz, Picknickareal anbei, Toiletten zuletzt geschlossen, liebreizendes Gelände ringsum. **Zufahrt:** Siehe Text.

Eine Besichtigung des Wohnturms des weltberühmten Dichters ***William Butler Yeats*** (1865-1939) ist seit einigen Jahren allerdings nicht möglich, da die Restaurierungsarbeiten nach einer verheerenden Überschwemmung im Jahre 2009 noch immer nicht abgeschlossen sind. Der normannische Turm diente ihm und seiner jungen Frau ***George*** als Sommersitz. Durch die örtliche Nähe zu ***Lady Gregory***, mit der er gemeinsam das ***Abbey Theater*** in **Dublin** gründete, geistig inspiriert, hat er das Leben in dieser Idylle genossen. Der bekennende Ire und Protestant ***Yeats*** wurde im Irischen Freistaat zum Senator gewählt und erhielt 1923 den Literaturnobelpreis. Bei unserem

letzten Besuch sehen wir zur Einführung einen kurzen Film und steigen dann auf engen Wendeltreppen von Etage zu Etage und auf Knopfdruck gibt's aus den Lautsprechern Erläuterungen in deutscher Sprache. Als Krönung hat man vom Dach eine besonders schöne Aussicht auf die grüne Umgebung.
Bei sonnigwarmen Wetter setzen wir die Reise fort, fahren 200 m die Straße zurück, biegen rechts ab, treffen nach 1 km Rumpelstraße auf die **N 66** und nehmen nach links Kurs auf **Loughrea**. Die gut ausgebaute Straße führt uns flink durch hügeliges Weideland zur gepflegten Stadt am ***Lough Rea***, wo diesbezüglich Interessierte eine wunderschöne Badestelle mit Rettungsschwimmer, Picknickgelände und Parkplatz mit Höhenbalken, aber auch einen kleinen WOMO-Parkplatz vorfinden.

(111) WOMO-Badeplatz: Lough Rea Longpoint

GPS: N 53° 11' 14.5" W 8° 33' 43.1"
max. WOMOs: 1-2.
Ausstattung/Lage: Parkplatz mit Seeblick, glasklares Wasser, Müllbehälter, Picknickbänke, in der Nähe Badestelle mit Voll-Service, straßennah.
Zufahrt: Kurz nach dem Ortseingang von Loughrea rechts (**R 351/ Woodford**) in Seenähe halten **(Achtung Ramps!)**, weiter diesen Hinweisen nach rechts folgen, dann ist auch schon **Longpoint** (1,5 km) angegeben. 100 m vor dem Balkenparkplatz der Badestelle Parkbucht rechts.

Besonders witzig: Auch der asphaltierte Uferfußweg ist mit einer Höhenbegrenzung versehen. Große Menschen haben es eben schwer!
Nun zurück, also geradeaus ins Städtchen hinein, hier nach rechts und der **N 65** bis nach **Portumna** folgen! Wir durchstreifen grüne Landschaft und erreichen die Stadt, wo der ***Shannon*** in den großen ***Lough Derg*** fließt. Möchte man zum ***Portumna Forest Park***, nehme man hier an der zentralen Kreuzung die **R 352/Gort** nach rechts und findet 1,5 km später die Zufahrt nach links. Der Lageplan zeigt viele Möglichkeiten für unterschiedlich lange Wanderungen, und so erkunden wir nach dem Mittagessen die wirklich schöne Gegend zu Fuß. Der luxuriöse Picknickplatz lässt kaum Wünsche offen, so dass man geneigt ist, das bestehende Camping-Verbot auf keinen Fall für WOMOs gelten zu lassen. Doch an anderen Übernachtungsgelegenheiten besteht in der Umgebung kein Mangel. Biegt man an der besagten zentralen Kreuzung links und sofort wieder rechts ab, findet man eine auf dem Parkplatz gegenüber der

Garda*-Station am *Play Ground* [112: N 53° 05' 22.9" W 8° 13' 15.4"]**, und wenn man die Parkpforte (Sehr zu empfehlen: ***Portumna Castel & Gardens, 9.30-18.30 Uhr, Eintritt) passiert hat, noch die zwei nachfolgenden:

(113) WOMO-Picknickplatz: Portumna Abbey

GPS: N 53° 05' 07.9" W 8° 13' 01.2"
max. WOMOs: 1-2.
Ausstattung/Lage: Parkplatz im Grünen mit Bäumen.
Zufahrt: 500 m hinter der Pforte, Parkplatz links, gegenüber der malerischen Abbey-Ruine.

(114) WOMO-Stellplatz: Portumna Marina

GPS: N 53° 05' 02.4" W 8° 13' 13.4" **max. WOMOs:** >5.
Ausstattung/Lage: Geräumiger Parkplatz nahe beim ***Lough Derg***, WC, Wasserhahn, Duschen frei (geöffnet bis 21 Uhr), beliebter WOMO-Treffpunkt der Iren. Nicht direkt beim Anleger parken, sondern gegenüber. **Zufahrt:** 300 m hinter (112).

Wir biegen im Ort bei der Kirche rechts ab und sehen vor der ***Shannon*-Brücke** links das riesige Gelände der Kreuzer-Vermietung ***„Emerald Star"***. Wer sich jetzt tatsächlich spontan für ein (sehr teures) Intermezzo auf einem Kabinenkreuzer interessiert, wird in der Saison möglicherweise Probleme bei der Buchung haben. Bevor wir hinter der Brücke unserer Tourstrecke nach links, also der **R 489** nach **Birr** folgen, wollen wir zunächst einem Hinweis irischer WOMO-Freunde nachgehen und fahren einen „Stich" nach **Terryglas** am anderen ***Lough***

Derg- Ufer. Wir suchen das versprochende WOMO-Plätzchen bei der Marina und finden ein Komfort-Quartier vom Feinsten.

(115) WOMO-Picknickplatz: Terryglas Marina

GPS: N 53° 03' 33.6" W 8° 12' 24.8"
max. WOMOs: 3-5.
Ausstattung/Lage: Geräumiger Asphalt-Parkplatz beim Bootsanleger, Picknickbänke, nett gestaltete Grünanlagen mit Grillmöglichkeiten, Spielplatz, Abfallbehälter, WC-Haus, neues Sanitärgebäude der Marina mit Duschen, Toiletten und Waschmaschine kann genutzt werden, Zugang mit Chipkarte, die man 2013 im Dorf-Laden für 6,35 EUR (mit 10 Einheiten, Duschen kostet z.B. 2 Einheiten) kaufen kann. Die Chipkarten gelten bei allen Marinas am Lough Derg.
Zufahrt: Auf der N 65 weiter, 550 m nach dem Ortseingang von Carrigahorig auf der R 493 nach rechts, nach 4,2 km in Terryglas den Hinweisen zum Terryglas Quay nach rechts folgen, im Dorf (im Laden gibt's die Chipkarten) gleich wieder rechts, dann noch 500 m.

Nun also auf der **R 489/Birr**, man rollt durch Weideland, unten links fließt gemächlich der ***Shannon***, die Hecken am Straßenrand sind nach irischer Art formschlüssig bis zur Fahrbahn hinunter geschnitten und zuweilen ist die Straße sogar gut in Schuss. Nach ziemlich genau 14 km biegen wir zur **R 438** (**Banagher/Athlone**) ab, fahren weiter an hohen Hecken entlang, überqueren eine holprige Steinbrücke und halten uns bei der folgenden Groß-Kreuzung links, an die **R 439** Richtung **Banagher**. Die prächtige Straße soll wohl vor allem Trost spenden für den unerfreulichen Anblick der durch den industriellen Torfabbau geschundenen Natur. Wir testen die neue LKW-Umgehungsstraße des bunten ***Shannon***-Örtchens **Banagher**, halten uns dazu in Richtung **Zentrum** geradeaus, dann **rechts/L 3012/Banaghar**, nach 300 m links, nach weiteren 300 m rechts und erreichen nach 200 m, kurz vor der Fluss-Brücke, die Einfahrt der Riesen-Marina rechts, wo der Bootsvermieter ***„Silver-***

line" einen Stützpunkt betreibt. Wir meinen, dass hier durchaus auch WOMOs unterkommen könnten.

(116) WOMO-Stellplatz: Banagher Hafen

GPS: N 53° 11' 34.4" W 7° 59' 23.2" **max. WOMOs:** 1-2.
Ausstattung/Lage: Kleiner Asphalt-Parkplatz nach der Einfahrt links beim Spielplatz, WC. **Zufahrt:** Siehe Text.

Nun geht es 300 m in den Ort hinein, wo wir den Abzweig zur **R 356/Shannon Harbour** nehmen. Am Ortsausgang sehen wir einige prächtige Eigenheime, offenbar die „Bauausstellung des lokalen Geldadels" und rollen mittelschwer beeindruckt nach links auf nunmehr etwas bescheidenerer Piste nach **Shannon Harbour** weiter, Auf einer steilen Steinbrücke überqueren wir dort den ***Grand Canal***, staunen über ein Großaufgebot von ***Shannon***-Kreuzern aller Sorten und biegen 2,3 km hinter der Brücke links ab Richtung **Shannonbridge**. Auf diesen 10 km rollen wir erst durch eine vom großflächigen Torfabbau zerstörte, und nunmehr teilweise renaturierten Landschaft und dann an der zentralen Verwertung, einem Torfkraftwerk, vorbei, das trotz moderner Technik 1 Mio Tonnen Torf im Jahr „frisst". Besser gefällt uns unser Irland erst wieder in **Shannonbridge**, wo wir erst einmal am Abzweig nach **Clonmacnoise** vorbei und durch den Ort bis zur sehenswerten Stein-Brücke mit den 16 Bögen fahren, die dem Ort den Namen gibt. Man sollte sinnvollerweise hinter dem Brückenhaus (Touri-Info) vor der Brücke links hinunter zum Bootsanleger fahren, wo man elegant parken kann und sogar Schlummerplätze für WOMOs findet.

(117) WOMO-Stellplatz: Shannonbridge Hafen

GPS: N 53° 16' 42.8" W 8° 03' 00.3" **max. WOMOs:** 1-2.
Ausstattung/Lage: Parkplatz am Bootsanleger, WC (bis 21 Uhr), Wasserhahn, Müllbehälter, Pubs (positiv getestet: ***Killeen's Bar*** mit angeschlossenem „Vollsortiment-Dorf-Konsum") und Läden in der Nähe. „No Camping, No Caravan!", Duschen mit Token (erhältlich in Läden im Ort)
Zufahrt: Siehe Text.

Die kurvenreiche und dennoch komfortable Tour-Straße **R 444** durch Schafweiden mit dem wunderschönen Ausblick auf die sanfte ***Shannon***-Ebene bringt uns umgehend zu den berühmten Ruinen von ***Clonmacnoise*** (Saison 9-18.30 Uhr, Eintritt, N 53° 19' 31.9" W 7° 59' 13.7"). Diese Klosteranlage galt im

frühen Mittelalter nicht nur als religiöses, sondern darüber hinaus als geistig-künstlerisches Zentrum. Ein Besuch ist nicht zuletzt durch die landschaftlich schöne Lage am ***Shannon***-Ufer empfehlenswert. Im besonders sorgfältig in die Umgebung eingefügten Besucherzentrum mit Audiovision-Vorführung (deutsch) und interessanter Ausstellung (Original-Hochkreuze, auf dem Gelände stehen Kopien) bietet ein Faltblatt in deutscher Sprache nähere Informationen für den Rundgang. ***Clonmacnoise*** als eines der Haupt-Touristenziele Irlands tut sich leider immer noch recht schwer mit den WOMO-Urlaubern, denn das Übernachten auf dem Parkplatz ist nicht erwünscht und selbst ein Tagesparkplatz findet sich nur im Bus-Areal.
Auf der Weiterfahrt nach **Athlone** führt uns eine eher schmale Straße durch Weide- und Torfland, wir nehmen nicht die **R 444**, sondern die Abkürzung (6 t) geradeaus und stoßen in **Ballynahown** auf die **N 62**, der wir nach links folgen. Ein Besuch dieser lebendigen Stadt am ***Shannon*** ist dringend zu empfehlen. Gelegentlich kriegt man aber die Krise bei der Suche nach einem zentralen (auch für WOMOs geeigneten) Parkplatz. Wir haben nun eine recht angenehme Lösung gefunden: Wir verlassen die **N 62** auf der **R 446/Athlone**, bleiben 3 Kreisel lang geradeaus, queren die Eisenbahnbrücke und folgen dann nach

links dem Hinweis zu **Golden Island**, einem riesigen Einkaufszentrum. Dann biegt man beim zweiten Kreisel links ab und „ankert“ zweckmäßigerweise im südwestlichsten Abschnitt des Riesenparkplatzes (N 53° 25’ 10.6” W 7°56’ 09.1“), denn von

dort führt ein schöner Spaziergang durch den Park ans Fluss-Ufer, an diesem rechts entlang zur Brücke und auf dieser hinüber in die Altstadt. Diese bunte wie historische Ecke der Stadt mit ihren vielen interessanten Läden und Lokalen aller Preisklassen gefällt uns sowieso am besten. Als Fußgänger genießen wir unterwegs stets regelmäßig wie ausgiebig das Panorama mit den wesentlichen Highlights **Athlones**: Der Fluss samt Wehr und Schleuse mit den unzähligen Booten, das trutzige ***Athlone Castle*** aus dem 13. Jahrhundert (Touri-Info Mo-Sa) und die imposante ***Peter und Paul Kirche***. Für diejenigen, die sich mit dem WOMO in die Altstadt trauen, haben wir noch einen neuen wie preiswerten Bezahlparkplatz (ohne Übernachtungsverbot) gefunden: **O’Connell Street Car Park** [N 53° 25’ 18.2” W 7° 56’ 43.1”].
Nachhaltig beeindruckt hat uns die eigentlich naheliegende Namensgebung für ein bevorstehendes städtischen Sportereignis: der **„TriAthlone“**. Muss man trotzdem aber erst mal drauf kommen. Hammer!

Man kann sich mit einem Wikinger-Schiff auf dem ***Shannon*** nach ***Clonmacnoise*** fahren lassen. Apropos! Haben Sie nun eigentlich Ihr eigenes Boot mitgenommen? Von **Athlone** aus mit dem Kanu den ***Lough Ree*** erkunden oder mit Zelt auf 2-Tagestour den ***Shannon*** nach ***Clonmacnoise*** hinunter und zurück? Haben wir alles schon gemacht! Als Quartier für einen längeren Aufenthalt, auch ganz besonders für Wassersportler, eignet sich der schön gelegene und freundlich geführte Campingplatz im Nordosten der Stadt. Eine Alternative für Freisteher gibt es dann noch ein Stück weiter nördlich.

(118) WOMO-Campingplatz-Tipp: Lough Ree East

GPS: N 53° 26' 55.0" W 7° 53' 28.9" **Öffnungszeiten:** Apr. bis Sept.
Ausstattung/Lage: Geräumiges Wiesengelände am See (Verbindung zum Lough Ree), gepflegter Platz, *Pubs* in der Nähe.
Zufahrt: Auf der **N55/Ballymahon**, in **Ballykeeran** 250 m nach dem Ortseingang vor dem ersten gelben Pub Hinweisen nach links folgen.

(119) WOMO-Stellplatz: Rinardoo Bay

GPS: N 53° 29' 29.3" W 7° 55' 00.8" **max. WOMOs:** 1-2.
Ausstattung/Lage: Schotter-Parkplatz, WC (bis 21 Uhr), Müllbehälter, Buchtblick, „Millenium Forest" anbei, sehr ruhig.
Zufahrt: Weiter auf der **N55/Ballymahon**, in **Glassan**, 3,5 km hinter dem Abzweig zu **(118)**, hinter der Emo-Tanke links rein. Anfahrt gesamt 5,1 km auf zumeist schmaler Straße, immer den Hinweisen **Portlick/ Portlick Bay** folgen und nach 4 km links rein zur **Rinardoo Bay**.

Unsere Tour führt auf der **N 61/Roscommon** westlich am ***Lough Ree*** vorbei, wo wir hocherfreut von weiteren WOMO-Plätzen berichten können. Das Zauberwort heißt ***Hodson's Bay*** und zum neuen WOMO-Mekka geht es etwa 4 km nördlich von **Athlone** rechts rein. Zuletzt haben uns dort Übernachtungsverbotsschilder überrascht. Das muss aber nicht so bleiben.

(120) WOMO-Stellplatz: Hodson's Bay Marina

GPS: N 53° 28' 01.6" W 7° 59' 17.8" **max. WOMOs:** >5.
Ausstattung/Lage: Asphalt-Parkplatz an der Marina direkt gegenüber dem Hotel, WOMO-Treffpunkt der Iren, Wasserhahn, Müllbehälter, WC, Camping und Caravans verboten.
Zufahrt: Siehe Text. 1,3 km nach dem Abzweig von der **N 61** rechts.

(121) WOMO-Badeplatz: Hodson's Bay

GPS: N 53° 28' 15.2" W 7° 59' 13.1" **max. WOMOs:** >5.
Ausstattung/Lage: Asphalt-Parkplatz an der Badestelle, Liegewiese, WC in der Nähe, Camping und Caravans verboten. Der Campingplatz am Ende der Sackgasse hatte 2013 noch immer geschlossen, Perspektive ungewiss. **Zufahrt:** Bei **(120)** vorbei nach 500 m rechts.

Wieder zurück auf der **N 61/Roscommon** verlassen wir diese nach 4,6 km schon wieder, biegen nach **rechts/L 2008/Carnagh** ab, holpern auf schmaler Straße dem Lough Ree entgegen, queren Eisenbahngleise und erreichen nach 7 km die Zugangs-Pforte (N 53° 32' 36.7" W 8° 00' 19.0") zum ***Rindoon Castle***, einer romantischen Ruine auf einer Kuhweide. Auch für das WOMO haben wir zuletzt ganz in der Nähe ein Fleckchen zum Parken oder für länger gefunden.

(122) WOMO-Stellplatz: Carrownure Bay (Judys Harbour)

GPS: N 53° 32' 28.1" W 8° 00' 23.6" **max. WOMOs:** 1-2.
Ausstattung/Lage: Schotterparkplatz im Grünen mit See- und Castle-Blick, Bootseinsetzstelle, 50 m von der Straße, sehr ruhig.
Zufahrt: 250 m vor dem Linksknick der Straße und dem Zugang zum ***Rindoon Castle*** rechts, Einfahrt ist leicht zugewachsen.

So starten wir also zu Fuß unsere Erkundung auf der geschichtsträchtigen Landzunge mit der schon ziemlich zugewachsenen Ruine und möchten darauf hinweisen, dass man hier bei Regenwetter besser nicht wandern gehen sollte, es sei denn man liebt es, über matschige Weiden zu schlittern und sich zum Gespött der Schafe und Kühe zu machen. Wenn aber das Wetter passt, dann hat man auf zwei ausgewiesenen Wander-Runden (Rindoon Castle Loop 3 km/1-1,5 h und Warren Point Loop 4,5 km/1,5-2 h) die Möglichkeit, dieses spannende Gelände ausführlich zu inspizieren. Dabei gelten 2 Regeln: Keine Hunde und „Beware of the Bull".
Wir folgen der Straße nach dem Linksknick weiter, biegen nach 3,6 km wieder nach rechts auf die **N 61** und brausen dann auf gut ausgebauter Straße durch unspektakuläre Landschaft nach **Roscommon**, wo wir uns beim ersten Kreisverkehr der **N 63/ Galway** zuwenden. Also zurück zur Küste! In **Mount Bellew** steht auf dem Marktplatz eine lebensechte Bronzestatue vom verdienstvollen (und wohl auch rentablen) Sport-Pferd ***Bobbyjo***, das die Namen seiner beiden Besitzer ***Bobby*** und ***Jo Burke*** trägt.

Dieses Prachtexemplar hat 1998 und 1999 zwei wichtige Rennen gewonnen und schon kriegt es ein Denkmal!
Nach 18 km auf der **N 63** sehen wir rechts auf der Weide die Ruinen des Zisterzienserklosters ***Knockmoy Abbey*** stehen. Kurz nach dem Ortseingang von **Abbeyknockmoy** biegen wir hinter der TEXACO- Tanke rechts ab und parken nach 500 m vor dem prächtigen Friedhof. Insgesamt 8 Treppchen über Mauern

und ca. 200 m später inspizieren wir das gepflegte kleine Klosterareal und sind dabei ganz unter uns. Schautafeln erläutern die Geschichte des 1189 gegründeten Mönchsordens, doch die versprochenen Wandmalereien an der Kirchennordwand kön-

nen wir hinter vergitterten Eingängen nur erahnen. Die Szenerie ist von einer geheimnisvollen Stimmung geprägt, die uns verzaubert. Wir verlassen den einsamen und zugleich malerischen Ort und die dort heimischen Krähen und setzen die Reise auf der **N 63/N 17** Richtung **Galway** fort. Bereits in **Claregalway** schwenken wir jedoch links zur **N 18/Limerick/Flughafen** und fahren 7,5 km später beim nächsten Kreisverkehr geradeaus **R 338/ Oranmore**. Beim Rundgang durch dieses nette bunte Örtchen löst sich schließlich das Rätsel des Tages. Unterwegs

haben uns viele Autos überholt, aus denen bunte Fahnen geschwenkt wurden. „Heute spielen **Roscommon** und **Galway** gegeneinander Fußball“, so vermuteten wir. Gar nicht so weit daneben, wie sich bei der Kurzvisite im Pub herausstellt. Die Kontrahenten waren schon mal richtig getippt, doch das auf 2 Fernsehgeräten übertragene und von den hier Anwesenden frenetisch begleitete Spiel ist auf keinen Fall Fußball! Wir sehen zum ersten mal ***Gaelic Football***, die irische Erfindung einer Mischung aus Rugby, American Football und Fußball.
Vor dem sehr modernen Gotteshaus halten wir uns rechts, denn im Schilderwald entdecken wir unter vielen anderen einen Hinweis auf unser heutiges Ziel, den ***Rinville Park***. Nachdem uns die kleine Straße auf 3 km an weißen Häusern vorbei und durch Weideland geführt hat, folgen wir den Schildern zum **Golf-** und **Sailingclub** nach rechts, haben nach 500 m unseren Übernachtungsplatz mit schönem Blick auf die Bucht erreicht, freuen uns über den versöhnlich farbenfrohen Abendhimmel und auch schon auf **Galway**, das Finale dieser Tour.

(123) WOMO-Picknickplatz: Rinville Park

GPS: N 53° 14' 44.8" W 8° 57' 43.8" **max. WOMOs:** 3-5.
Ausstattung/Lage: Asphalt-Parkplatz an der Bucht, oberhalb im grünen Erholungspark gibts Picknickbänke, Wasserschlauch am Bootshafen in ca. 200 m, Spielplatz und Toiletten in 400 m, an Wochendenden/ Feiertagen sehr gut besucht. Zuletzt „weiches“ Übernachtungsverbot.
Zufahrt: Siehe Text.

Selbst bei Iren wird mit dem Namen **Galway** Verkehrschaos und unübersichtliche Verkehrsführung verbunden. Noch sind wir unerschrocken und nehmen von **Oranmore** beim Kreisverkehr die Küstenstraße **R 339/338** nach **Galway** an der ***Oranmore Bay*** entlang und rücken mutig vor zum ***City Centre***. In den östlichen Vororten von **Galway** hat sich in den letzten Jahren unglaublich viel getan: Draußen neue Villenviertel, dann riesige

Hotels, überall Einkaufszentren und dazu ein für irische Verhältnisse irrwitzig anmutender Autoverkehr. Wir hangeln uns von einem Kreisverkehr zum anderen in die **City**, fahren direkt zum offiziellen WOMO-Lager am Hafen und lobpreisen auch gleich die komfortablere Alternative am anderen Ende der Stadt.

(124) WOMO-Stellplatz: Galway Hafen

GPS: N 53° 16' 08.6" W 9° 03' 01.6", Quaysite Parking, New Dock Street.

max. WOMOs: >5.
Ausstattung/Lage: Gebührenpflichtiger Parkplatz am Hafen, 24-h-Limit, Wasserhahn, Strom, Mülleimer, 5 Gehminuten in die City.
Zufahrt: Erst auf der R 338, dann der R 339 nach Galway City, dann Coast Road/R 336 nach links, Dock Road, um das Hafenbecken herum.

(125) WOMO-Campingplatz-Tipp: Salthill Caravan Park

GPS: N 53° 15' 30.7" W 9° 06' 16.5" (Einfahrt). **offen:** ganzjährig.
Ausstattung/Lage: Sehr gepflegte Anlage direkt an der Galway Bay, Asphalt-Buchten mit Wiesenrand, Spielplatz, ordentliche Sanitäranlagen, Duschen mit Token, Ver- und Entsorgung. Busverbindung jede 30 min in die City, www.salthillcaravanpark.com
Zufahrt: Von der City auf der R 336/Salthill, an der Promenade entlang, am Aquarium vorbei, schließlich 100 m nach einer Statoil-Tanke links.

Vom Hafen aus stürzen wir uns ins Getümmel und gesellen uns zu den Menschenmassen in der Innenstadt. An diesem sonnig warmen Nachmittag sind alle auf den Beinen, diese Party-Stadt hat sich zum beliebten Ziel für Klassenfahrten, Junggesellenabschiede und fröhlich-laute Hooligans entwickelt und wir stellen bei aller Liebe zu einem quirligen Stadtleben fest: **Too much** für uns! Wir staunen über den ***River Corrib***, der überraschend heftig durch die Stadt ins Meer rauscht und sind beeindruckt von der ***St. Nikolas Cathedral***. Das besondere Flair der alten Gassen und die lebendigen Innenhöfe haben allerdings ihren ganz eigenen Reiz, wir schauen auf eine Erfrischung beim urigen wie gelegentlich turbulenten Pub ***„The Kings Head“***

Hier findet man schnell neue Freunde

vorbei und finden einen vergleichsweise preiswerten SB-Lunch im ersten Stock von ***Lynch's Café***. Die Legende vom hiesigen Bürgermeister ***Lynch***, der 1493 seinen Sohn um der Gerechtigkeit willen eigenhändig hingerichtet hat, ersparen wir Ihnen, denn die steht eh ausführlich in jedem (anderen) Reiseführer. Nach einer Schleife durch die Stadt landen wir beim Mündungsgebiet des ***River Corrib*** bei den ***Spanish Arches***, einem Stadttor aus dem 16. Jahrhundert mit dem ***Galway Museum*** und kommen über die Straße namens **The Long Walk** dennoch auf kurzem Wege zu unserem Hafenquartier zurück.

Inishbofin
Clare Island
133
134
Omey I.
Cleggan
Claddaghduff
135
132
131
Tully Cross
Killary Harbour
141
142
Clew
Bay
Louisburgh
B
WC 145
Mallaranny
WC 130
137
Kyle-more Abbey
Clifden
Letterfrack
Ballyconneely
B
129
136
Connemara NP
Twelve Bens
Sheep-Farm
Leckanvy
W
Newport
Croagh Patrick 753 m
Murrisk
143
144
Westport
B
Roundstone
140
Leenane
Aasleagh Falls
S
128
138
139
Cashel
Glinsk
Carna
Kilkieran
B
Pearse's Cottage
127
Maam Cross
Maum
Cornamona
Clonbur
Partry Mountains
Lough Mask
Cong
Cong Abbey
126
Lough Corrib
Cross
Headford
Galway Bay
Salthill
125
124
Galway
WC 123
Oranmore
N
TOUR 8
25 km

TOUR 8 (340 km / 6 Tage)

Cong - Clifden - Letterfrack - Louisburgh - Westport - Newport - Mallaranny

Freie Übernachtung:	Ardnageeha Park, Screeb Bridge, Cloonile Quay, Clifden, Claddaghduff (2), Cleggan Bay, Besucherzentrum Connemara Nationalpark, Leenane, Aasleagh Falls, Killary Harbour, Louisburgh (2), Westport Quay, Mallaranny Strand.
Trinkwasserstellen:	Westport Quay, Mallaranny.
Campingplätze:	Clifden, Acton's Beachside, Westport House.
Baden:	Ardnageeha Park, Clifden, Kilkieran, Dogs Bay, bei Ballyconneely, Claddaghduff, Scuba Dive, Old Head, Mallaranny Strand.
Besichtigen:	Cong Abbey, Pearse's Cottage, Clifden, Besucherzentrum vom Connemara Nationalpark, Kylemore Abbey, Westport, Newport.
Wandern:	Ardnageeha Park, Omey Island, Connemara Nationalpark.

Wir verlassen **Galway City**, indem wir beharrlich unsere Ausfallstraße im Blick behalten, also hartnäckig der **N 84** nach **Castlebar** folgen. Die gängige Route nach ***Connemara*** haben wir einmal kräftig „gegen den Strich gebürstet" und fahren auf reizvollem aber ungewöhnlichem Kurs ganz woanders lang. Zu Beginn führt unsere Tour schnurgerade wie eine Startbahn nach Norden, wo sich die Straße am Horizont verliert. Nach 24 km fahren wir geradeaus durch **Headford**, wechseln so auf die **R 334** und merken, wie sich das Gesicht der Landschaft verändert. Schafe weiden auf kargem Gelände mit den typischen Steinmäuerchen, wir biegen in **Cross** links ab zur **R 346** nach **Cong** und kommen 4,5 km später dort an. Das mühsame Gekurve durch die engen Straßen endet vor dem Parkplatz (Höhenbalken, also im Ort parken, notfalls direkt vor der Abbey auf der Straße) bei der Hauptattraktion des hübschen kleinen Ortes, der ***Cong Abbey***. Vom Augustinerkloster aus dem 12. Jahrhundert ist nicht mehr sehr viel übrig geblieben, aber es besticht durch

seine schön angelegten Gartenanlagen und dem angrenzenden glasklaren Fluss, der das ***Lough Mask*** im Norden mit dem ***Lough Corrib*** im Süden verbindet. Das fischreiche Gewässer hat offenbar schon damals die Mönche zum Angeln bewogen, um während der Fastenzeit etwas Erlaubtes zwischen die Zähne zu kriegen. Nun hat es wohl seinerzeit auch schon viel geregnet und so hat man eine kleine steinerne Hütte auf eine Steinplattform über den Wasserlauf gebaut und durch eine schmale Öffnung im Boden den Fischen nachgestellt. Zur restaurierten Ruine des ***Monk's Fishing House*** gelangt man durch das große grüne Tor, am Klostergarten vorbei durch den Park und links über die kleine Brücke. Wir wundern uns noch über

dieses graue Monster von Kirchenneubau und schauen im ***Tourist Office*** vorbei, wo man unter anderem Bootstouren auf dem ***Lough Corrib*** anbietet. Von unserem heutigen Übernachtungsplatz im ***Ardnageeha Park*** werden wir eine gute Sicht auf diesen riesigen See mit den fast 400 Inseln genießen können. Dahin folgen Sie uns zunächst auf der Hauptstraße Richtung **Clonbur**, vorbei an einer Fischzuchtanlage und dann wieder **links/R 345/Maam**. Die Straße führt an bewachsenen Mauern entlang und 2,5 km nach **„Cong City"** rollen wir ganz vorsichtig auf schmaler, grüner Tunnel-Straße zum Picknickgelände links hinein. Wir halten uns rechts, schackern über das Vieh-Rost, folgen „Viewing Point/Car Park", beziehen das Caravan/Zelt-Verbot nicht auf uns und belegen 1,4 km nach dem Abzweig eine der WOMO-gerechten Parkbuchten. Den Rest vom

Nachmittag nutzen wir zur Geländeerkundung, staunen über den Rhododendron-Dschungel und bewundern den stilvollen Obelisken. Dessen tiefere Bedeutung bleibt uns genauso verschlossen wie die benachbarte Picknickhütte mit Holzstapel vor dem Kamin, doch wir verbringen auf diesem herrlichen Areal einen gemütlichen Abend und anschließend eine störungsfreie Nacht.

(126) WOMO-Picknickplatz: Ardnageeha Park

GPS: N 53° 31' 29.8" W 9° 18' 27.2" **max. WOMOs:** 2-3.
Ausstattung/Lage: Picknickbänke, Rhododendron-Gebüsch, Aussichtsbank mit Seeblick. No Overnight Camping. No Caravans.
Tipp: Von hier aus (ab gelbe Schranke) kann man am See entlang zum Ashford Castle (Hotel) und von dort zur Cong Abbey wandern. Eine Strecke 4 km. Schöner Weg! Zum Steinstrand (Badeschuhe tragen!) führt 50 m hinter dem Obelisken ein Trampelpfad rechts hinunter.
Zufahrt: Siehe Text.

Die nächsten 19 km auf unserer Route nach **Cornamona** bieten auf neuer Straße unbeschwertes Fahrvergnügen, dazu noch einmal wunderschöne Ausblicke über den inselreichen See und nach einer Passage direkt am Wasser entlang bleiben wir auf der **R 345/Cornamona**. Es geht kurvenreich auf und ab durch Original ***Connemara***-Landschaft mit viel Fels, wenig Gras dazwischen sowie reichlich Ginster und wir biegen links ab auf die **R 336** mit dem Ziel **Maam Cross**. Hinter der Brücke durchqueren wir anschließend ein wasserreiches Moorgebiet, das uns wie verwunschen vorkommt. Die vielen kleinen Seen schimmern wie Spiegel im Schatten der Berge und man findet gelegentlich befestigte Haltebuchten am Straßenrand, um diese besondere Szenerie zu genießen. In dieser wasserreichen Gegend ist vom Befahren des weichen „Grünstreifens" ausdrücklich abzuraten. Auch nur ein kurzzeitiges Verlassen der Straße für ein Ausweichmanöver oder einen Fotostopp könnte katastrophale Folgen nach sich ziehen, die sich jeder bitte selbst ausmalen möge. An der Kreuzung mit der **N 59** halten wir uns geradeaus, bleiben also auf der **R 336** und sehen, wie der Fluss durch die Moorwiesen sprudelt. Es geht weiter geradeaus, nun auf der **R 340** Richtung **Cill Chiaráin (Kilkieran)** und kurz nach der Kreuzung zu einem der raren WOMO-Plätze in dieser bezaubernden Landschaft.

(127) WOMO-Stellplatz: Screeb Bridge

GPS: N 53° 23' 04.7" W 9° 34' 34.6" **max. WOMOs:** 1-2.
Ausstattung/Lage: Grob geschotterter Angler-Parkplatz am Fluss.
Zufahrt: nach 1,6 km auf der R 340 vor der steinernen Flussbrücke 50 m nach rechts auf unbefestigtem Weg hinunter zum Wasser.

Auf einmal erschrecken uns eine Vielzahl von geparkten Autos am Straßenrand, so dass ein WOMO nur noch knapp durchpasst. Hier im Nirgendwo schon eine sehr ungewöhnliche „Erscheinung". Die Lösung des Rätsels: Hier mitten in die karge Connemara-Landschaft hat man einen ausgewachsenen Rasen-Sportplatz gebaut und heute ist offenbar Spieltag in der regionalen ***Gaelic Football Liga***. Mit Zuschauern. Wo die alle herkommen mögen?
Kurz danach führt eine schmale asphaltierte Zufahrt links ins Gelände zum schon lange angekündigten ***Pearse's Cottage*** (9.30-18.30 Uhr, Eintritt), dem malerischen weißen reetgedeckten Sommerhaus des Nationalisten und Pädagogen ***Patrick Pearse*** (1879-1916). Wer diesen Abstecher wagt, sollte wissen, dass er beim Haus nur einen winzigen Parkplatz vorfindet. Wir setzen die Fahrt fort und schnuppern die vom Torffeuer erfüllte Luft aus den vielen Kaminen der jetzt wieder stärker besiedelten Küstenregion. Die allgemein freundliche Bewertung

dieses irischsten Geruches teilen wir jedoch nicht. Die **R 340** wird zur ***Coast Road***, folgerichtig fahren wir jetzt am Meer entlang durch steinreiche Gegend und an den zweisprachigen Schildern ist dieser Landstrich zweifelsfrei als *Gaeltacht*-Gebiet zu erkennen. So wunderschön diese Küstenfahrt auch ist, für das freie WOMO-Leben ist es hier in letzter Zeit leider eng geworden. Die Zufahrt (Schild **B&B**) zu unserem Traumplatz am Strand 5 km hinter dem Ort **Cill Chiaráin** (**Kilkieran**) ist in aufwändiger Arbeit hübsch eng gemacht worden, die Werft hat den Strandparkplatz „privatisiert" und mit ihren Booten vollgestellt, so dass unerschrockenen Nachtgästen noch die Strandwiese rechts bleibt. Für Interessierte: N 53° 18' 09.0" W 9° 46' 55.1". Nach einem kurvenreichen Abschnitt verlassen wir bei **Carna** die ***Coast Road***, folgen weiter der **R 340/Clifden**, sehen flächendeckend Moor und zur Abwechslung später Kühe statt immer nur Schafe am Wegesrand. In **Glinsce (Glinsk)** haben wir die ***Coast Road*** wieder, kommen auf flotter Piste voran, biegen dann zur **R 342/Roundstone** ab, setzen nun auf etwas bescheidenerer Piste unsere Küstenfahrt fort und fahren Achterbahn auf dieser Straße durch die Hügellandschaft. Die Strecke führt nun sehr malerisch und nur von einer kleinen Mauer

getrennt direkt am Wasser entlang, die beschauliche Abendstimmung am ***Cloonile Quay*** fasziniert uns gründlich, so dass wir unsere bisherige „Notunterkunft“ zum Stellplatz befördern.

(128) WOMO-Stellplatz: Cloonile Quay

GPS: N 53° 26' 02.1' W 9° 51' 23.5" **max. WOMOs:** 1-2.
Ausstattung/Lage: 2 geschotterte Parktaschen am Pier links, straßennah, aber abends kaum Autoverkehr, Buchtblick, einsam.
Zufahrt: 6,8 km nach dem Abzweig auf die **R 342/Roundstone**.

Kurz darauf geht es nach links auf der **R 341** in den kleinen bunten Küstenort **Roundstone**, wo man oben an der Promenade erfreulich langen Parkbuchten findet, dort allerdings nur tagsüber legal steht, was neuerdings auch für den Parkplatz gegenüber der Garda am Ortsende zutrifft. Der frühere „Allzweckladen“ von ***Michael Ferron*** mit den Tanksäulen vor der Tür ist zum örtlichen Post Office mutiert, am heutigen Wochenend-Sommerabend ist richtig Leben in **Roundstone**. Die Menschen sitzen gut gelaunt vor den Pubs und wuseln auf der Straße herum, so dass wir die Ortsdurchfahrt mit besonderer Vorsicht absolvieren. Tagsüber lohnt sich ein Besuch der landesweit hochgeschätzten **Bodhrán-Manufaktur** (tgl. 9-17 Uhr) von ***Malachy Kearns*** (www.bodhran.com). Neben den berühmten Trommeln aus Ziegenhaut kriegt man in dieser Crafts-Ansiedlung noch mehr zum Thema *Folk Music* und natürlich die ganze Palette von Pottery über Kleidung bis Schmuck.
Wir verlassen diesen munteren Ort, fahren unsere Straße weiter und vermerken unterwegs wunderschöne Strände: 3,5 km hinter **Roundstone** nach links zur ***Dogs Bay*** und 1,7 km hinter **Ballyconneely** zweimal hintereinander direkt neben der Straße. Knapp 4 km danach erklimmen wir nach links die Straße zum Aussichtsparkplatz mit dem Denkmal für ***John Alcock*** und ***Arthur Whitten Brown***. Die beiden tollkühnen Flieger sind beim ***ersten Atlantik-Flug*** der Geschichte am Morgen des 15. Juni 1919 (16 Stunden und 27 Minuten nach ihrem Start in ***St. John***, ***Neufundland***) 500 m von hier im Moor (bruch-)gelandet. Warum nun der Amerikaner ***Lindbergh*** mit seinem Atlantik-Flug 8 (!) lange Jahre später viel berühmter wurde, bleibt unklar.

(129) WOMO-Stellplatz: Fliegerdenkmal

GPS: N 53° 28' 01.7" W 10° 01' 57.8" **max. WOMOs:** 1-2.
Ausstattung/Lage: Von einem Mäuerchen gerahmter Parkplatz gegenüber vom Fliegerdenkmal, schöne Aussicht, windanfällig. Zuletzt stand hier ein nagelneues Schild: „Strictly No Overnight Camping Caravans ore Mobile Camper Vans". Mal schauen wie lange.
Zufahrt: Von der **R 341** noch 900 m nach links hinauf.

Von hier oben sieht man bereits den Kirchturm von **Clifden,** schaut über den Ginsterhang hinunter auf die ***Ardbear Bay*** (Foto S. 156) und hat insgesamt einen guten Blick auf die schöne, aber landwirtschaftlich wenig nutzbare Region. Die gesamte historische Provinz ***Connacht*** gilt als Inbegriff der grausamen Folgen der Neuverteilung des Landbesitzes um 1650 durch den in **Irland** meistgehassten Engländer ***Oliver Cromwell***. Das Ergebnis war in der Regel die Vertreibung der Iren in die Regionen mit den schlechtesten Voraussetzungen für eine auskömmliche Existenz und bedeutete Hunger, Not und Armut. *„To Hell or Connacht"*, hieß es zu dieser Zeit, was auf dasselbe hinauslief.
Wir rollen den knappen Kilometer wieder zur Straße hinunter und sind auch gleich in **Clifden**, wo wir uns mal wieder durch die zugeparkten Straßen zwängen. Hier wurde und wird viel gebaut, das Gesicht des Städtchens wurde in den letzten Jahren kräftig verändert, aber wir haben uns inzwischen mit dem

neuen Design ganz gut angefreundet. Richtig begeistert sind wir jedoch von dem sehr schön gelegenen Übernachtungsplatz mit Bademöglichkeit in Stadtnähe.

(130) WOMO-Badeplatz: Clifden Lifeboatstation

GPS: N 53° 29' 09.1" W 10° 03' 02.2" **max. WOMOs:** 3-5.
Ausstattung/Lage: Schotterwiese auf einer Landzunge bei einem kleinen Strand, Buchtblick, Spielplatz anbei, Lifeboatstation, Boatclub, Bootseinsetzstelle, Toiletten auch nachts geöffnet. Zelten und Caravans verboten. Warnung für WOMOs mit langem Hecküberhang: Achtung bei der Zufahrt-Rampe! Bodenkontakt-Gefahr!
Zufahrt: In **Clifden** links hinunter auf die **Beach Road** Richtung **Clifden Seasportcentre**, der ***Coast Road*** 2,3 km folgen, dann links.

Nach einem knappen Stadtrundgang mit Einkaufsbummel sind wir schließlich heilfroh, diesem mittleren Verkehrschaos zu entrinnen, fahren bald weiter und nehmen dazu vor der Kirche die **N 59/Westport** nach links, um die Piste 1,7 km später in einer Linkskurve schon wieder nach rechts zu verlassen, um einem neuen Quartier-Tipp nachzugehen.

(131) WOMO-Campingplatz-Tipp: Clifden Campsite and Caravan Park (Lesertipp)

GPS: N 53° 30' 06.2" W 10° 01' 04.9"
offen: Ende März bis Ende Sept.
Ausstattung/Lage: Reiner Touringplatz, in einzelne Bereiche/Terrassen untergliedert, Schotterwiese, geschütze Plätze und welche mit Aussicht, saubere Sanitäranlagen, Aufenthaltsraum, Platz wird familiär und liebevoll von Chefin Francis geführt. www.clifdencamping.com
Zufahrt: Siehe Text, ab Abzweig von der N 59 nur noch 400 m grausame Straße, dann links.

Die **N 59** verlassen wir nach 1,7 km nach **links/Claddaghduff** für eine Schlaufe in die wunderbare Küstenlandschaft von Connemara. Die von blühenden Hecken gesäumte Straße präsentiert sich nicht eben breit, aber solide ausgebaut und unser Blick schweift über die ***Streamstown Bay***. Halten Sie mal beim ***Seaside Garden Centre*** und schauen sich die unglaublichen ***Fuchsienhecken*** an! Kurz danach sehen wir weißes Blech links in den Dünen und später in **Claddaghduff** auch unsere beiden, nach wie vor erfreulich unreglementierten WOMO-Plätze wieder. Bei schönem Sommerwetter gleich 3 gute Gründe, in dieser Traum-Landschaft länger zu verweilen.

(132) WOMO-Campingplatz-Tipp: Acton's Beachside

GPS: N 53° 31' 30.2" W 10° 07' 41.0" **Öffnungszeiten:** Saison.
Ausstattung/Lage: Naturbelassenes Campinggelände in den Dünen, Wasserhahn, Stromkästen, ziemlich teuer. **Zufahrt:** 1,3 km nach dem Garten-Centre links rein.

(133) WOMO-Badeplatz: Claddaghduff

GPS: N 53° 32' 16.9" W 10° 08' 39.7" **max. WOMOs:** 1-2.
Ausstattung/Lage: Befahrbare Strandwiese, sonst nix.
Zufahrt: 1,5 km hinter der Zufahrt zu **(132)**, am Ortsanfang in einer Rechtskurve links abbiegen, auf brüchigem Asphalt 600 m zum Strand.

(134) WOMO-Badeplatz: Omey Passage

GPS: N 53° 32' 19.8" W 10° 08' 41.1"
max. WOMOs: 2-3.
Ausstattung/Lage: Mit Steinmäuerchen eingefasster Logen-Parkplatz auf Schotter, 2 Pubs, die Post und ein kleiner Laden oben bei der Kirche.
Zufahrt: Von **(133)** direkt durchs Strandwatt, oder besser 800 m nach der Zufahrt zu jenem vor der Kirche links rein, dann 700 m zum Parkplatz links bei der „Watt"-Piste nach *Omey Island*.

Bei Ebbe fahren die Autos auf markierter Route hinüber nach ***Omey Island***. Nichts für uns! Das machen wir am nächsten Morgen zu Fuß und nach einer Erkundungsrunde auf der Insel geht's mit unserer Tour weiter. Zunächst folgen wir der nun recht schmal gewordenen Straße mit Küstenblick, erreichen **Cleggan**, wo wir uns wieder einmal fest vornehmen, beim nächsten Mal von hier aus eine Bootstour (Fahrplan siehe www.inishbofinislanddiscovery.com, Räder mitnehmen!) zur Insel ***Inishbofin*** zu unternehmen, bleiben weiter in Ufernähe und zwar in Richtung **Kylemore Abbey**. Zuerst geht es über eine Art Damm an einem steinigen Strand [**135**: N 53° 33' 25.1" W 10° 05' 35.2"] vorbei, dann kommen wir auf löchriger und schmaler Straße durch landschaftlich ausgesprochen reizvolles Gebiet, halten uns bei der Gabelung links und landen schließlich wieder auf der **N 59**, der wir nach **Letterfrack** folgen, das imposante Bergpanorama fest im Blick. Unterwegs lohnt ein Aufenthalt beim reizenden ***Avoca-Shop***

mit dem blumengeschmückten Picknickplatz (N 53° 33' 00.9" W 9° 58' 05.1") gegenüber. Die ersten Hinweise auf den ***Connemara Nationalpark*** kann man nicht übersehen und kurze Zeit später treffen wir auf dem hübsch angelegten Parkplatz ein, gut geeignet sowohl für einen Kurzaufenthalt wie auch als Basisstation für mehr oder weniger ausführliche Bergwanderungen.

(136) WOMO-Wanderparkplatz: Connemara NP

GPS: N 53° 33' 01.1" W 9° 56' 44.3" **max. WOMOs:** >5.
Ausstattung/Lage: Hübsch angelegter Asphalt-Parkplatz beim Visitor Centre, Picknickgelände, Spielplatz, Tearoom, Wanderwegenetz.
Zufahrt: 1,2 hinter dem Avoca-Shop rechts und dann 800 m hinauf.

Im Besucherzentrum (10-18 Uhr) erfährt man viel über das Moor und die Geschichte der Umgebung. Die Video-Vorführung vermittelt eine nützliche Einstimmung, ein deutschsprachiges Info-Blatt mit Übersichtskarte ist sehr hilfreich, und die Teestube mit ihrem guten Lunch-Angebot zieht uns magisch an. Wir entschließen uns wegen des wechselhaften Wetters nur zu einer Kurzwanderung und erhalten so zumindest eine Ahnung von dieser wunderschönen Landschaft im Reiche der berühmten bis über 700 m hohen ***„Twelve Bens“***.
Die ***Connemara***-Besucher werden bei der Weiterfahrt auf der **N 59** gleich auf die nächste Sehenswürdigkeit eingestimmt,

der auch wir uns nicht verschließen wollen. So lassen wir uns auf den Besucherparkplatz der berühmten ***Kylemore Abbey*** (10.30-18.30 Uhr, Eintritt, Kinder unter 12 J. frei) lotsen und sehen gleich: Hier regiert unangefochten der Rhododendron. Man sollte schon genug Zeit für einen ausführlichen Aufenthalt mitbringen, denn der im (hohen) Eintrittspreis enthaltene benachbarte ***„Victorian Walled Garden“*** will schließlich auch besichtigt werden. Um ganz ehrlich zu sein: Das Schönste ist die traumhafte Lage des prächtigen Gebäudes und der Spaziergang durch die sehenswerte Parkanlage zur kleinen gotischen Kirche. Aber auch ein (kostenloser) Blick vom Parkplatz auf die romantische Szenerie ist schon sehr erbaulich.

Die Vegetation im weiteren Verlauf der **N 59/Westport** wird von unglaublichem Rhododendron-Bewuchs dominiert, ganze Berghänge erstrahlen im Juni in diesem unbeschreiblichen Pink. Vom verträumten ***Kylemore Lough*** trennt uns nur eine kleine Mauer am Straßenrand und 2,6 km nach einer neu gebauten Kirche (*„Stop + Pray“,* wer möchte) entführen wir Sie zu einem Abstecher und biegen links ab Richtung **Tully Cross**. (Achtung! Das ist das irische „WOMO-Strand-Paradoxon“: Dieses Ziel bitte bei sommerwarmen Badewetter **nicht** ansteuern, denn dann ist nicht nur der finale Parkplatz überfüllt, sondern auch schon die Zufahrt unpassierbar). Die Rhododendron-Insel liegt wie ein Blumen-Bukett links im ***Lough Fee***, und nach insgesamt 8,2 km anspruchvoller, weil abschnittsweise schmaler Piste erreichen wir den Strandparkplatz vor der Tauchschule **Scuba Dive West**.

(137) WOMO-Badeplatz: Scuba Dive West

GPS: N 53° 36' 53.0'' W 9° 52' 29.4'' **max. WOMOs:** 2-3.
Ausstattung/Lage: Leicht schiefer Parkplatz mit Meeresblick bei einem weiten Strand. Zuletzt: No Overnight Parking.
Zufahrt: 2,6 km hinter der Kirche von der **N 59** nach **links/Tully Cross**, nach 4,7 km links am See bleiben, nach 2,8 km scharf rechts, nach 500 m halblinks und dann noch 500 m zum Ziel.

Nur 300 m nach dem **Tully Cross**-Abzweig geht es links rein zur **Killary Sheep Farm** (www.killarysheepfarm.com), ein Abstecher, den wir besonders empfehlen möchten. Die angegebenen 1 km für die schmale und für WOMOs etwas knifflige Zufahrt sind zwar ziemlich optimistisch geschätzt (in echt sind es 1,8 km), doch es lohnt sich und das nicht nur für Kinder. ***Schäfer Tom***, ein sympathischer junger Mann, hat dem Besucher einiges zu bieten, quasi einen Querschnitt durch das irische Landleben und das alles vor der Kulisse dieser unglaublichen Fjord-Landschaft des ***Killary Harbour***. Neben der Hauptattraktrion, der schon erwähnten ***Sheepdog Demonstration*** (Hütehunde sortieren und treiben eine Schafherde), lernt man das ***Torf stechen*** in Theorie und Praxis, kann beim ***Schafe scheren*** zuschauen und darf zum Schluss dabei helfen, den Lämmern das Fläschchen zu geben. Jeder Besucher bekommt bei Bedarf die entsprechende Ausstattung wie Gummistiefel und Regenmantel gestellt. Das ist im fairen Eintrittspreis enthalten, die „Shows" beginnen Dienstag bis Sonntag um 11, 13, 15 und

18 Uhr und wer erst kurz vor diesen Anfangszeiten die Zufahrt von der **N 59** passiert, dem sollte eigentlich niemand entgegen kommen.
Wieder zurück auf der **N 59** geht es nun bald an besagtem Fjord (übrigens dem einzigen echten Fjord Irlands) entlang, von ***Nancy's Point*** aus kann man Schiffsrundfahrten mit einem Katamaran unternehmen und dabei die Lachs- und Muschel-Farmen aus der Nähe betrachten. In **Leenane** ist heute ***Curragh***-Wettrudern, wir bleiben auf der **N 59** und registrieren WOMO-Plätze mit Fjord-Längs-Blick [**138**: N 53° 35' 48.3" W 9° 41' 38.9"] gegenüber dem ***Sheep and Woole Centre***, in dem es neben einem gut sortierten Souvenierladen mit Café noch ein Museum zum Thema und selbstverständlich (Na? Man ahnt es schon!) ***Sheepdog Demonstrations*** angeboten werden (www.sheepandwoolcentre.com).
Wir fahren noch 3,9 km weiter, biegen auf die **R 335** Richtung **Louisburgh/*Coast Road*** ab und bleiben die Nacht über auf dem Parkplatz hinter der Brücke beim Wasserfall.

(139) WOMO-Stellplatz: Aasleagh Falls

GPS: N 53° 37' 04.9' W 9° 40' 21.0"
max. WOMOs: 2-3.
Ausstattung/Lage: Hinter der Brücke links und rechts der Straße Asphalt-Parkplätze, schöne Fußwege vor und hinter der Brücke durch die Rhodo-Pracht zu den Kaskaden hinauf. **Zufahrt:** Siehe Text.

Nur 4,2 km danach profitieren wir vermutlich unbeabsichtigt von einem neuen Aktionsfeld der nationalen Infrastrukturverbesserungskampagne, in diesem Fall für den Tourismus auf der ***West Coast Fahrradroute***, denn wir staunen nicht schlecht über einen nagelneuen Asphaltparkplatz mit Picknickgestühl und Radständer hoch über dem Fjord. Wir sagen artig Danke und halten fest: [**140**: N 53° 36' 14.9" W 9° 43' 33.8"].
Die Straße klettert auf das Plateau hinauf an einem reißenden Fluss und später an stillen Bergseen entlang. Im erzwungenen Genusstempo (Spitze 50) schaukeln wir auf welliger Straße durch übersichtliche Fjell-Landschaft und erreichen **Louisburgh** mit seinen bunten ***Pubs*** und der schönen Aussicht auf die ***Clew Bay*** hinaus.

(141) WOMO-Picknickplatz: Louisbourgh Brücke

GPS: N 53° 45' 44.8" W 9° 48' 33.4" **max. WOMOs:** 1-2.
Ausstattung/Lage: Picknickgelände mit kleinem Asphalt-Parkplatz.
Zufahrt: Hinter der Brücke rechts.

(142) WOMO-Stellplatz: Louisbourgh Mitte

GPS: N 53° 45' 46.3" W 9° 48' 23.9" **max. WOMOs:** 1-2.
Ausstattung/Lage: Asphalt-Parkplatz, Bottle-Bank, nette Cafés gegenüber, Pubs und Einkaufsmöglichkeiten in der Nähe, ruhige Lage.
Zufahrt: 140 m hinter dem Abzweig zu **(141)** an der zentralen Ortskreuzung nach **rechts/Recycling Centre**, nach 150 m Parkplatz links.

Folgt man kurz hinter **Louisburgh** dem Hinweis zum **Old Head** nach links, dann kann man einen netten Badestopp einlegen und von hier aus den ***Croagh Patrick*** schon mal aus der Ferne

bewundern. Ist das Wetter allerdings zu schön und es ist gerade Wochenende/Feiertag, dann kann man auch hier das perfekte irische Strand-Park-Chaos besichtigen. Davon hält man sich dann mit dem WOMO lieber fern und bleibt besser in der Nähe vom **Campingplatz** oder checkt gleich dort ein.
Auf dem Weg nach **Westport** (**R 335**) sieht man schon den ausgelatschten Pfad auf den irischsten aller Berge rechts voraus, bereits am Abzweig zum ***Bartraw Strand*** wird auf die Höhen-Barriere vom Parkplatz hingewiesen und auch in **Murrisk**, am riesigen Parkplatz eines der irischen Nationalheiligtümer, dem Berg ***Croagh Patrick***, erleben wir wieder unsere Höhenbalken-Überraschung (1,80 m). Jedes Jahr am letzten Juli-Sonntag findet eine Massen-Wallfahrt auf den Gipfel (753 m, Aufstieg in 2 Stunden) statt. Zur Erinnerung an die 40-tägige Buße, die sich der ***Heilige Patrick*** im Jahre 441 dort oben auferlegt hat, klettern Tausende, zum Teil barfuß, dort hinauf.

Auf Pilger mit WOMO ist man allerdings nicht eingerichtet, die müssen auf den Busparkplätzen (N 53° 46' 47.5" W 9° 38' 20.9") am Straßenrand gegenüber dem Pilger-Pub stehen. Dort kann man sie mit Wanderstab und leuchtenden Augen (wegen Vorfreude oder frisch erlebten Gipfelglücks) beim Pint sitzen sehen.

Jetzt ist es nicht mehr weit bis **Westport**. Wer das freundliche Städtchen auslassen möchte, kann sich der neuen Umgehungsstraße anvertrauen und wer mit uns zum ***Quay*** kommt, nimmt bitte den Abzweig auf die ***Coast Road***. In Sichtweite hübsch restaurierter Hafengebäude kann man auch nachts gut direkt an der Quay-Mauer parken [**143**: N 53° 48' 03.1" W 9° 32' 58.1"] (Wasserhahn auf dem Balken-P gegenüber) und im Edel-*Pub* ***„The Tower"*** lecker essen. Nebenbei gibt es hier im TV ein wichtiges ***Hurling***-Match und schon beim Zugucken schwirrt einem der Kopf beim schnellsten Ballspiel der Welt.

Wir treffen gleich wieder auf die **N 59**, auf der wir nordwärts nach **Newport** weiterfahren. Wer nach einer Bleibe für einen längeren Aufenthalt sucht und seine Kinder ordentlich bespaßen möchte, der sollte etwa hier (N 53° 48' 25.8" W 9° 31' 37.6") die **N 59** nach links verlassen und sich nach etwa 900 m auf neuer Zufahrtsstraße nach links zum **Westport House Caravan & Camping Park** [**144**: N 53° 48' 21.1" W 9° 32' 24.2"] (www.westporthouse.ie) bringen lassen.

In **Newport** empfängt uns ein beeindruckendes Stadtbild mit zwei Brücken und einer Kirche, wir lassen uns von Hinweisen Richtung **Achill Sound** leiten, fummeln uns durch die Stadt und rollen die nächsten 15 km auf der **N 59** in langen Wellen bis nach **Mallaranny**, wo wir links schon den WOMO-Treffpunkt drüben hinter den Salzwiesen sehen.

(145) WOMO-Badeplatz: Mallaranny Strand

GPS: N 53° 53' 51.4" W 9° 46' 59.0" **max. WOMOs:** >5.
Ausstattung/Lage: Stellplätze hinter dem Steindamm, Toilette, Wasserhahn mit Gewinde, Fußweg über die Salzwiesen und ein Brückchen in den Ort zu den Restaurants und Pubs. Caravans und Zelte verboten.
Zufahrt: Am Ortsende von Mallaranny hinter der Kirche links weg, nach 800 m wieder links und dann noch 600 m zum Parkplatz.

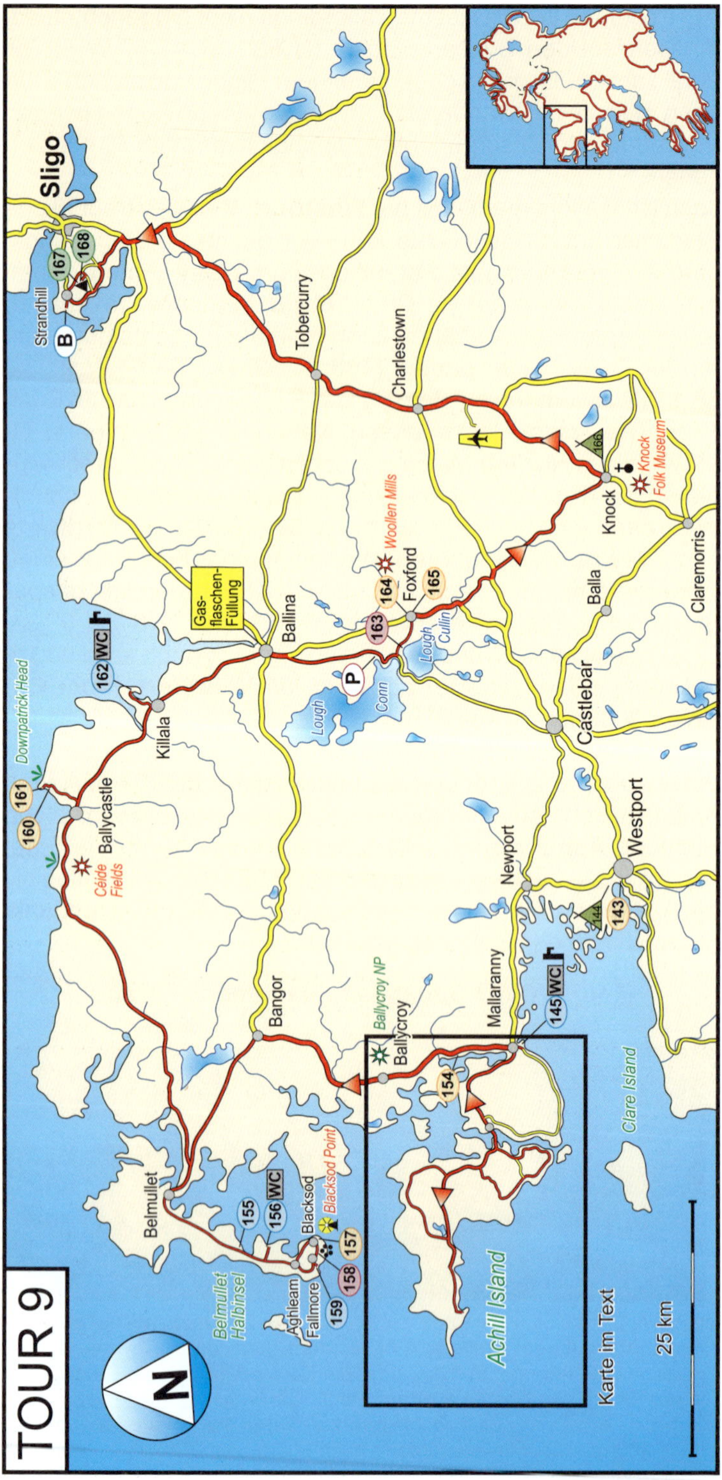
TOUR 9
N
Sligo
Strandhill
B
167
168
Tobercurry
Charlestown
Knock
166
Knock Folk Museum
Claremorris
Woollen Mills
Foxford
164
165
163
Lough Cullin
Balla
Castlebar
Gas-
flaschen-
Füllung
Ballina
P
Lough Conn
162
WC
Downpatrick Head
Killala
160
161
Ballycastle
Céide Fields
Westport
143
144
Newport
Mallaranny
145
WC
Bangor
Ballycroy NP
Ballycroy
154
Clare Island
Achill Island
Belmullet
155
156
WC
Blacksod
Blacksod Point
157
158
159
Aghleam
Fallmore
Belmullet Halbinsel
Karte im Text
25 km

TOUR 9 (430 km / 7 Tage)

Achill Sound - Keel - Doogort - Mullet Halbinsel - Ceide Fields - Downpatrick Head - Ballina - Lough Cullin - Foxford - Knock - Knocknarea

Freie Übernachtung:	Am Atlantic Drive (3), Dooega, Deserted Village, Golden Strand, Achill Moor, Bleanmore Bucht, Mullet Halbinsel (4), Downpatrick Head, Rosses Beach, Lough Cullin (3), Foxford (2), Knocknarea.
Trinkwasserstellen:	Bei Atlantic Drive 1, Ross Beach.
Campingplätze:	Keel Sandybanks, Knock.
Baden:	Dooega, Trawmore Strand in Keel, Dooagh Strand, Keem Strand, Doogort Beach, Golden Strand, Lough Cullin, Strandhill.
Besichtigen:	Carrickkildavnet Castle, Deserted Village, Ballycroy Nationalpark Visitor Centre, Ceide Fields, Foxford Woollen Mills, Knock.
Wandern:	Achill Head, Ballycroy Nationalpark, Downpatrick Head, Knocknarea.

Achill Island ist in Deutschland vor allem dadurch bekannt, dass ***Heinrich Böll*** diese wunderschöne Insel in seinem ***„Irischen Tagebuch“*** verewigt und im Küstenort **Doogort** mit seiner Familie wiederholt einige Zeit gelebt hat. Unser Stellplatz in **Mallaranny** ist ein idealer Ausgangspunkt für die Erkundung dieser einzigartigen Ferieninsel. Nachdem wir bei der Kirche wieder links auf die **N 59** biegen, verlassen wir sie 100 m später schon wieder, vertrauen uns der **R 319/Achill** an.

Wir freuen uns über eine neue Sorte Schafe. Die ziemlich kleinen Tiere stehen fast auf der Straße und sehen richtig lustig aus. Das zottelige Fell in verschiedenen Schrill-Farben bunt markiert, schwarzes Gesicht, ebenso „bestrumpfte“ Beine und dazu gedrehte Hörner. In diesem Landstrich tragen auch die Häuser andere Farben, wobei *Weiß* klar dominiert. In der Ferne grüßt Meer mit Inseln, 25 Minuten nach Abfahrt kommen wir in **Achill Sound** an und passieren noch vor der (für die Gegend) futuristisch anmutenten Brücke das vertraute ***„Alices Harbour Inn“*** links. Wahrscheinlich ist diese Brücke das Erfolgsgeheimnis dieser Insel! ***Achill Island*** ist eigentlich gar keine richtige Insel und kann problemlos mit dem Auto bereist werden (Die meisten Iren fahren möglichst jeden Meter mit dem Auto). Die Ansammlung von Läden auf der anderen Seite lockt uns auf den Parkplatz, wir schlängeln uns durch bis zur Quay-Mauer („WOMO-Notquartier“) und während Anne im Supermarkt Lebensmittel einkauft, stöbert der Mann viel lieber in diesem verrückten *„Landwarenhaus“* herum.

Nun beginnen wir unsere Insel-Erkundung und biegen dazu 1,2 km nach Brückenmitte links zum ***Atlantic Drive*** ab. Dieser empfängt uns zunächst mit (zuletzt stark gestutzter) Rhodo-Pracht, doch gleich haben wir wieder erwartungsgemäß das Wasser (wie gewohnt) auf der linken Seite. Die folgenden 16 km Küstenstraße werden vor allem durch die dramatische Klippen-Landschaft zu einem beeindruckenden Erlebnis, doch 7 km nach dem Abzweig gibt es erst einmal einen Happen spannende Geschichte.

Die Piratenkönigin

Der Turm links am Wasser gehört zum ***Carrickkildavnet Castle*** der legendären Piratenkönigin ***Grace O'Malley***. Als Clan-Erbin und fanatische Seefahrerin war sie auf den im 16. Jahrhundert offenbar ziemlich verwandten Geschäftsfeldern Handel und Piraterie außerordentlich erfolgreich. Zu ihrer besten Zeit war sie die Chefin einer Flotte von 20 Schiffen mit 6000 Mann und damit der Schrecken der irischen Westküste. Ihr Nimbus als erste irische Patriotin gründet sich auf einer, je nach Sichtweise unterschiedlich überlieferten Begebenheit aus dem Jahre 1593. Hier kurz die optimistische Variante: Kaltschnäuzig und trickreich dringt sie nach London vor und segelt der Herrscherin des übermächtigen England, Königin ***Elisabeth I.*** bis vor die Tür. Im Gespräch zweier starker Frauen fordert ***Grace O'Malley*** die Freilassung ihres eingekerkerten Sohnes. Echter Filmstoff!

Weil Sie beim Turm keinen vernünftigen Parkplatz finden werden, nehmen Sie 100 m dahinter den Stellplatz links und erkunden das Revier ausführlich zu Fuß.

(146) WOMO-Stellplatz: Atlantic Drive 1

GPS: N 53° 52' 48.5" W 9° 56' 50.0" **max. WOMOs:** 1-2.
Ausstattung/Lage: Parkplatz mit Mäuerchen am Cloghmore Quay, Wasserschlauch am Pier, Angeltouren, straßennah. **Zufahrt:** Siehe Text.

Nachdem wir die Südspitze passiert haben, begleitet uns auf den folgenden 5 km die unglaubliche Szenerie einer grandiosen Küstenlandschaft: Bei ordentlichem Wind sieht man hier, wie sich ausgewachsene Atlantikwellen an den zerklüfteten Felsenklippen brechen. Diesem Schauspiel könnte man stundenlang zuschauen. Bei unserem letzten Besuch hatten wir extrem ruppiges Wetter fast ohne Sicht, Jahre davor erlebten wir

diese Traumlandschft ruhig und sonnig. Man muss es nehmen, wie man's kriegt. Hier die nächsten Übernachtungs-Gelegenheiten:

(147) WOMO-Stellplatz: Atlantic Drive 2

GPS: N 53° 52' 46.0" W 9° 58' 07.9" **max. WOMOs:** 2-3.
Ausstattung/Lage: Leicht schiefer und etwas unebener Parkplatz mit Küstenpanorama, windanfällig. **Zufahrt:** 2 km hinter **(146)** links.

(148) WOMO-Stellplatz: Atlantic Drive 3

GPS: N 53° 53' 55.4" W 9° 59' 49.8" **max. WOMOs:** 2-3.
Ausstattung/Lage: Asphaltierter, leicht schiefer Aussichtsparkplatz, 3 Picknickbänke, windanfällig, Schafe. **Zufahrt:** 3,2 km nach **(147)** links.

Wir nehmen den letzteren Stellplatz und stehen mit Hilfe von Auffahrkeilen sogar gerade, wenn auch recht prickelnd mit dem Heck über dem Abgrund. Der Rest vom Nachmittag gehört der Umgebung mit dieser grandiosen Bucht dort unten und den vielen todesmutigen Schafen am gefährlichen Klippenrand.

Am Morgen stürmt es dann wieder, alle Schafe liegen einheitlich mit ihrem Hinterteil in Windrichtung und auch wenn das große Schild **„Test your breaks!“** mittlerweile verschwunden ist, gibt es diesen Hinweis von uns als Tipp vor Antritt des folgenden Streckenabschnitts dazu. Ganz vorsichtig nehmen wir die Abfahrt mit Hilfe von (in Irland höchst seltenen) Serpentinen in Angriff, fahren unten über die Brücke bei der kurz zuvor bewunderten Bucht, halten uns beim Abzweig links und erreichen schon bald den kleinen Küstenort **Dooega**.

(149) WOMO-Badeplatz: Dooega

GPS: N 53° 55' 16.1" W 10° 01' 06.5" **max. WOMOs:** 1-2.
Ausstattung/Lage: Kleiner Schotterparkplatz am ***Blue Flag***-Strand, Bänkchen, Wiese, Toiletten. No Camping. No Caravans.
Zufahrt: Kurz nach dem Ortseingangsschild links.

In der Brandung am weißen Strand ist gerade Schulsport, auf dem Stundenplan steht „Kajakunterweisung“ und nach den verbleibenden 4,5 km ***Altantic Drive*** nehmen wir die **R 319** nach links. Unser Ziel: der traumhafte ***Keem Strand***. Links wird gerade der Golfplatz-Rasen fachgerecht von einer Schaf-Herde kurz gehalten, wir lassen die reizenden Badeorte **Keel** und **Dooagh** flugs hinter uns, und im 2. Gang klettert das WOMO schließlich die steile Straße am Hang hoch. Beim Anblick dieser Bucht da unten bricht bei der Mannschaft wie immer allgemeiner Jubel aus. Das Wasser leuchtet Türkis, ganz andächtig geht es den Berg wieder hinunter, wo man sich für einen der Parkplätze entscheiden muss. Von den oberen Parkplätzen

hat man den besseren Ausblick und ein Toiletten-Haus in der Nähe, beim unteren ist man näher am Strand. Nach unserem On-Board-Lunch liegen wir am Nachmittag faul auf kurzer Grasnarbe etwas oberhalb vom Strand in der Sonne, nehmen tatsächlich auch mal ein Bad und können uns wie immer nicht aufraffen, den steilen Weg auf diesen imposanten Bergrücken hinauf zu kraxeln. So werden wir wohl nie den ***Achill Head*** sehen und die tolle Aussicht dort oben genießen können. Bei unserem letzten Besuch 2013 wurden hier geführte Schnorchel-Tauchtouren und Süßkram im Fahrverkauf angeboten, beides allerdings ohne messbare Kundenresonanz. Wie wäre es denn mal mit Frischfisch auf dem Mobil-Grill??? Noch immer sind alle Parkplätze in dieser Ecke mit dem deutlichen Hinweis *„No Overnight Parking"* versehen, was wir schweren Herzens akzeptierten und unser WOMO die Bergpassage wieder hoch schnaufen ließen. Insgesamt gibt es auf dieser Insel nach wie

vor generell ein Stellplatzproblem, das vermutlich auf die Interessenslage der Campingplatzbetreiber und einen früheren Massenansturm zurückzuführen ist.

In **Dooagh** kann man vom Aussichtsparkplatz rechts (N 53° 58' 26.5" W 10° 07' 32.9") den Blick aufs Meer genießen und 500 m hinter dem ***„Achill Head Hotel"*** (Hinweis: Recycling-Centre nach rechts) bieten sich Chancen auf „Freies Stehen" beim Westende vom riesigen ***Trawmore Strand*** in **Keel**, wenn auch in Sichtweite des örtlichen Campingplatzes.

(150) WOMO-Campingplatz-Tipp: Keel Sandybanks****

GPS: N 53° 58' 28.7" W 10° 04' 37.5"
offen: Ende Mai bis Anfang September.
Ausstattung/Lage: Touring-Areal mit schöner Camping-Wiese gleich hinter der Strand-Bucht, gute Ausstattung. **Zufahrt:** Siehe Text.

Manchmal ist es hier aber richtig voll wie zum Beispiel Anfang Juli, wenn der ***Achill Halb Marathon*** ansteht, der Laufbegeisterte aus aller Welt magisch anzieht. Von der Durchgangsstraße in **Keel** halten wir uns an die Hinweise nach **Deserted Village** und streben 2,5 km lang unbeirrt, auch am Abzweig vorbei, geradeaus dem Berghang entgegen und parken links vor dem Friedhof.

(151) WOMO-Stellplatz: Deserted Village

GPS: N 53° 59' 46.2" W 10° 04' 32.9" **max. WOMOs:** 1-2.
Ausstattung/Lage: Recht schiefer, geschotterter Parkraum vor dem Friedhof, Info-Tafel, schöne Sicht über die Insel. **Zufahrt:** Siehe Text.

An den Südhang des ***Slievemore*** schmiegt sich ein Dorf, das nur noch aus Ruinen besteht. Das gleich vorweg: Dies ist keines der vielen ***Famine***-Dörfer Irlands, deren Bewohner wegen

der großen Hungersnot nach Übersee ausgewandert sind. Auch dieses Dorf (eigentlich waren es sogar 3) wurde irgendwann Mitte des 19. Jahrhunderts verlassen, doch die Bewohner zogen mehrheitlich nach **Dooagh** an die Küste, weil sie sich dort vom Fischfang besser ernähren konnten. Später, bis weit ins 20. Jahrhundert hinein, wurde das ***Deserted Village*** im Sommer von der Jugend als ***„Booley-Village"*** genutzt, der irischen Form von Almwirtschaft mit Kühen und Schafen. Heute sind der Nachwelt die steinernen Überreste von etwa 80 Häusern erhalten geblieben. Ganz alleine durchstreifen wir das gespenstische Dorf-Gelände, auf dem die Wege zwischen den Häusern noch gut zu erkennen sind. Man bekommt eine Ahnung von den Lebensverhältnissen in den klitzekleinen Häusern mit Grundflächen von manchmal nur 3 mal 5 Metern, in denen winters Mensch und Getier unter einem Dach lebten.

Nur ein kurzes Stück auf unserer Tourstraße weiter erreichen wir **Doogort** und finden das ***Heinrich Böll Cottage*** gleich beim Ortseingang rechts. Das Haus des

Schriftstellers und frühen Irland-Fans dient Stipendiaten als Wirkungsstätte und kann nicht besichtigt werden. Ein Schild am Eingang bittet, von Belästigungen abzusehen.
Nur ein kurzes Stück weiter lädt die zauberhafte Picknickwiese direkt an der Sandbucht vom ***Doogort Strand*** zu Füßen des

unglaublichen Kegels vom fast 700 m hohen ***Slievemore*** zum Tagesaufenthalt ein. Übernachten darf man hier nicht und auch der einstige Campingplatz am Hang ist leider der Haus-Bauwut der letzten Jahre zum Opfer gefallen.
Mehr Spaß am WOMO-Leben hat man erfreulicherweise beim 1,8 km entfernten Parkplatz vom ***Blue Flag***- zertifizierten Strand.

(152) WOMO-Badeplatz: Golden Strand

GPS: N 54° 00' 43.4" W 9° 59' 40.3" **max. WOMOs:** 2-3.
Ausstattung/Lage: Wiesengelände oberhalb vom Strand, Info-Tafel, Mülleimer, „The Anchor Restaurant" anbei.
Zufahrt: Am Ortsende von Doogort gegenüber dem Fischrestaurant.

Heute ist ein sonniger Frühsommertag, gelegentlich wagt sich schon mal ein Mutiger ins Wasser, unsere Straße entfernt sich jetzt von der Küstenlinie, wir halten uns 1,5 km nach dem Strand rechts und fahren geradeaus durchs Moor. Dann registrieren wir ein „Notquartier" mit Mini-See in einer Rechtskurve links [**153**: N 53° 58' 49.8" W 9° 58' 17.0"], gleich danach den sehr schönen, neu angelegten Picknickplatz **Bunnacurry** (leider mit „Strictly N.O.P."), erreichen kurz darauf die **R 319** und fahren nach links auf teilweise bekannter Strecke nach **Achill Sound** zurück. Dabei fällt uns auf, dass links in Sichtweite der Straße ein ziemlich aufwändiger und gut frequentierter Rad-/Wander-

weg („*Green Way*") durchs Moor gebaut wurde. Irgenwann werden wir den auch noch testen...
Ab Brückenmitte sind es genau 12,8 km bis wir mit unserer **R 319** wieder auf die **N 59** stoßen, der wir nach **links/Bangor** folgen. Es geht nach **Nord-Mayo**, neuen Zielen entgegen. Die rappelige, kurvenreiche Piste führt oberhalb von der schmalen Meeresbucht am Rande der Berge entlang. Wer nicht ständig über die Reflektoren auf dem Mittelstreifen der zu schmal ausgelegten Straße nageln möchte, fährt hier mittig, es folgt kilometerweiter Torfabbau, aber gleich auch ein Lichtblick für WOMO-Fahrer in Form eines neu angelegten Parkplatzes mit Buchtblick links [**154**: N 53° 57' 26.8" W 9° 47' 35.5"].
Im weit verstreuten Örtchen **Ballycroy** werden wir nach rechts zum **Visitor Centre** (tgl. 10-17.30 Uhr) vom gleichnamigen **Nationalpark** gelockt und sind gleich mächtig beeindruckt. Das ist mal ein Infrastrukturprojekt, das so **richtig** teuer war. Ein architektonisch sehr anspruchvolles, gerade erst 2013 fertiggestelltes, etwas zu protzig geratenes Bauwerk inmitten eines

hübsch gestalteten Areals mit Parkplätzen und Picknickgelände, einer kleinen, gut gemachten Ausstellung zu Geschichte und Natur, einem Bistro und einem auskunftsfreudigen Info-Büro, aber irgendwie ohne Besucher. Den Nationalpark selbst gibt es schon seit 1998, er besteht aus riesigen Moorflächen mit einigen grünen Bergen drin, deren Unterschutzstellung durchaus Symphatie abringt, doch die Basis des Ganzen hier ist etwas knapp: „Hier war mal Wald! Wo ist er hin?" Bleibt zu hoffen, das diese Investition Ziel von vielen Bildungsreisen und Klassenfahrten werde und tatsächlich als Arbeitsbeschaffungsmaßnahme für das strukturschwache Gebiet taugt.
Auf der Tourstraße geht es weiter Richtung **Bangor**, sie führt uns in langen Wellen durch sparsame Landschaft, wo man den Torf mit Baggern erntet. In **Bangor** queren wir eine Steinbogenbrücke und nehmen die **R 313** nach links, denn wir fahren zur ***Mullet Halbinsel***, einer Leseranregung folgend. Dazu rollen wir auf neu gemachter Straße durch etwas triste Gegend, sehen aber bald Meer und Srände in der Ferne und wollen mal sehen, ob diese vom Tourismus eher unberührte Ecke von ***Nord-Mayo*** für WOMO-Fahrer etwas zu bieten hat. In **Belmullet** bleiben wir weiter auf der **R 313** und stellen fest, dass wir uns wieder in ***Gaeltacht***-Gebiet befinden, wo Strände ***Trá*** heißen.

Wir sehen neue Häuser mit Buchtblick und prächtigen Mauern, dann flache Dünen und finden schon bald die ersten Strandparkplätze. Erst einen etwas schiefen am ***Elly Beach*** [**155**: N 54° 09' 44.3" W 10° 05' 11.8"] direkt links neben der Straße und kurz darauf diesen hier:

(156) WOMO-Badeplatz: Mullaghroe

GPS: N 54° 08' 19.4" W 10° 04' 36.4"
max. WOMOs: 1-2
Ausstattung/Lage: Kleiner Asphalt-Parkplatz, Picknickbank, Müllbehälter, DIXI-Klo, Infotafel, großer ***Blue Flag***-Sandstrand / außerorts.
Zufahrt: 2,3 km nach **(155)** links/ Trá abbiegen, nach 1,5 km schmaler, rumpliger Straße durch die Weide Ankunft am Strandparkplatz.

Wieder auf der Tourstraße geht es weiter gen Süden, wir befinden den Parkplatz am schönen Strand von **Aghleam** dann doch zu schief und landen kurz darauf am **Blacksod Point** beim Leuchtturm. Hier herrscht beschauliche Ruhe, es ist Ebbe und die Boote liegen am Pier. Man baut emsig am neuen Park-

platz, der wohl, wie man schon erkennen kann, mal ein ganz prächtiger zu werden verspricht. Wir sind mal optimistisch und glauben fest daran, dass er keinen Balken oder bedrohliche Verbotsschilder bekommen wird: [**157**: N 54° 05' 55.1" W 10° 03' 37.3"].

Eine historisch bedeutsame Wettervorhersage
Die Wetterstation am **Blacksod Point** hatte großen Einfluss auf des Gelingen des **D-Day**, der Landung der Alliierten in der Normandie am 6. Juni 1944. Für diese Operation, der 2 Jahre Planung vorausgingen, waren optimale Wetterbedingungen erforderlich, also ruhige See, leichter anlandiger Wind, gute Sicht, eine Vollmondphase und damit ausgeprägtes Niedrigwasser im Morgengrauen, um die Panzersperren am

Strand sehen zu können. Inmitten einer langwierigen Schlechtwetterperiode wurde von **Blocksod Point** für den 6. Juni eine kurzes Zwischenhoch und damit eine gewisse Wetterverbesserung gemeldet, **„Operation Overlord“** wurde kurz nach Mitternacht gestartet, das Ergebnis ist bekannt.

Wir fahren Richtung **Blacksod** zurück, nehmen die **L 5230**, die Küstenstraße, nach links und entern 1,3 km danach einen einladenden und nett gestalteten Picknickplatz, wie geschaffen als WOMO-Quartier für die Nacht.

(158) WOMO-Picknickplatz: Fál Mór / Fallmore

GPS: N 54° 05' 43.9" W 10° 05' 08.7"
max. WOMOs: 1-2.
Ausstattung/Lage: Schotterparkplatz mit Mäuerchen drum herum, Picknickbänke, der Steinkreis ist Kunst, Teil des ***Tír Sáile***, des ***North Mayo Sculpture Trails*** / außerorts. **Zufahrt:** Siehe Text.

Wir fahren quer duch das Dorf namens **Fallmore**, folgen dem **Trá**-Hinweis und holpern durch ärmliche Gegend auf ebensolchem Sträßlein Richtung Wasser, passieren den Friedhof mit dem kaputten Kirchlein und haben schließlich Erfolg:

(159) WOMO-Badeplatz: Portmore

GPS: N 54° 05' 45.3" W 10° 06' 39.2" **max. WOMOs:** 1-2
Ausstattung/Lage: Parkplatz aus brüchigem Asphalt, Picknickbank, Sandstrand / Ortsrand. **Zufahrt:** Siehe Text, 600 m ab Fallmore.

Nach dem man sich zur Minikreuzung von **Fallmore** zurück gequält hat, biegt man links und kurz darauf erneut nach **links/ Letterbeg** ab. Gleich danach kann man einen Abstecher nach links 300 m zur **Holy Well**, einer heiligen Quelle mit Madonna unternehmen, oder es lassen und auf schmaler Straße, aber schönem Ausblick in **Surgeview** landen und dort der Straße nach rechts folgen. Einige Esel, Kühe und Pferde später stößt man in **Aghleam** wieder auf die **R 313**, der Kreis hat sich geschlossen, wir verlassen die **Mullet**-Halbinsel nach Norden, sind nach 17 km wieder in **Belmullet** und resümmieren: Ein nettes Fleckchen unverbaute Landschaft am Rande Irlands, wo sich bald einiges an Tourismus entwickeln wird.
Die nächste Etappe führt uns an die Nordküste von **Mayo**, wo einige bemerkenswerte Ziele auf Besucher warten. Dazu nehmen wir hinter **Belmullet** die **R 314/Ballycastle**, die sich zunächst gut ausgebaut präsentiert, aber bald als wellige Grusel-Piste durch triste Moorlandschaft führt. Schließlich sehen

wir die Klippenlandschaft der Küste und erreichen ***Céide Fields***, eine der faszinierendsten archäologischen Entdeckungen in Irland. Im pyramidenförmigen und natürlich mit viel Symbolik gestalteten **Visitor Centre** (tgl. 10-18 Uhr, Eintritt) wird man mit einer interessanten Ausstellung und einem 20-min-Infofilm auf das Thema eingestimmt, damit man beim geführten Rundgang die Bedeutung des Ortes auch richtig einordnen kann: Hier hat man das flächenmäßig größte steinzeitliche Momument der Welt ausgegraben. Die vom Moor befreiten Steinhaufen wurden als 5000 Jahre alte Siedlungsspuren mit Feld- und Weidebegrenzungen identifiziert. Besonders spannend ist zudem die spektakuläre Küsten-Szenerie in unmittelbarer Nachbarschaft, die die ***Cliffs of Moher*** bei Weitem in den Schatten stellt. Wir hatten bei unserem Besuch jedoch unter einem bösartigen Wetterphänomen zu leiden, dass gelegentlich entsteht, wenn der kühle Atlantik an die warme Küste stößt. Wir nennen es ***Küstennebel***. Auch beim grandiosen ***Downpatrick Head*** (Lesertipp), unserem WOMO-Nachtquartier in der Nähe, haben wir bei unserer Wanderung entlang der Klippen nämliche nur schemenhaft gesehen, doch mit freundlicher Hilfe eines Lesers (Danke für das Foto!) wird es uns sicher gelingen, Sie dorthin zu locken.

(160) WOMO-Stellplatz: Downpatrick Head Strand

GPS: N 54° 19' 07.4" W 9° 20' 44.6" **max. WOMOs:** 1-2
Ausstattung/Lage: Brüchiger Asphaltparkplatz am felsigen Steinstrand, Picknickbank, Meerblick / außerorts.
Zufahrt: Auf der **R 314** nach **Ballycastle**, hier links/***Tír Sáile*** weg, dann noch 5,4 km: gleich rechts und dann den Hinweisen zu ***Downpatrick Head*** folgen, die letzten 1,4 km einspurig.

(161) WOMO-Stellplatz: Downpatrick Head Klippen

Foto: Jürgen Köhler

GPS: N 54° 19' 21.2" W 9° 20' 43.3"
max. WOMOs: je 1-2
Ausstattung/Lage: 2 umzäunte Schotterparkplätze über dem Steinstrand, 50 m nebeneinander, der kleinere mit Picknickbank. In der Nähe faszinierende Blow Holes und bizarre Klippen / außerorts.
Zufahrt: Von **(160)** aus noch 500 m zwischen den Weidezäunen um die Bucht herum weiter fahren, dann links.

Einen weiteren Strandparkplatz in dieser herrlichen Gegend wollen wir Ihnen nicht vorenthalten. Dazu geht es zurück nach **Ballycastle**, dort nach links auf die **R 314** weiter und auf dieser durch wenig aufregende Weidelandschaft mit Sumpf und Hügeln für die nächsten 12,5 km, um dann nach **links/Killala** abzubiegen. Nun sehen auch wir die Sonne wieder und haben noch 3,1 km zum nachfolgenden Strandparkplatz unseres Vertrauens zu fahren, wo man abends wunderbar mit dem Lieblingsgetränk in der Hand auf dem Mäuerchen sitzen und den Blick über die ***Killala Bay*** schweifen lassen kann.

(162) WOMO-Badeplatz: Ross Beach (Lesertipp)

GPS: N 54° 13' 59.3" W 9° 11' 51.7"
max. WOMOs: 3-5
Ausstattung/Lage: Asphaltparkplatz mit 2 Abteilungen (die obere wird empfohlen), Blue Flag-Sandstrandbucht, Picknickbänke, Müllbehälter, WC-Haus mit Außenwasserhahn / außerorts.
Zufahrt: Siehe Text, Parkplatz-Ein- und Ausfahrt mit Einbahnstraßen-Regelung.

Wir fahren den Stich zur **R 314** zurück und über das bunte **Killala** mit seinem Kirch- und Rundturm nach **Ballina**, das muntere Städtchen mit den vielen Einbahnstraßen. Hier kann man gepflegt einkaufen und (was noch viel wichtiger ist) bei ***Brooklands Gas Co. Ltd.*** (vor Ort besser bekannt als ***Gills***) [N 54° 06' 23.3" W 9° 09' 01.4"] seine (grauen) Gasflaschen füllen lassen (2013: 11 kg für 30 EUR). Suchen Sie in der Stadt die Straße nach Swinford, die Plunkett Road oder vertrauen Sie unseren Koordinaten.

Die **N 26/Foxford** bringt uns aus der Stadt, dann gehts nach rechts/All Routes und schließlich auf die **R 310/Pontoon**, dem ***Lough Conn Drive***. Besagtes Gewässer haben wir dann rechts, registrieren einen traumhaften, wenn auch straßennahen Tagespicknickplatz (N 54° 00' 58.0" W 9° 10' 29.9"), wo man, wie auch bei der Weiterfahrt, ein schönes Panorama mit See und Bergen genießen kann. Wir nehmen dann die **R 318/Foxford** nach links, rollen nun am ***Lough Cullin*** entlang und haben die passenden Plätze mit Strand für Sie:

(163) WOMO-Picknickplatz: Lough Cullin

GPS: N 53° 59' 11.5" W 9° 09' 58.4" **max. WOMOs:** 2-3.

Ausstattung/Lage: Parkplatz 50 m neben der Straße auf festem Sand, Picknickbank, Strand mit Felsbrocken. **Alternativen:** 600 und 750 m auf der **R 318** weiter gibt es 2 weitere Picknickplätze mit Bademöglichkeit.

Zufahrt: Siehe Text, 750 m nach dem Abzweig auf die **R 318** rechts.

Die Straße wendet sich ab vom See und genau 3 km danach biegen wir mitten in **Foxford** nach links ab, dem Hinweis ***Foxford Woollen Mills*** nach. Bevor wir uns diesem reizenden Ziel (Danke für den Lesertipp!) zuwenden, hier gleich die beiden WOMO-Plätze anbei:

(164) WOMO-Stellplatz: Foxford Woollen Mills

GPS: N 53° 58' 57.6" W 9° 06' 46.0" **max. WOMOs:** 2-3
Ausstattung/Lage: Asphalt-/Schotter-Parkplatz am Leisure Centre (Besucherparkplatz der F.W.M.) mit Bäumen / im Ort.
Zufahrt: Siehe Text, an den F.W.M. vorbei und gleich rechts.

(165) WOMO-Stellplatz: Foxford am River Moy

GPS: N 53° 59' 00.0"
W 9° 06' 47.6"
max. WOMOs: 1-2
Ausstattung/Lage: Asphaltparkplatz am Fluss / im Ort.
Zufahrt: 100 m hinter der Einfahrt von **(164)** links.

Die ***Foxford Woollen Mills*** (Mo-Sa 10-18 Uhr, So 12-18 Uhr, Eintritt frei, www.foxfordwoollenmills.ie) verstecken sich hinter einer eher unscheinbaren Fassade und sind doch für uns als neues Ziel <u>die</u> Überraschung der 2013er Recherche-Reise. Die heute landesweit für die exzellente Qualität ihrer Stoffe gerühmte Wollweberei wurde im Jahre 1892 von katholischen Ordensschwestern in sehr bescheidenem Rahmen in äußerst schwierigen Zeiten gegründet. In dieser nach den bitteren Jahren der Kartoffelfäule und massenhaften Auswanderung von Hunger und Armut geprägten, gottverlassenen Ecke Irlands sollte ein wenig Wirtschaftskraft und soziale Infrastruktur entstehen. Die Bauern der Umgebung lieferten die Wolle und die Leute in **Foxford** hatten Arbeit. Die maschinelle Ausstattung und das Know-How verbesserten sich ständig und (nicht nur) durch Gottes Hilfe wurde das Projekt zu einer Erfolgsgeschichte. Der Besucher

von heute erlebt die Story in einer aufwändig gestalteten Ausstellung (mit Filmchen), es gibt sogar Kopfhörer mit deutschen Kommentaren. In der gläsernen Maschinen-Weberei kann man den Arbeitsprozess live verfolgen, sich im gut sortierten Bistro stärken und sich auf zwei Verkaufs-Etagen von vielen edlen Woll-Produkten, einer großen Auswahl an Tisch- und Bettwäsche, Geschirr sowie luxeriösen Accessoires zum Power-Shoppen verleiten lassen. Der Manager ***Joe Queenan*** ist ein Freund der WOMO-Gäste und gewährt bei Vorzeigen dieses Reiseführers **10 % Rabatt** auf Ihren Einkauf.

Wir schlagen nun einen kräftigen Haken gen Süden, nehmen die **N 58/Castlebar**, dann die **R 321/Kiltimagh**, kurz nach links die **N 5/Dublin** und gleich wieder die **R 321** nach rechts nach **Knock**. Hier wollen wir das wohl wichtigste Pilgerziel der katholischen Kirche in Irland anschauen. Den gewaltigen Neubau

der Basilika mit Platz für 10.000 (zehntausend!) Menschen finden wir unschwer, doch bevor man als Nicht-Pilger (möglichst still) das ganze Heiligtum auf dem riesigen Areal mit den sehenswerten Bauten und Reliquien aus der Nähe betrachtet, sollte man das ***Knock Folk Museum*** (10-18 Uhr, Juli/August bis 19 Uhr, Eintritt) besuchen. Neben den durchaus interessanten Exponaten der Kategorie „Heimatmuseum" ist ausführlich die Basis für diesen Wallfahrtsort dokumentiert:

Die Erscheinung
In der deutschsprachigen Broschüre *„Leitfaden für Wallfahrer"* (unbedingt besorgen!) wird der Donnerstag Abend im August 1879 beschrieben, an dem am Südgiebel der kleinen Pfarrkirche in **Knock** 15 Menschen unterschiedlichen Alters und Geschlechts ***die Jungfrau Maria***, ***der Heilige Joseph*** und ***Johannes der Täufer*** für 2 Stunden bei strömenden Regen erschienen sind. Dieser Vorfall wurde wiederholt untersucht und schließlich als echt bestätigt. Umgehend stellten sich die ersten Wunderheilungen ein, sogar ***Papst Johannes Paul II.*** (1979) und ***Mutter Teresa*** (1993) waren schon hier. Bei der Besichtigung des sehr gepflegten Areals haben uns neben der Basilika und den kleineren Gotteshäusern vor allem die lange Batterie von Hähnen der Weihwasseranlage (Plaste-Kanister in vielen Größen gibt's zu kaufen) und die Toilettentrakte im Olympiastadion-Format imponiert.

(166) WOMO-Campingplatz-Tipp: Knock***

GPS: N 53° 47' 21.8" W 8° 55' 18.1" **Öffnungszeiten:** März bis Okt. **Ausstattung/Lage:** Gepflegter Touring-Platz mit solider Ausstattung. www.knock-shrine.ie/caravanpark. **Zufahrt:** Vor Ort ausgeschildert.

Nach der Tour durch die katholischen Souvenir-Läden, wo wir uns mit einem traumhaft sahnigen Softeis beglücken, verlassen wir den heiligen Ort mit dem Gefühl, dass uns dieser straffe Katholizismus in Irland doch ziemlich befremdet.
Auf der prächtig ausgebauten **N 17** rauschen wir durch aufgeforstetes Moor weiter und wollen ***Knock International Airport*** besuchen, den vermutlich unrentabelsten Flughafen der Welt. Der auf Initiative von ***Monsignore Horan*** extra für die Pilgerstätte 20 km von **Knock** entfernt ins Moor gebaute Flughafen ist regelmäßig wegen schlechten Wetters gesperrt und wird heute mit dem Ziel besserer Wirtschaftlichkeit zunehmend auch für Charterflüge der Touristik-Unternehmen genutzt. Wir folgen den Flughafensymbolen und wie bestellt wird uns Zweiflern in Form einer Maschine der *„Miami Air“*, die im Landeanflug über das WOMO-Dach donnert, die Sinnhaftigkeit dieser Investition demonstriert.
Jetzt treibt es uns wieder an die See! Auf der **N 17** und später der **N 4/Sligo** nehmen wir nach 46 km flotter Piste durch Ginsterland die Ausfahrt Nr. 51 auf die **N 59** nach **Strandhill**. Dorthin geht es schließlich weiter auf der **R 292**, 3,8 km hinter der Eisenbahnbrücke halten wir uns links und rollen nun auf bescheidener Straße zwischen ***Ballysadare Bay*** und ***Knocknarea***-Massiv hindurch. Ein Schwenk nach links zur Promenade von **Strandhill** (N 54° 16' 10.3" W 8° 36' 36.8") ist für WOMOs wegen „NOP“ nur noch tagsüber interessant , wir fahren am Abzweig vorbei, biegen nach 1100 m, vor der kleinen Kapelle rechts ab und streben in Stufen bergauf in die imposante Bergwelt des ***Knocknarea***. 500 m hinter dem (zuletzt im oberen Bereich gesperrten) Panorama-Wanderparkplatz **Rathcarrick** [**167**: N 54° 15' 34.7" W 8° 32' 57.4"] geht es nach rechts und

nach weiteren 900 m abermals nach rechts hinauf, wo man nach 300 m schmaler Straße ein prima Basislager für den Gipfelsturm (gemütliche 45 Minuten) erreicht.

(168) WOMO-Wanderparkplatz: Knocknarea

GPS: N 54° 15' 12.0" W 8° 33' 28.0" **max. WOMOs:** 3-5.
Ausstattung/Lage: Geräumiger Parkplatz mit Aussicht, DIXI-Klo, guter Ausgangspunkt für die Gipfeltour. **Zufahrt:** Siehe Text.

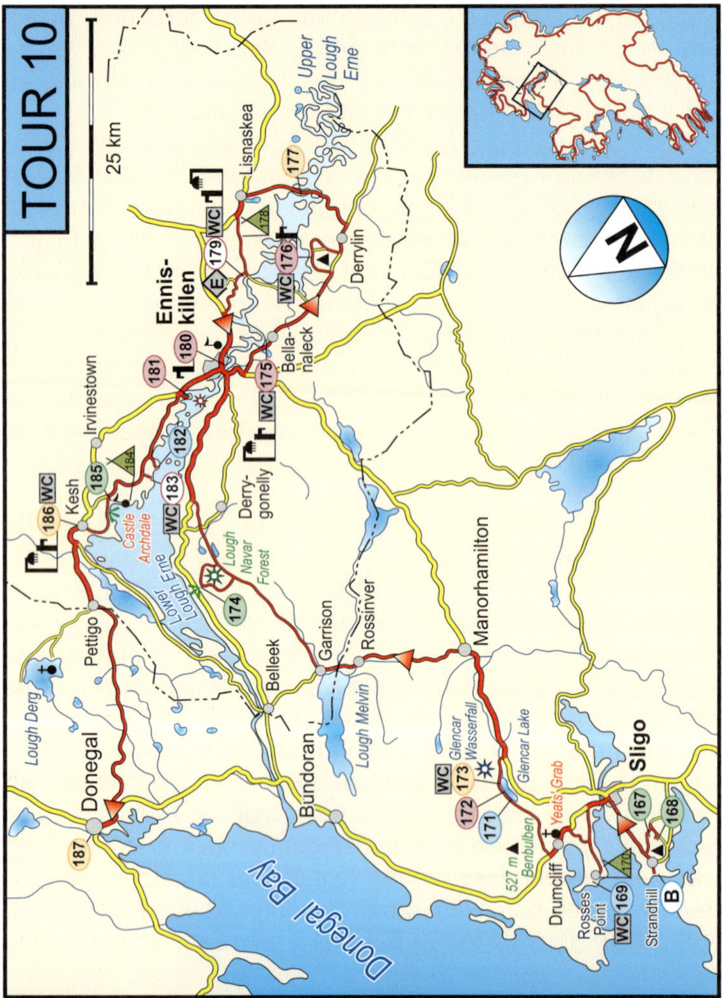
TOUR 10
25 km
Ennis-
killen
Lisnaskea
Upper
Lough
Erne
Derrylin
Bella-
naleck
Irvinestown
Kesh
Castle
Archdale
Lower
Lough Erne
Derry-
gonelly
Lough
Navar
Forest
Pettigo
Lough Derg
Belleek
Garrison
Rossinver
Lough Melvin
Manorhamilton
Bundoran
Donegal
Donegal Bay
Glencar
Wasserfall
Glencar Lake
Sligo
Yeats' Grab
527 m
Benbulben
Drumcliff
Rosses
Point
Strandhill
WC
E
B
N
167
168
169
170
171
172
173
174
175
176
177
178
179
180
181
182
183
184
185
186
187

TOUR 10 (270 km / 5 Tage)

Sligo - Garrison - Lough Navar Forest - Bellanaleck - Lisnaskea - Enniskillen - Donegal

Freie Übernachtung:	Rosses Point, Glencar Lake (3), Lough Navar Forest, Lough Erne (7), Enniskillen, Archdale Forest, Kesh, Donegal.
Trinkwasserstellen:	Bellanaleck Quay, Carrybridge, Lakeland Forum in Enniskillen, Kesh.
Campingplätze:	Rosses Point, Lisnaskea, Castle Archdale.
Baden:	Rosses Point, Glencar Lake, Lough Erne.
Besichtigen:	Sligo, Yeats' Grab in Drumcliff, Glencar Waterfall, Enniskillen, Devenish Island.
Wandern:	Glencar Waterfall, Lough Navar Forest, Wasserwandern im Erne-Gebiet, Archdale Forest.

Ganz majestätisch thront der Tafelberg ***Knocknarea*** (327 m) nahe der Küste, fast wie der Wächter über **Strandhill**. Der Gipfel wird durch einen riesigen Steinhügel gekrönt, der als Grab der sagenumwobenen ***Queen Maeve*** gilt. Wir rollen wieder hinunter, genießen dabei die Ausblicke auf die Bucht und klinken uns ein in die **R 292** nach **Sligo**, fahren dann auch bald auf den Kirchturm zu und sehen in der Ferne schon den nächsten „Sagen- und Mythen-Berg", den wolkenverhangenen ***Benbulben*** (527 m). An diesem Tafelberg, der noch ein paar Nummern größer ausfällt als der eben, kommen wir nachher noch vorbei. Es geht nun Richtung **Town Centre** hinein, wo uns an einem hübsch restaurierten gelben Gebäude die original irische (No-Frost-)Sanitärinstallation demonstriert wird: Alle Rohre draußen! Nicht schön, aber praktisch. Hinter einer Eisenbahnunterführung (4,04 m) folgen wir der **N 15/R 291** nach **Rosses Point**, wo zwei Küstenquartiere auf uns warten.

(169) WOMO-Badeplatz: Rosses Point

GPS: N 54° 18' 32.3" W 8° 34" 13.1"
max. WOMOs: 3-5.
Ausstattung/Lage: Leicht schiefer Asphalt-Parkplatz, befahrbare Wiese anbei, nicht sehr verlockender Badestrand, WC. Bei schönem Wetter am Wochenende/Feiertag sehr voll, direkt unterhalb vom CP.
Zufahrt: 8,3 km nach Abzweig auf die **R 291**, am Ende der Straße.

(170) WOMO-Campingplatz-Tipp: Greenlands****

GPS: N 54° 18' 23.0" W 8° 34' 09.4" **Öffnungszeiten:** 9.4. bis 15.9. **Ausstattung/Lage:** Gute Ausstattung, gepflegter Touringplatz, die erste Reihe mit Buchtblick. **Zufahrt:** Siehe Text, kurz vor **(169)** rechts.

Sligo selbst hat uns nicht sonderlich beeindruckt. Die Hauptstadt der gleichnamigen Grafschaft steht ganz im Zeichen von ***William Butler Yeats*** (Sie erinnern sich? ***Thoor Ballylee***? Tour 7), der auch in dieser Stadt gelebt hat. Außerdem endet hier die Eisenbahnlinie von **Dublin**. **Sligo** ist demnach die nördlichste Bahn-Station der **Irischen Republik**.

Nachdem wir an der Lifeboat-Station noch die ausdrucksstarke Skulptur zum Gedenken all derer, die auf See geblieben sind,

begutachtet haben, nehmen wir auf dem Weg zurück in Richtung **Sligo** in **Creggs** eine Abkürzung, folgen dem ***„Yeatsweg"*** (braunes Schild mit Schreibfeder) nach **links/Tully** und biegen nach knapp 3 km links ab auf die **N 15/Bundoran**. Gleich sieht man auch schon den Rundturm-Torso und die Kirche von **Drumcliff** voraus und nach 1,8 **N 15**-Kilometern wird man von unübersehbaren Hinweisen auf einer extra Abbiegespur sehr komfortabel auf den hübsch bepflanzten Parkplatz (N 54° 19' 32.9" W 8° 29' 37.0") von ***Yeats' Grave*** geführt. Ein Bronze-Mann in Grübel-Pose begrüßt uns und die zahlreichen anderen Besucher, doch das schlichte Grab gleich links neben dem

Kircheneingang haben wir ganz für uns alleine. Die von ***Yeats*** selbst verfasste Inschrift des Grabsteins hat sich uns nie so richtig erschlossen, bedeutet wohl aber soviel, dass man sich

hier nicht ewig aufhalten soll. Wir schauen dennoch kurz in die kleine (protestantische) Kirche hinein, der ***Yeats'*** Großvater einige Jahre als Pfarrer vorstand und stöbern im gut sortierten *Tea Room* samt *Shop*, der nach wie vor mehr Interesse auf sich zieht, als die historische Stätte gleich nebenan. Wir bestaunen noch das sehr alte und reich bebilderte ***Hochkreuz*** an der Friedhofsmauer und fahren dann auf der **N 15** weiter. Nur 2 km später biegen wir rechts ab zum ***Glencar Waterfall*** und folgen auch auf den nächsten Kilometern diesem Ziel. Links erhebt sich dieser unglaubliche ***Benbulben***, auf dem der Sage nach ein wilder Eber gehaust hat. Der Weg führt an schönen Anwesen und schließlich am lieblichen ***Glencar Lake*** entlang, wo

wir nacheinander drei lauschige Plätze registrieren, davon jeder mit seinem eigenen Charme. Auf dem begehrten Angelgewässer segeln Schwäne und am Gegenhang des Sees ist die verkehrsreiche **N 16** zu sehen, aber kaum zu hören.

(171) WOMO-Badeplatz: Glencar Lake

GPS: N 54° 20' 21.5" W 8° 24' 10.6" **max. WOMOs:** 2-3.
Ausstattung/Lage: Schotterparkplatz an einer Badestelle, zuletzt ausgebaut und gepflegter vorgefunden.
Zufahrt: 7,7 km nach dem Abzweig von der **N 15** rechts.

(172) WOMO-Picknickplatz: Glencar Lake

GPS: N 54° 20' 25.0" W 8° 22' 23.0" **max. WOMOs:** 1-2.
Ausstattung/Lage: Kleiner Asphalt-Parkplatz, Aussichtsbänke.
Zufahrt: 2 km hinter **(171)** rechts.

(173) WOMO-Stellplatz: Glencar Wasserfall

GPS: N 54° 20' 18.0" W 8° 22' 08.5"
max. WOMOs: 3-5.
Ausstattung/Lage: Geräumiger Asphalt-Parkplatz seewärts vom alten Mäuerchen, Toilettenhaus, Mülltrennung, Wasserfall in der Nähe, WOMO-Treff.
Zufahrt: 350 m hinter **(172)** rechts.

Ein sorgfältig gestalteter und mit Picknickbänken ausgestatteter Rundweg führt am nicht gerade spektakulären Wasserfall vorbei, doch die anmutige Landschaft und die eigenartige Stimmung lassen uns diesen kurzen Spaziergang genießen.
Nur 2,6 km vom Parkplatz entfernt stoßen wir auf die **N 16**, nehmen links die Richtung **Enniskillen**, fädeln uns 10 km danach in **Manorhamilton** links/**R 280** und rechts/**R 282** nach **Rossinver** durch, rollen dorthin auf schmaler aber netter Straße durch grünes, hügliges Weideland und sehen bald die ersten Zipfel vom ***Lough Melvin*** blinken. Hier passiert man auf einem unscheinbaren Brückchen über den dünnen ***County River*** die Grenze zu **Nordirland**, ohne es zu registrieren. Unauffällig, wie man sich eben eine Grenze zwischen den Grafschaften ***Leitrim*** und ***Fermanagh*** so vorstellt. Dass wir jetzt quasi in **Großbritannien** eingereist sind, merkt man erstmal nur an den roten (und nicht mehr grünen) Telefonzellen, den anderen Straßennummern und spätestens beim Bezahlen: hier gilt noch immer das ***Pound Stirling (£)***. In **Garrison** folgen wir bei der Ortsdurchfahrt hartnäckig der **B 52** nach **Belleek**, dann nach rechts der Straße nach **Derrygonelly** und fahren nun auf schmaler, welliger Straße Berg-und-Tal-Bahn. Beim nächsten Abzweig nehmen wir den ***Forest Drive*** nach halblinks, es geht durch Moorgebiet, dann durch richtigen Wald und links sehen wir eine schmale Straße mit dem Hinweis ***Lough Navar Forest***. Die interessiert noch nicht, denn das ist die Ausfahrt, an der wir von unserem Ausflug durch diesen herrlichen Landschaftspark wieder rauskommen. Erst 1,8 km weiter geht es für uns links rein, wo man sich auf der großen Informationstafel am Parkplatz einen Überblick verschaffen sollte. Diesen Abstecher auf den Berg darf man keinesfalls auslassen, denn uns erwartet ein ganz besonderer Höhepunkt dieser Tour. Anfangs mit Gegenverkehr, später ganz entspannt auf Einbahnstraßen steigt

man im 2. Gang auf dem Asphaltband durch wunderschönen Wald immer höher. An verschiedenen Wander- und Picknickplätzen vorbei erreichen wir den Abzweig nach rechts zum ***View Point***, den man dann nach 1000 m (nun theoretisch wieder mit Gegenverkehr) erreicht. Am Besten man fährt auf dem großen Parkplatz gleich geradeaus bis vor an die Kante. Wenn man hier mit dem Bremsen etwas zögert, kann man trefflich den Beifahrer erschrecken, denn vor uns gähnt der Abgrund! Na? Zuviel versprochen? Wenn Sie nun ein wenig Glück mit dem Wetter haben und die Aussicht auf diesen riesigen ***Lower Lough Erne***, der sich mit einigen Inseln und viel grüner Landschaft drumherum schmückt, ausführlich genießen können (Fernglas dabei?), werden Sie von diesem Parkplatz genauso begeistert sein wie wir! Die Blicke schweifen hinüber nach ***Boa Island*** und gen Westen sogar bis nach **Ballyshannon** und zur ***Donegal Bay***. Eine prima Gegend zum Wandern! Wer Lust hat, kann auch den Fußweg bis zum See hinuntersteigen, muss aber auch wieder hoch! Wir sind heute zu faul dazu, tafeln bei Windstille und vom Ausblick berauscht ausführlich auf einer der Picknickbänke und freuen uns einfach nur über diesen schönen Tag.

(174) WOMO-Wanderparkplatz: Lough Navar Forest

GPS: N 54° 28' 01.4"
W 7° 54' 22.9"
max. WOMOs: 3-5.
Ausstattung/Lage: Asphalt-Parkplatz mit „Raser-Verhinderungs-Schwellen", grandioses Panorama, Wanderwege. **Zufahrt:** Siehe Text.

Das Asphaltsträßchen zum **Exit** führt auf separater Route durch Wald und über grüne Hänge wieder hinab, wir erreichen an schon bekannter Stelle unsere Straße, folgen ihr nach links zunächst Richtung **Derrygonelly** und später den Hinweisen zum ***Lough Erne***. Die folgende Runde wird uns durch das Wassersportparadies des Flusses ***Erne*** führen. Nördlich und südlich der Stadt **Enniskillen** weitet sich dieser Flusslauf jeweils zu mächtigen Seen aus. Den unteren, also den ***Lower Lough Erne***, der bei **Ballyshannon** in die ***Donegal Bay*** mündet, haben wir eben aus der Vogelperspektive bewundert und fahren jetzt an ihm entlang, nachdem wir auf die **A 46** Richtung **Enniskillen** abgebogen sind. Dieser See ist für Wasserwanderer weniger geeignet, da die große ungeschützte Wasserfläche zuweilen heftigen Wellengang entwickelt. Für heute lassen wir die sehenswerte Stadt **Enniskillen** aus und nehmen die **A 4/The West**.
Vom folgenden Kreisverkehr aus könnte man sehr elegant einen 15-km-Abstecher zu den ***Marble Arch Caves*** (10-16.30/ 17 Uhr, www.marblearchcaves.net) unternehmen. Dieses Höhlensystem mit seiner faszinierenden Welt aus unteridischen Flüssen, Wasserfällen, Windkanälen und Domen gehört zu den schönsten seiner Art in Europa. Die Besuchertour dauert 75 Minuten und beginnt mit einer Bootsfahrt. Sehr spannend und dringend zu empfehlen!
Unsere Tour geht beim besagten Kreisverkehr auf der **A 509** zum ***Upper Lough Erne*/Bellanaleck** weiter. Dieser obere und mit seinen vielen kleinen Inseln wesentlich geschütztere ***Erne***-See drängt sich für mehrtägige Wasserwandertouren geradezu auf. Bei der Suche nach Ausgangspunkten für solche Ausflüge folgt man sinnvollerweise den Hinweisen zu den **Public Jettys**. Diese öffentlichen Bootseinsetzstellen sind auch allerbeste Adressen für Übernachtungsplätze und meist mit Wasserhahn, Toiletten und manchmal sogar mit Warmduschen ausgestattet. Vor einigen Jahren fanden wir herzliche Aufnahme bei ***„The Moorings Marina“***, einem Yachthafen mit Restaurant, zu der eine Zufahrt 3,6 km nach unserem letzten Kreisverkehr-Abzweig führt. Ausgestattet mit einer Wasserwanderkarte vom Inhaber und seinen besten Wünschen waren wir für drei Tage mit Canadier und Zeltausrüstung zur „Expedition“ in dieser von Motoryachten und Anglern dominierten Inselwelt unterwegs. Die nächste Chance auf ein ausgesprochen gepflegtes WOMO-Quartier bietet sich schon 900 m weiter in **Bellanaleck**, wo man oben an der Straße ***„The Sheelin“***, ein wunderschönes Haus mit Reetdach besuchen sollte, in dem man einen ***Tearoom***, das ***Sheelin Irish Lace Museum*** (Klöppel-Spitze) und das ***Sheelin Antique Centre*** (Montag bis Samstag 10-18 Uhr, Eintritt) findet.

(175) WOMO-Picknickplatz: Bellanaleck Quay

GPS: N 54° 18' 00.9" W 7° 38' 13.7"
max. WOMOs: 2-3.
Ausstattung/Lage: Nett gestaltetes Areal, Picknickbänke, Mülleimer, Wasserhahn am Bootssteg, WC, Warm-Dusche, Spielplatz, Steganlage mit Yachten, Bootseinsetzstelle.
Zufahrt: 200 m hinter dem Ortseingang, vor der Solo-Tanke nach links den Hinweisen **„Bellanaleck Quay"/„Public Slipway"** folgen, nach 500 m Parkplatz.

Knapp 10 km auf der **A 509/Derrylin** weiter nehmen wir den Abzweig nach links zum ***Knockninny Quay***, umkurven den gleichnamigen, durch einen Steinbruch angenagten ***Hill*** und erreichen nach 2,5 km eine weitere komfortable Jetty.

(176) WOMO-Picknickplatz: Knockninny Quay

GPS: N 54° 13' 48.0" W 7° 34' 24.7" **max. WOMOs:** 1-2.
Ausstattung/Lage: Kleiner, recht schiefer Parkplatz aus Rasengittersteinen, WC, Dusche, Mülleimer, Picknickbänke, Badestelle mit Sandstrand, Marina, Bootseinsetzstelle, Restaurant.
Zufahrt: Siehe Text, 2,5 km nach dem Abweig von der **A 509**.

Nur 400 m weiter biegen wir ab nach **rechts/Derrylin**, bewundern einen (für Irland eher ungewöhnlichen) Windrad-Park auf dem Berg, stoßen nach 3 km schmaler Straße wieder auf die **A 509**, auf der es nach links weiter geht. Kurz darauf erreicht man **Derrylin**, wo es diverse Läden und eine Tanke mit Coffee-Shop gibt. Beim 1. Kreisverkehr halten wir uns an die **B 127/Lisnas-**

kea, sehen Pferde auf Blümchenwiesen, überqueren auf einer Brücke-Insel-Brücke-Kombination den ***Upper Lough Erne*** und kreuzen dabei den Korso der gemieteten Kabinen-Kreuzer. Hinter der zweiten Brücke gibt es beidseitig Picknickplätze und direkt dahinter führt eine schmale Zufahrt sehr spitz nach links wieder zu einer prima Jetty-Unterkunft.

(177) WOMO-Stellplatz: Corradillar Quay

GPS: N 54° 12' 11.2" W 7° 29' 42.7" **max. WOMOs:** 1-2.
Ausstattung/Lage: Feinschotterparkplatz, leicht schief, Bootssteg.
Zufahrt: Siehe Text, dann 300 m ziemlich schmale Zufahrt.

Vom südlichen Scheitelpunkt unserer ***Erne***-Rundfahrt geht es zurück in Richtung **Enniskillen**. Dazu nehmen wir erst einmal weiterhin die **B 127**, erreichen **Lisnaskea** und halten uns hier an die **A 4** nach links. Beim ***SuperValu*** am Ortsende links kann man sehr gut einkaufen, wir „plündern" die verführerisch gut sortierte Warmtheke für unser nächstes Picknick, biegen am Ortsausgang links auf die **B 514/Carrybridge** ab und folgen nun beharrlich dieser Richtung. Der schmale ***Colebrooke River*** begleitet jetzt unsere Tour-Straße und links wartet ein feiner Touring-Campingplatz auf Gäste.

(178) WOMO-Campingplatz-Tipp: Lisnaskea***

GPS: N 54° 16' 06.8" W 7° 28' 59.5" **Öffnungszeiten:** April bis Okt.
Ausstattung/Lage: Gepflegter Platz am Fluss mit netter Touring-Abteilung, straßennah. **Zufahrt:** 2 km nach dem Abzweig auf die **B 514**.

Wir überqueren nun den ***Colebrooke River***, die schmale Schaukel-Straße schlängelt sich durch Weideland, dann folgen wir an einer Kreuzung dem Marina-Hinweis nach links, biegen in

Carrybridge vor der Brücke rechts ab und haben sogleich schon wieder eine wunderbare WOMO-Jetty für unsere Picknick-Pause gefunden.

(179) WOMO-Picknickplatz: Carrybridge

GPS: N 54° 17' 06.8" W 7° 32' 48.8" **max. WOMOs:** 2-3.
Ausstattung/Lage: Toilette, Dusche, Wasserhahn und Chemie-Klo-Entsorgung an der Slipanlage, Picknickbänke, Mülleimer, Bootsanlegesteg, abends gute Gastronomie im Marina-Restaurant (über die Brücke) am gegenüber liegenden Ufer. Zuletzt gab es hier ein Schild „Strictly no overnight parking at this area“ (von dem das „no“ entfernt wurde). WOMOs standen hier trotzdem (oder gerade deswegen) über Nacht.
Zufahrt: Siehe Text, kurz nach dem Abzweig Parkplatz links.

Wir kehren zur Straße zurück, fahren links Richtung **Lisbellaw**, treffen dann wieder auf die **B 514** und rollen schon eine Viertelstunde später in **Enniskillen** ein. Hier lassen wir uns von der **A 4** ins **Town Centre** führen und orientieren uns strikt am Info-Zeichen und den Hinweisen zum ***Lakeland Forum***. Hinter dem Busdepot gibt es links reichlich Parkbuchten entlang der Bootsliegeplätze am Fluss: ein ruhiges und sicheres Basislager für eine ausführliche Stadterkundung. An diesem sommerlauen Abend saßen wir lange auf der Picknickbank am Wasser beim angeregten Plausch mit einem Leserehepaar und hatten dabei ganz vergessen, dass in Nordirland der Alkoholkonsum in der Öffentlichkeit untersagt ist. **Oops!**

(180) WOMO-Picknickplatz: Enniskillen Lakeland Forum

GPS: N 54° 20' 34.4" W 7° 38' 29.7" **max. WOMOs:** 3-5.
Ausstattung/Lage: Picknickbänke, Wasserhahn beim Bootsanleger, ***Lakeland Centre*** mit Sportanlagen, Schwimmhalle, Sauna und mehr, 10 min Fußweg in die City. **Zufahrt:** Siehe Text.

Der Fußweg hinter dem ***Forum*** am ***Erne*** entlang zum ***Enniskillen Castle*** (Dienstag bis Freitag: 10-17 Uhr, sonst 14-17 Uhr, Eintritt, für Militär-Fans, Foto S. 190) führt an einer Steganlage vorbei, wo man sich kostenlos zum ***Lakeland Canoe***

Center nach ***Castle Island*** übersetzen lassen kann. Vielleicht sind Sie auf den Geschmack gekommen und leihen sich hier ein Boot aus, um sich für Stunden oder Tage zum Wassersport „abzumelden"?
Im ausgesprochen gut sortierten ***Tourist Office*** mit einem Übersichtsplan ausgestattet beginnt unser Rundgang durch die lebendige Innenstadt, die zum Shopping verführt. Besonders gut geeignet zum Geld ausgeben ist ***„The Buttermarket"***, ein hübsch gestaltetes Craft- und Design Centre, an dem keiner vorbei kommt. Mit einem original Sandwich-Lunch gestärkt kehren wir schließlich zum WOMO zurück und fahren weiter, um die sympathi-

sche Stadt nach Norden zu verlassen und die Ostseite des ***Lower Lough Erne*** zu erkunden. Vom Parkplatz biegen wir dazu rechts ab, folgen kurz der **A 4/Belfast** und halten uns dann an die **A 32/Omagh**. Noch bevor wir auf die „Küstenstraße" **B 82** treffen, lockt uns der Abzweig zur **Devenish Island Ferry** nach links (Längenbeschränkung für <u>Busse</u>: 7,60 m). Die sehr schmale Straße windet sich durch dichten Bewuchs hoch und runter, doch nach 1,1 km, vor der finalen Abfahrt zum See, gibt es rechts einen gemütlichen Parkplatz, Prädikat „Besonders wertvoll".

(181) WOMO-Picknickplatz: Devenish Island Ferry

GPS: N 54° 22' 49.2" W 7° 39' 03.0" **max. WOMOs:** 2-3.
Ausstattung/Lage: Asphalt-Parkplatz mit schön gestaltetem Umfeld, Picknickbänke. **Zufahrt:** Siehe Text, leicht brüchiger Fahrweg.

Hier sollte man unbedingt sein WOMO abstellen und die letzten 200 m Steilpiste zum Quay per pedes bewältigen. In der

Saison bringt regelmäßiger Bootsverkehr Interessierte nach ***Devenish Island*** hinüber, wo man die Überreste einer Klosteranlage aus dem 6. Jahrhundert mit einem der schönsten und besterhaltenen Rundtürme Irlands besichtigen kann.
Bei der Ausfahrt geht es nach links weiter, gleich nehmen wir die **B 82** nach links, passieren schon bald den niedlichen Flughafen mit dem stolzen Namen ***"Enniskillen Airport St. Angelo"***, genießen die Fahrt durch schöne Landschaft mit gelegentlichem Seeblick und können von weiteren WOMO-Plätzen und einem nahezu perfekten Campingplatz berichten.

(182) WOMO-Badeplatz: Rossclare Jetty

GPS: N 54° 26' 16.0" W 7° 42' 44.4" **max. WOMOs:** 2-3.
Ausstattung/Lage: Leicht brüchiger Asphalt-Parkplatz, Badestelle, Bootsanleger, Bootseinsetzstelle, Müllbehälter.
Zufahrt: 1,3 km hinter dem Ortseingangsschild von **Killadeas** nach links den Hinweisen „Rossclare Slipway"/„Public Jetty" folgen, nach 700 m rechts halten, dann noch 900 m zum Parkplatz.

(183) WOMO-Picknickplatz: Rossigh Jetty

GPS: N 54° 26' 55.7" W 7° 43' 25.0" **max. WOMOs:** 2-3.
Ausstattung/Lage: Picknickwiese mit Bänken, Grillplatz, Toiletten, Müllbehälter, Badestelle, Bootsanleger und -einsetzstelle, Rastplatz für Wasserwanderer.
Zuletzt galt hier: „No Overnight Parking". Mal sehen wie lange.
Zufahrt: 2,3 km nach der Zufahrt zu **(182)** nach links den Hinweisen „Rossigh Bay"/„Lower Lough Erne" folgen, nach 1,3 km Parkplatz links.

(184) WOMO-Campingplatz-Tipp: Castle Archdale*****

GPS: N 54° 28' 45.0" W 7° 43' 47.6" **Öffnungszeiten:** April-Okt.
Ausstattung/Lage: Touring-Abteilungen mit Standard- und Luxus-Ausstattung, sehr schön angelegt, in einem Areal mit alten Bäumen zwischen Park und See, sehr gute Ausstattung und Service-Angebote. www.castlearchdale.com
Zufahrt: 1,4 km nach der Zufahrt zu **(183)** hinter einer Kirche nach links zum „Castle Archdale Country Park", dann den Hinweisen nach.

(185) WOMO-Wanderparkplatz: Archdale Forest Park

GPS: N 54° 29' 14.9" W 7° 42' 44.5" **max. WOMOs:** 2-3.
Ausstattung/Lage: 2-teiliger Asphaltparkplatz am Wald bei der Ruine vom „Old Archdale Castle", Picknickbänke, Müllbehälter, Wanderwegenetz, Radrouten.**Zufahrt:** 2,9 km nach der Zufahrt zu **(184)** nach links/Kesh/„Scenic Route" folgen und sofort spitz nach links zum „Castle Archdale Forest" abbiegen, nach 400 m Parkplätze rechts.

Hinter dem ***Archdale Forest Park*** nehmen wir die ***Scenic Route*** nach links, fahren die letzten Kilometer nach **Kesh** wieder Berg-und-Tal-Bahn und von der „Hochstraße" bieten sich prächtige Ausblicke über große Teile des wunderschönen ***Lower Lough Erne***. Empfehlenswert ist ein Stopp auf dem Picknickplatz mit Aussicht (N 54° 29' 44.1" W 7° 43' 50.5") keine 2 km hinter dem Abzweig. Wir erreichen die **A 35** und fahren auf dieser Straße nach **Kesh** hinein, wo es einen neuen WOMO-Platz zu vermelden gibt.

(186) WOMO-Stellplatz: Kesh Marina (Lesertipp)

GPS: N 54° 31' 25.1" W 7° 43' 27.8"
max. WOMOs: 1-2.
Ausstattung/Lage: Asphaltparkplatz am Fluss, leicht schief, Bootssteg, WC-Haus mit Dusche, Müllbehälter, Bänke, Wasserhahn am Steg.
Zufahrt: 80 m nach Abbiegen auf die **A 35** hinter der Brücke links rein, nach 80 m Parkplatz links.

Fährt man auf der **A 35** weiter, gelangt man nach **Pettigoe** und wechselt mitten im Ort wieder von **Nordirland** nach **Irland**. Dabei verliert der Ortsname sein „End-e" (warum auch immer), die Straße wird schlechter, die Häuser bunter und wir sind augenfällig wieder im Gaeltacht-Gebiet. Wir halten uns links und schnüren auf der **R 232** durchs Moor Richtung **Donegal**. Im Juni erlebt man auf dieser mittlerweile gut ausgebauten Stre-

cke ein Fest der Farben: knallgelber Ginster und pinkfarbener Rhododendron beinahe flächendeckend. Eine andere Straße, die **R 233**, führt von **Pettigo** aus zum ***Lough Derg***. Dicht beim protestantisch dominierten **Nordirland** kommen jährlich etwa 20.000 katholische Pilger hierher zur wohl härtesten Wallfahrt in **Irland**. Auf der Insel ***Station Island***, die nur für Pilger und nicht für neugierige Touris zugänglich ist, wird barfuss 3 Tage lang mit Gebeten, Brot und Tee nonstop Buße getan.
Nach einem Stück frisch ausgebauter **N 15** landen wir an einem nagelneuen Kreisverkehr, den wir auf der ebenfalls neuen **R 267** nach **Donegal Town Centre** verlassen. Hier nehmen wir dann Kurs auf das ***Tourist Office*** und finden dort gegenüber auf dem zentralen und zuletzt gründlich ausgebauten Pay&Display-Parkplatz (Mo-Sa 9-18 Uhr, 2,70 EUR/Tag) an der **Quay Street** erfreulich entspannte Verhältnisse vor. Am Abend ziehen wir eine Runde durch diese bunte und quirlige Stadt mit ihren urigen Pubs und stimmungsvollen Restaurants und freuen uns schon mal auf die große Runde durch die Grafschaft ***Donegal*** im Nordwesten der Insel. Start morgen: Tour 11.

(187) WOMO-Stellplatz: Donegal P 4

GPS: N 54° 39' 04.4" W 8° 06' 53.1" **max. WOMOs:** 3-5.
Ausstattung/Lage: Asphalt-Parkplatz am Quay, tagsüber mit Gebühr, nette Plätze auch noch hinter dem Wasserbus-Office vor dem Friedhof beim Denkmal für ***Red Hugh O' Donnell***. **Zufahrt:** Siehe Text.

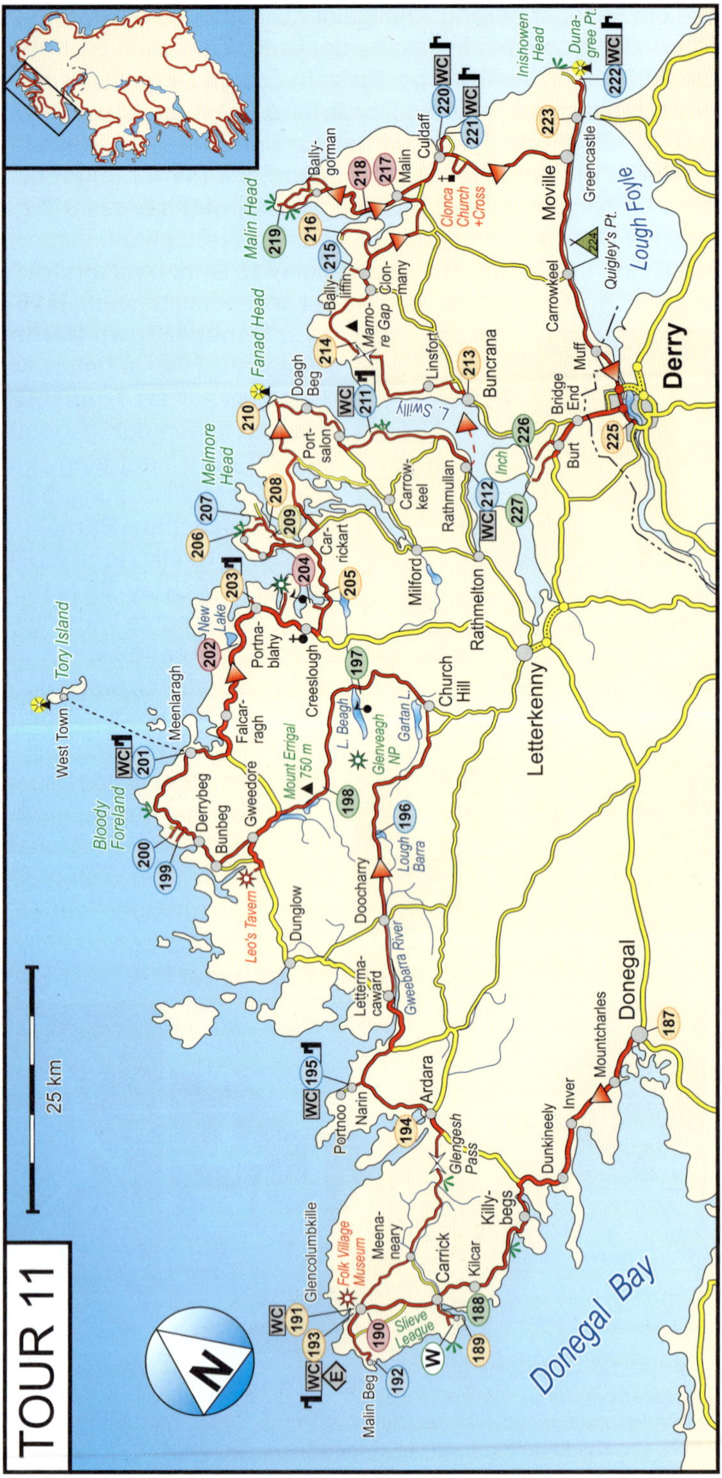
TOUR 11
25 km
Donegal Bay
Malin Beg
Glencolumbkille
Folk Village Museum
Meena-neary
Carrick
Kilcar
Killy-begs
Slieve League
Glengesh Pass
Dunkineely
Inver
Mountcharles
Donegal
Portnoo
Narin
Ardara
Letterma-caward
Gweebarra River
Dunglow
Leo's Tavern
Doochary
Lough Barra
Bunbeg
Derrybeg
Gweedore
Bloody Foreland
Mount Errigal 750 m
Glenveagh NP
L. Beagh
Gartan L.
Church Hill
Letterkenny
West Town
Tory Island
Meenlaragh
Falcar-ragh
New Lake
Creeslough
Portna-blahy
Car-rickart
Milford
Rathmelton
Melmore Head
Carrow-keel
Rathmullan
Port-salon
Fanad Head
Doagh Beg
L. Swilly
Inch
Buncrana
Linsfort
Mamo-re Gap
Clon-many
Bally-liffin
Malin Head
Malin
Bally-gorman
Culdaff
Clonca Church +Cross
Inishowen Head
Duna-gree Pt.
Moville
Greencastle
Carrowkeel
Quigley's Pt.
Lough Foyle
Muff
Bridge End
Burt
Derry
WC
187
188
189
190
191
192
193
194
195
196
197
198
199
200
201
202
203
204
205
206
207
208
209
210
211
212
213
214
215
216
217
218
219
220
221
222
223
224
225
226
227

TOUR 11 (530 km / 10 Tage)

Killybegs - Slieve League - Glencolumbkille- Ardara - Portnoo - Glenveagh - Bloody Foreland - Rosguill - Fanad - Inishowen - Derry

Freie Übernachtung:	Carrick, Teelin Pier, Glencolumbkille (2), Ardara, Malin Beg, Narin Beach, Lough Barra, Glenveagh NP, Mount Errigal, Derrybeg, Glassach, Meenlaragh, New Lake, Portnablagh, Doe Castle, Lackagh River, Rosguill Halbinsel (4), Fanad Halbinsel (3), Inishowen Halbinsel (12), Inch Wildfowl Reserve (2), Derry.
Trinkwasserstellen:	Narin Beach, Meenlaragh, Portnablagh, Downies, Culdaff, Dunagree Point.
Campingplätze:	Foyleside.
Baden:	Malin Beg, Narin Beach, Lough Barra, Derrybeg, Glassach, Meenlaragh, Rosses Strand, Ballymastocker Bay, Pollan Beach, Five Fingers Strand, Culdaff, Dunagree Point.
Besichtigen:	Donegal, Glenveagh Nationalpark, Leo's Tavern, Creeslough Church, Doe Castle, Sibin Ceoil, Buncrana, Inch Wildfowl Reserve, Clonca Church and Cross, Greencastle (mit Maritime Museum & Planetarium), Moville.
Wandern:	Slieve League, Mount Errigal, Tory Island, Ards Forest Park, Malin Head (Höllenschlund), Inishowen Head.

Das ansehnliche und lebendige Städtchen **Donegal** mit seinem rhombusförmigen Marktplatz („*The Diamond*") verdient eine vertiefende Besichtigung. Beim nächsten Mal bestimmt! Die folgende Tour in den bezaubernden Nordwesten der Insel reicht alleine für einen ganzen Urlaub. Es ist das reinste Strand- und Klippenfestival! Auf der ***Donegal***-Runde begegnet man regelmäßig noch dem urwüchsigen Irland, das noch nicht vom Massen-Tourismus geprägt ist. Reisebusse sieht man eher selten, die Straßen sind gelegentlich immer noch schmal und ruppig, manchmal auch ziemlich steil, aber lange nicht so schlecht wie ihr Ruf.

Wir folgen nun der **N 56/Killybegs** aus der Stadt hinaus, streifen kurz die Meeresbucht und rollen auf 3-spurig ausgebauter Straße zügig bergauf. An **Mountcharles** und **Inver** führen Ortsumgehungen vorbei, damit ist in **Dunkineely** vorerst Schluss und unsere Blicke schweifen beim Ortsausgang über die ***McSwyne's Bay***. Die feuchte Luft voraus zaubert einen Regen-

bogen, wir verlassen die **N 56**, fahren geradeaus weiter auf der **R 263** nach **Killybegs** und kürzen über einen Damm die hintere Ecke der Bucht ***Killybegs Harbour*** ab. Im Hafen dieses bedeutenden Fischverarbeitungszentrums begrüßen uns respektable Trawler, doch über der Szenerie liegt ein unsympathischer Geruch. Es müffelt! Auf dem großen Hafenparkplatz sind noch ein paar WOMOs am Schlafen, doch besonders ruhig war es hier sicher nicht. Der „Werksverkauf"-Anhänger bei der Einfahrt bietet ein verlockendes Sortiment an Frisch- und Räucherfisch, wir decken uns ein, bleiben dann auf der **R 263**, nun Richtung **Carrick/Kilcar** und steigen noch im Ort wieder bergauf. Die zahlreichen auffällig gepflegten Grundstücke mit schmucken, weißen Häusern darauf lassen vermuten, dass die Aroma spendende Industrie zu regionalem Wohlstand geführt hat.
Die Strecke an der Bucht entlang bietet schöne Ausblicke auf die Küstenlandschaft, den angekündigten Aussichtsparkplatz am ***Rinn Point*** (N 54° 37' 47.2" W 8° 30' 43.1") sollte man deshalb zwecks Vertiefung der Eindrücke nicht verpassen. An **Kilcar** fahren wir vorüber, die Straße schraubt sich nun hinauf, es folgt ein Abschnitt durch Moor und Heide, und schon bald ist **Carrick** in Sicht. Dort biegen wir bei erster Gelegenheit links ab auf die schmale Straße nach **Teelin Pier** und **Slieve League/Sliabh Liag**, dem heutigen Wanderziel: Eine Bergtour bei den *„Höchsten Klippen Europas"* steht auf dem Programm! Die Gegebenheiten vor Ort haben sich WOMO-technisch leider verschlechtert: Die (zugegeben recht knifflige) Zufahrt zum finalen Plateau-Parkplatz ist für WOMOs verboten, und so fällt auch unser „luftiger" Wanderparkplatz dort oben eben mal weg. Das zwingt zur kreativen Abwandlung der Abläufe, so merken wir uns schon einmal 1,1 km nach dem Abzweig den kleinen Parkplatz links und biegen 1,8 km später vor der Schule nach rechts/

Sleave League/Viewing Point ab. Nach 300 m passiert man das **Cliffs Centre** (www.slieveleaguecliffs.ie), einem Souvenirladen mit Café aber nur bescheidener Info-Kompetenz, dann geht es auf einer zunächst breiten, dann doch recht schmalen, in engen Kurven ansteigenden Straße hinauf und nach 2 km ist für WOMOs schon Schluss. Der neue Parkplatz (N 54° 37' 34.9" W 8° 39' 52.6", Leider Übernachtungsverbot!) links ist nun der Ausgangspunkt für unsere Gipfeltour, die also mit fast 2 Straßenkilometern beginnt und auch endet.

Slieve League
Diesmal kann ich Annegret überreden mitzukommen, da sich der gefürchtete ***„One Man's Path"*** auf dem scharfen Bergrücken entlang bei meiner letzten Solotour als harmlos erwies. Der Rucksack ist gepackt (Regenzeug, Foto, Fernglas und ganz wichtig: Proviant!), die Bergschuhe geschnürt und der Aufstieg kann beginnen. Was für ein Blick schon oben vom Plateau-Parkplatz! Wie aus dem Flugzeug kann

man die Schiffchen des Küstenverkehrs verfolgen und der spektakuläre Wanderweg oberhalb dieser riesigen Klippenwand lässt eine straffe und spannende Bergtour erwarten. Wie als Charaktertest ärgert uns schon nach einer Viertelstunde ein kräftiger Regenschauer, doch das Wetter wird zunehmend freundlicher. Entgegenkommende, ordentlich durchnässte Wandersleute neiden uns lauthals den sonnigen Aufstieg und möchten am liebsten nochmal mit hoch kommen. Der Weg hat wieder seine ganz besonderen Tücken. Nach dem Regen sind große Abschnitte völlig bodenlos und man eiert genervt durch braune Moorpampe. Eigentlich nicht zu verstehen, dass dieser Weg nicht gesperrt ist, denn das Hochmoor wird zwangsläufig total zerlatscht. Viele Menschen sind hier oben nicht unterwegs, und an einen gebrochenen Knöchel mag man gar nicht denken (Bitte solide Bergschuhe und keine Turnschuhe tragen!). Der Blick hinunter zum Plateau-Parkplatz führt dessen besonders exponierte wie einzigartige Lage deutlich vor Augen. Bei diesen erschwerten Bedingungen dauert der Aufstieg der etwa 400 Höhenmeter etwa 3 Stunden, doch da ist das Hin und Her auf der Suche nach dem nicht ganz klar ausgewiesenen Gipfel des ***Slieve League*** (595 m) schon enthalten. Ganz ordentlich „geschlaucht“ widmen wir uns einer ausführlichen Gipfelrast und begeben uns anschließend auf den Rückweg. Wegen der Modder-Abschnitte dauert auch das seine Zeit und reichlich „eingesaut“ erreichen wir schließlich das Areal oberhalb des Plateau-Parkplatzes, das die stadtfeinen PKW-Touristen auch mit Halbschuhen erobern können. Auf der Straße marschieren wir dann noch zum neuen Tagesparkplatz hinunter und trauern immer noch einem der schärfsten WOMO-Plätze **Irlands** nach.

Als weitere Variante für den Gipfelsturm kann man den Tagesparkplatz bei der Schule nutzen, dann 700 m Richtung **Carrick** (also noch hinter der bereits beschriebenen Zufahrt) marschieren und dort die Wanderung beginnen, die dann aber ziemlich eintöig durch einen Talkessel führt.
Hier noch die beiden verbliebenen legalen Übernachtungsplätze in dieser mittlerweile ziemlich WOMO-feindlichen Region:

(188) WOMO-Wanderparkplatz: Carrick Wasserfall

GPS: N 54° 39' 02.0" W 8° 38' 33.9" **max. WOMOs:** 1-2.
Ausstattung/Lage: 2009 neu angelegter Feinschotter-Parkplatz neben der zuletzt gesperrten Wildwasser-Angelstelle, Picknickgelände anbei. No Overnight Camping (?).
Zufahrt: Siehe Text, 1,1 km nach Abzweig in Carrick links.

(189) WOMO-Stellplatz: Teelin Pier

GPS: N 54° 37' 24.4" W 8° 37' 57.2"
max. WOMOs: 1-2.
Ausstattung/Lage: Parkmöglichkeiten direkt an der Piermauer, ziemlich schief, ohne alles, Angeltouren und Bootsausflüge zu den Klippen (1. Tour startet 10 Uhr, www.nualastarteelin.com).
Zufahrt: 4,4 km nach dem Abzweig in Carrick, also 3,3 km nach dem vorigen Platz, beim Ende der Straße am Hafen.

Ein echter Geheimtipp, vielleicht sogar ein neues Pilgerziel für die WOMO-Gilde versteckt sich hinter den Bergen und heißt **Glencolumbkille**. Zurück in **Carrick** nehmen wir also die **R 263/Glencolumbkille**, das neu gebaute Asphaltband führt durch Torfland, links begleitet uns ein sprudelnder Bach, in der kargen Landschaft weiden Schafe, in der Ferne sehen wir schon das Meer blinken und 7,6 km hinter **Carrick** geht es nach links zu einem Aussichtsparkplatz, eine sehr willkommene Möglichkeit, sich einen Überblick zu verschaffen.

(190) WOMO-Picknickplatz: Glencolumbkille Aussicht

GPS: N 54° 42' 12.2" W 8° 43' 20.1"
max. WOMOs: 2-3.
Ausstattung/Lage: Asphalt-Parkplatz am Ende der Zufahrt, Picknickbänke, Wanderwege, schöne Aussicht, windanfällig.
Zufahrt: Siehe Text, vom Abzweig 600 m rumplige Zufahrt.

Es geht nun hinunter ins weit verstreute Küstenörtchen, wir sehen eine schöne Kirche und Hinweise zum ***Folk Village Museum*** (Ostern-Sept. Mo-Sa 10-18, So 12-18 Uhr, wenig Eintritt, www.glenfolkvillage.com) denen wir nach links folgen. Wir passieren ein **Hostel** (später dazu mehr) und landen dann vor diesem liebevoll betreuten Heimatmuseum, das 1967 von ***Father James McDyer*** gegründet wurde. Er kam 1951 nach **Glencolumbkille** und hat mit großem Einsatz, seiner unermüdlichen, anpackenden Art und seinem pragmatischen Naturell entscheidend zur Entwicklung dieser vormals rückständigen und

strukturschwachen Ecke Irlands beigetragen. Er ist 1987 gestorben und wird hier noch heute hoch verehrt. Gewiss hätte er es begrüßt, dass nunmehr WOMO-Gäste aus ganz Europa den Parkplatz gegenüber als temporäres Quartier nutzen.

(191) WOMO-Stellplatz: Glencolumbkille Museum

GPS: N 54° 42' 26.5" W 8° 44' 27.3" **max. WOMOs:** 2-3.
Ausstattung/Lage: Asphalt-Parkplatz gegenüber dem ***Folk Village Museum***, DIXI-Klo, schöner Strand mit Wiese und Bänkchen anbei.
Zufahrt: Vom Abzweig im Ort 700 m.

Und es kommt noch besser! Fährt man auf der **R 263** weiter nach **Malin Beg**, kurvt man durch reizende Küstenlandschaft mit Felsenbuchten und Leuchtturminsel und folgt man den Hinweisen zum ***Silver Strand***, findet man schließlich den ultimativen Parkplatz hoch über dieser Traumbucht.

(192) WOMO-Badeplatz: Silver Strand

GPS: N 54° 39' 54.7" W 8° 46' 37.8" **max. WOMOs:** >5.
Ausstattung/Lage: Großer, leicht schiefer Asphalt-Parkplatz, Treppenweg runter zum Strand. **Zufahrt:** Siehe Text, 7,7 km hinter **(191)**.

Wer in dieser Gegend nach einem Übernachtungsplatz mit WOMO-Facilities sucht, der findet ihn am Ortseingang von **Glencolumbkille** beim schon erwähnten **Hostel**.

(193) WOMO-Stellplatz: Hill Walkers Centre

GPS: N 54° 42' 33.0" W 8° 43' 51.6" **max. WOMOs:** 3-5.
Ausstattung/Lage: Stellplätze auf Schotter, Wasserhahn, Kassetten-Entsorgung, Gebühr: ?
Zufahrt: An der Ortsdurchfahrt, 700 m östlich von **(191)**.

Im Ort halten wir uns links an die Hinweise nach **Ardara**, die schmale Straße windet sich durchs Gebirge, in **Meenaneary** nehmen wir wieder die besser ausgebaute Straße nach links, queren den ***Glen River*** und schnüren durch liebliche Auenlandschaft. So trödeln wir auch schon mal im Schritt-Tempo geduldig hinter einer Schafherde her und steigen schließlich spürbar höher, denn der Blick über das grüne Tal weitet sich. Hier oben wird Torf gestochen, das letzte Stück geht es straff hinauf und hinter dem angekündigten Aussichtsparkplatz beim ***Glengesh Pass*** führt die Straße in sparsamen Serpentinen besonders steil wieder hinunter.
Wir sind richtig froh, hier jetzt nicht hinauffahren zu müssen! In einer besonders üblen Kurve hat man vorsichtshalber eine Madonnen-Statue aufgestellt, bei der man sich bei erfolgreicher Abfahrt bedanken kann und die sicherlich auch dafür sorgt, dass wir gut beschützt unsere Fahrt durch das wunderschöne, von ***Fuchsien*** gesäumte ***Glengesh-Tal*** und später auf der **N 56** nach **Ardara** fortsetzen können. Diese *Heritage Town* gilt als Zentrum der ***Tweed***- Branche, man findet einen ***Outlet-Shop***, gar ein ***Donegal Tweed Centre*** mit „Free Guided Tours" sowie einen durchaus geeigneten Parkplatz für WOMOs, eine prima Basis für einen ausgiebigen Ortsrundgang.

(194) WOMO-Stellplatz: Ardara

GPS: N 54° 45' 45.0" W 8° 24' 38.5"
max. WOMOs: 3-5.
Ausstattung/Lage: Großer, nett gestalteter Asphaltparkplatz am Flüsschen, Picknickbänke, Müllbehälter, Infotafel, zentrumsnah.
Zufahrt: Den Hinweisen zum **Town Car Park** folgen, vor dem Sweeter-Shop rechts rein.

Wir verlassen „Tweed-City" nach Norden und nehmen dazu anfangs die **N 56/Glenties** und dann gleich die **R 261** geradeaus Richtung **Narin/Portnoo**. Durch felsenbestücktes Weideland und mit einem herrlichen Blick über die Meeresbucht samt Dünenlandschaft geht es auf welliger wie kurvenreicher Straße bergauf und bergab, an einem ***Dolmen Centre*** (Galerie, Café) vorbei bis zu einem Abzweig, wo wir geradeaus der **L 2413** nach **Narin** zum Strand folgen. Auf unserem Weg dorthin deuten Ferienhäuser und ein Dauercampingplatz auf eine beliebte „Sommerfrische“ hin, bei dem riesigen Traumstrand auch kein Wunder.

(195) WOMO-Badeplatz: Narin Beach

GPS: N 54° 50' 18.9" W 8° 26' 50.1" **max. WOMOs:** 2-3.
Ausstattung/Lage: Geräumiger Asphalt-Parkplatz mit Strandblick, WC, Außen-Wasserhahn, Müllbehälter, Bottlebank, Saison-Gastronomie und -Läden anbei. **Zufahrt:** Siehe Text.

Vom Strandparkplatz zurück zur Tourstraße halten wir uns links, klinken uns wieder in die **R 261** nach **links/Glenties** ein, rumpeln nun also auf dem ***Santa Anna Drive*** und biegen 4 km später nach links auf die **N 56/Dunglow** ab, die uns auf recht attraktiver Strecke an ***Gweebarra Bay*** und ***- River*** entlang zur Ortschaft **Lettermacaward** führt. Im irischen Hochsommer-Juli von 2013 wird der Asphalt spürbar weich, die **N 56** wendet sich nach links und wir setzen unsere Fahrt geradeaus auf der **L 1783** nach **An Dúchoraidh (Doocharry)** fort. Jetzt rollt man mit angemessenem Tempo oberhalb vom Tal entlang, sieht rechts unten den seeartig verbreiterten ***Gweebarra River*** und neben hübschen weißen Häusern später zunehmend zerfallene und verlassene Gemäuer am Wegesrand. Es riecht nach Torffeuer, wir durchqueren nun recht ärmliches, mit vielen Felsen bestücktes Weideland, stoßen in **Doocharry** auf die **R 252** und fahren dann rechts (eigentlich geradeaus) auf der **R 254/Letterkenny** weiter, immer am Fluss entlang. Die Umgebung wird schöner, die Straße schlechter und in stabil nordöstlicher Richtung holpern wir durch das langgestreckte Tal, wo uns bald ein großes Schild im ***Glenveagh Nationalpark*** begrüßt. Diesem Thema widmen wir uns morgen und suchen auf dem kleinen Parkplatz am ***Lough Barra*** die am wenigsten schiefe Ecke für unseren heutigen Übernachtungsplatz. Nach einem recht erfrischenden Kurzbad im See (15°C) erkunden wir die interessante Umgebung und erfreuen uns anschließend einer ungestörten Nachtruhe.

(196) WOMO-Badeplatz: Lough Barra

GPS: N 54° 57' 32.3" W 8° 06' 38.5"
max. WOMOs: 1-2.
Ausstattung/Lage: Leicht schiefer Parkplatz am See, Bootseinsetz- und Badestelle, straßennah, nachts sehr still und einsam.
Zufahrt: Siehe Text, gleich rechts unterhalb der Straße.

Ein frischer klarer Morgen begrüßt uns. Genau das Richtige für unseren Tagesplan! Auf der einsamen Straße schnurrt das WOMO immer weiter das Tal hinauf. Ein Bergbach kommt uns recht munter entgegen und der Wind zaubert Wellen in das hohe Gras. Ein Wiesenmeer! Bevor sich die Straße im Bogen nach rechts wendet, sehen wir links voraus im Tal den imposanten See namens ***Lough Beagh*** (oder auch ***Veagh***), den wir bald aus der Nähe betrachten werden. Nun geht es in Schleifen bergab durch wunderschöne Natur: runde Bergrücken, ein sprudelnder Fluss, flüchtende Schafherden und einzelne Felsbrocken auf üppigem Wiesengelände. Eine wahre Idylle! Jetzt kommt auch schon das ***Gartan Lough*** in Sicht, wir nehmen die Richtung **Church Hill** und fahren dann direkt am See entlang. Auf abwechslungsreicher Strecke geht es durch ein Waldgebiet hinab, beim Abzweig nach links auf die **R 251/Gweedore/Gartan** und schließlich immer den Hinweisen ***Glenveagh Nationalpark*** nach. Genau 11 km Buckelpiste über das moorige Hochplateau später erreichen wir den aufwändig gestalteten Besucherparkplatz eines der schönsten Ausflugsziele der Grafschaft ***Donegal***. In besonders anschaulicher und unterhaltsamer Weise erfährt man im ***Visitor Centre*** (Mo-Sa 10.30-18 Uhr, So 11-19 Uhr, Eintritt) viel über die Natur des

Nationalparks und zur Geschichte von ***Glenveagh Castle***. Filmvorführung und Prospekt in deutscher Sprache sind dabei zum Verständnis sehr nützlich. Ein Minibus-Shuttle bringt uns zum herrlich am ***Lough Beagh*** (***Veagh***) gelegenen Schloss, das vor allem durch die romantisch angelegten Gärten besticht. Besonders gut hat es offenbar mit der Kultivierung von Rhododendron geklappt, der sich seit der Garten-Gestaltung im 19. Jahrhundert zu einer alles überwuchernden Plage entwickelt hat und immer mal mit schwerer Technik gerodet werden muss. Auf eine Besichtigung des Schlosses verzichten wir (Hier wird noch einmal extra Eintritt kassiert!) und probieren den ***View Point Trail***, der uns bei einem ¾-Stunden-Spaziergang oberhalb des Schlosses prächtige Ausblicke beschert. Den Aufenthalt in diesem wunderschönen Tal, das sich auch sehr gut zum Radfahren eignet, kann man beliebig verlängern und viele verschiedene Wanderwege laden dazu auch ein. Drängt sich die Frage auf, ob der Parkplatz als Übernachtungsplatz genutzt werden kann. Eine offizielle Erlaubnis dafür ist den freundlichen Damen im Office nicht zu entlocken, aber augenzwinkernd lässt man uns wissen, dass es gelegentlich schon vorkommt, dass Autos hier über Nacht stehen und man damit keine Probleme habe. Reicht uns ja!

(197) WOMO-Wanderparkplatz: Glenveagh NP

GPS: N 55° 03' 27.1" W 7° 56' 14.8" **max. WOMOs:** 3-5.
Ausstattung/Lage: Geräumiger und aufwändig gestalteter Parkplatz beim Visitor Centre (Nettes SB-Restaurant mit teurem Kuchen), Spielplatz, Picknickareal. **Zufahrt:** Siehe Text.

Nun folgen wir weiter der **R 251** Richtung **Gweedore**. Die Straße ist gut ausgebaut und bietet somit ungetrübten Fahrspaß durch diese reizvolle Landschaft. Der Nachmittag gehört dem ***Mount Errigal*** (750 m), dessen majestätischer, ebenmäßiger, weiß schimmernder Kegel weithin sichtbar ist. Er gilt als der schönste Berg in Irland, und das mit einer frischen Brise gewürzte, sonnige Wetter lockt diesmal die komplette Familie zur Bergtour. Im Zuge der letzten Straßenausbaumaßnahmen gibt es nun sogar einen richtigen Parkplatz dafür.

(198) WOMO-Wanderparkplatz: Mount Errigal

GPS: N 55° 01' 30.1" W 8° 05' 23.1" **max. WOMOs:** 1-2.
Ausstattung/Lage: Von einem Mäuerchen gerahmter Schotterparkplatz, Wanderweg zum Mount Errigal.
Zufahrt: 12,1 km nach der Ausfahrt von **(197)** rechts der Straße.

Mount Errigal

Schon von Ferne ist der markierte, und wie wir gleich sehen werden, total ausgetretene Aufstieg nicht zu übersehen. Torfbraun eingefärbte Rückkehrer lassen uns unbeeindruckt, doch beim grünen(-braunen) Gürtel unterhalb der Stein-Region erwartet uns wieder das unvermeidliche und flächendeckende Moor-Bad. Annegret flucht und will schon umkehren, doch schließlich wird man nach einfachem aber schweißtreibendem Aufstieg (zwischen 70 und 90 Minuten) mit einer grandiosen Aussicht belohnt. Nach Norden und Westen schaut man bis zum Atlantik! Windgeschützt in einem Steinwall auf dem Sattel unterhalb des Doppelgipfels (netter, schmaler Grat dazwischen) mampfen wir an unserem Proviant, als sich ein älterer Mann mit leichtem Gepäck, dünnen (unversehrten) Stoffschuhen und langem

Wanderstock lauthals jodelnd (!) nähert. Die seinerseits dringlich herbeigeführte Kontaktaufnahme mit uns auf gälisch schlägt zunächst fehl, doch auf englisch funktioniert der *Smalltalk* mit dem über alle Maßen gut gelaunten Wandersmann leidlich. Während wir anschließend beim Abstieg wie die Kängurus von Suhle zu Suhle springen, geht unser Jodler leichtfüßig und mit einem Lied auf den Lippen seiner Wege und schwebt quasi mühelos übers Moor bergab. Wir rätseln: Eine Erscheinung oder ein trainierter Pilger? Wir einigen uns auf letzteres und fragen uns dennoch, ob man wegen einer Erscheinung auch notfalls auf dem ***Mount Errigal*** so eine Basilika wie in **Knock** bauen würde.

Es geht auf der **R 251** bergab, vorbei an silbrig glitzernden Seen und mehreren verlockenden Aussichtsparkplätzen. Ende der 90er Jahre ist hier ein Windpark mit damals fünf Windrädern entstanden, der anstatt des stillgelegten Torfkraftwerkes für die Region Strom erzeugt. Wir treffen auf die **N 56**, folgen ihr links Richtung **Guoth Dobhair/Gweedore**, merken uns den Abzweig auf die **R 258/Bunbeg** für später und fahren auf der **N 56** hinein in das allseits gerühmte **Gweedore** als wesentlicher Quell der irischen Folkszene und Heimat von vielen bekannten Musikern. Als die Keimzelle gilt dabei jenes berühmte *„Singing Pub"* von ***Leo Brennan,*** Vater von neun Kindern, von denen ***Moya***, ***Ciarán*** und ***Pól Brennan*** die Band ***Clannad*** gründeten und ihre ersten Auftritte in ***Leo's Tavern*** (***Tábhairne Leo***) in **Gweedore** absolvierten. ***Clannad*** erlangte nicht nur in Irland sondern auch in Deutschland schnell Kultstatus, 1979 stieg dann noch Tochter ***Eithne*** in die Familienband ein, blieb aber nur vier Jahre dabei, um schließlich als ***Enya*** eine märchenhafte Weltkariere zu starten. Die Anfahrt (auf der **N 56** nach **Crolly**, 1,3 km nach dem Ortseingang **rechts/ R 259/ Airport**, nach 800 m **rechts**, dann nach 100 m auf der linken Seite) ist vor Ort gut ausgeschildert, wir entern den geräumigen Parkplatz (N 55° 01' 39.0" W 8° 16' 18.5"), fühlen uns drinnen in diesem speziellen Ambiente unter Goldenen Schallplatten und unzähligen Erinnerungsfotos pudelwohl und erfreuen uns an gepflegten Speisen und erfrischenden Getränken. Wer hier ab 22 Uhr Livemusik erleben möchte, der wird wohl ohne Probleme auf dem Parkplatz übernachten dürfen.

Zurück zur Tourstrecke (Abzweig gemerkt?) folgen wir der **R 258** nach links, rollen über die querende **R 257** hinweg zum idyllisch gelegenen Quay von **Bunbeg** (Bootsausflüge zu den Inseln) und schauen den Fischern beim Sortieren der Netze zu. Diese Ecke **Donegals** ist offensichtlich ein beliebtes Feriendomizil der Iren und vor allem auch der Nordiren. Wieder an der Kreuzung angelangt folgen wir der **R 257** nach links und durchqueren den langgestreckten Ort **Doirí Beaga/Derrybeg**. Aufpassen! 1,7 km hinter der SIOPA-Tanke (zuerst bergauf, dann wendet sich die Straße nach links und es geht (genau hier: N 55° 06' 25.6" W 8° 17' 18.1; unser Navi kennt die Strandzufahrt nicht!) gegenüber dem Abzweig zur **L 5323** nach links

zum **Trá/Beach**. Nach 2 km teilweise recht schlimmer Straße haben wir unsere 5-Sterne-WOMO-Wiese gefunden. Ein Traum von einem Stellplatz!

(199) WOMO-Badeplatz: Derrybeg

GPS: N 55° 06' 14.9" W 8° 18' 54.8" **max. WOMOs:** >5.
Ausstattung/Lage: Großzügige, aber windanfällige Dünenwiese.
Zufahrt: Siehe Text.

Auf fester Grasnarbe oberhalb eines langen und wunderbaren Strandes gelegen, bietet der Platz einen Panorama-Blick aufs Meer mit den küstennahen Inseln. Unsere WOMO-Nachbarn nutzen den freundlichen Abend für einen Seekajak-Ausflug zu den Küsteninseln hinaus. Die Bedeutung des Namens ***Bloody Foreland*** für die-

se Nordwest-Ecke Irlands wird uns umgehend demonstriert, als die ins Meer tauchende Sonne die Granitfelsen am Strand rötlich erstrahlen lässt. Unglaublich schön hier!

(200) WOMO-Badeplatz: Glassach

GPS: N 55° 06' 44.7" W 8° 18' 56.2"
max. WOMOs: 2-3.
Ausstattung/Lage: Parkraum in den Dünen und auf Wiese oberhalb vom Strand bei der Wendestelle am Ende der Straße, Picknickbänke, komfortabler Strandzugang.
Zufahrt: 1,1 km hinter der Zufahrt zu **(199)** nach **links/L 5293/Bunaninver** (Abzweig von der **R 527**: N 55° 06' 57.0" W 8° 17' 13.1"), vor dem See links halten, dann noch 1,9 km.

Auf der **R 257** fahren wir weiter nordwärts etwas oberhalb der Küste mit schönem Blick aufs Meer. Der ultimative ***Bloody Foreland***-Aussichtsparkplatz ist ein Muss. Von dieser sturm-

gepeitschten Ecke hat man einen tollen Blick nach ***Tory Island***, dem noch immer bewohnten meerumtosten Vorposten 9 Meilen vor der Küste. Nach 7,2 km erreichen wir **Min Láragh/ Meenlaragh** und schauen uns links unten die neu gebaute Pieranlage (Foto oben) für die ***Tory Island Ferry*** an (Fahrplan: www.toryislandferry.com). Vor einigen Jahren wurde die Insel noch mit kleinen Postbooten versorgt, auf denen auch Besucher mitgenommen wurden. Es konnte aber passieren, dass man tagelang auf ***Tory Island*** wegen Sturmes festsaß. Mit dem neuen Passagierkreuzer soll der Tourismus auf der Insel belebt werden. Um die Besucher für mehr als einen Tagesausflug, bei dem nur der Bootseigner verdient, zu halten, gibt es neuerdings sogar ein kleines Hotel mit 14 Zimmern, ein Hostel und einige B&Bs. Kaum war es mit der Einsamkeit für die Insulaner vorbei, fühlten sie sich auch schon gestört! Es gibt halt keinen Tourismus ohne Touristen.

(201) WOMO-Badeplatz: Meenlaragh

GPS: N 55° 08' 46.6" W 8° 10' 26.6". **max. WOMOs:** >5.
Ausstattung/Lage: Feinschotter-Parkplatz in 2 Abteilungen, Café, WC beim am Fährbüro, dort Außenwasserhahn, Bucht mit weißem Sandstrand anbei (Foto oben).
Zufahrt: 8,7 km hinter dem Aussichts-Parkplatz von Bloody Foreland links abbiegen, dann noch 300 m.

Wir krauchen wieder zur Straße hoch und schon gehts links auf der Tourstraße weiter. Nach 3 km halten wir uns wieder **links/Coast Road** und nehmen 1,6 km später die **N 56/An Fál Carrach/Falcarragh**. Nach der Buchtumfahrung kurven wir durch sanftes Hügelgelände, queren Weideland auf Wiesenhängen, sehen Berge in der Ferne, treffen nach einiger Zeit auf den in die Dünen eingebetteten, mit vielen Schwänen verzierten ***New Lake*** und empfehlen den nett gestalteten Parkplatz.

(202) WOMO-Picknickplatz: New Lake

GPS: N 55° 10' 12.1" W 7° 58' 56.3". **max. WOMOs:** 1-2.
Ausstattung/Lage: Picknickbänke auf einer Blümchenwiese, Bootssteg, Slipway, Angeln für Befugte, Vogelschutzgebiet.
Zufahrt: 15,1 km nach dem Abzweig auf die **N 56**.

Wir fahren auf der **N 56** weiter und treffen auf **Dunfanaghy**, einen geleckten Küstenort mit Promenade, Einkaufsgelegenheiten und Golfplatz sowie reichlich neuen Häusern und kurz danach auf **Portnablagh**, wo uns großzügige Parkmöglichkeiten am Pier überraschen.

(203) WOMO-Stellplatz: Portnablagh Pier

GPS: N 55° 10' 53.5" W 7° 55' 41.9" **max. WOMOs:** 2-3.
Ausstattung/Lage: Großer Beton-Parkplatz am Hafen, Slipway, Müllbehälter, Wasserhahn, kleiner weißer Strand.
Zufahrt: 4,4 km hinter dem Platz am *New Lake* bzw. 800 m nach dem Ortseingang nach links, dann noch 900 m, rechte Einfahrt am Pier.

Mehrmals am Abend geht ein liebenswerter Hund ganz alleine seine Runde, schnüffelt interessiert herum und schaut sich einigermaßen diskret die WOMO-Gäste am Hafen an. Bei Sturm und Flut geht hier schon mal die Brandung über die Mauer, also besser nicht zu weit unten stehen!
Wem bei der Weiterfahrt auf der **N 56** der Sinn nach einem kostenpflichtigen Picknickgelände steht, der kann nach 3,6 km (vor dem Schild) nach links zum ***Ards Forest Park*** abbiegen und findet schließlich eine bemerkenswerte Freizeitanlage mit blitzblanken Toiletten am Waldesrand und netten Details wie die Steintischchen für den mitgebrachten Grill. Einige Wanderwege durchziehen das Erholungsgebiet auf dieser bewaldeten Halbinsel, doch leider darf man hier trotz des stolzen Eintrittspreises (2013: 5 EUR pro Car, 8-21 Uhr) nicht übernachten.

Im folgenden Örtchen **Creeslough** lohnt ein Stopp bei der Kirche, die nun wirklich nicht zu übersehen ist, denn sie fällt für irische Verhältnisse komplett aus dem üblichen Rahmen. Die ***St. Michael's Church*** ist ein kühner, geschwungener, blütenweißer Betonbau aus dem Jahre 1971. In ihrer äußeren Form hat sie der bekannte Architekt ***Liam McCormack*** der Silhouette des benachbarten ***Muckish Mountain*** nachempfunden. Innen ist die Kirche eher karg, aber gerade deshalb von erfri-

schender Klarheit. Doch ganz ohne Schmuck ist sie nicht, denn wenn draußen die Sonne lacht, entfalten die kleinen farbenfrohen Fenster ihre volle Pracht und lassen wundersames Licht hineinstrahlen.

Kurz darauf verlassen wir die **N 56** spitz nach links, wenden uns nunmehr der **R 245/Carrickart** zu, streben auf freundlicher Piste durch naturbelassenes Hügelland mit schmalem Fluss unserer nächsten Station entgegen und folgen dazu 3 km nach dem Abzweig den zielführenden Hinweisen nach links zum ***Doe Castle***. Die vormals ziemlich hässliche Burgruine aus dem 16. Jahrhundert ist jahrelang aufwändig restauriert (nein, nicht wieder aufgebaut) worden und so der Nachwelt als ansehnliches und begehbares Stück Geschichte erhalten geblieben. Man kann hier jederzeit kostenlos hinein, ihre Kinder werden es mögen. Die Pforte ist offen, auch wenn sie geschlossen ausschaut. Bei unserem letzten Besuch hat uns ein aufgeweckter ***Border Colli*** (Also wenn irgendwann ein Hund, dann so einer!) erwartungsfroh vom Parkplatz abgeholt, zum Eingang geführt und über das Gelände begleitet. Nonverbale Burgführung! Irre! Als die nächsten Besucher auf dem Parkplatz ankommen, sind wir sofort uninteressant, denn er muss sich nun dringend wie konsequent den Neuen zuwenden.

(204) WOMO-Picknickplatz: Doe Castle

GPS: N 55° 08' 04.7" W 7° 51' 55.5" **max. WOMOs:** 1-2.
Ausstattung/Lage: Parkplatz mit Picknickbänken bei der restaurierten Burgruine.
Zufahrt: 900 m nach dem Abzweig von der R 245 scharf nach rechts, dann noch 200 m.

Im weiteren Verlauf der **R 245** sieht man von der Küstenstraße aus den frisch geweißten Burgturm noch einmal malerisch links unten an der Bucht stehen und kann diesen Ausblick hinter der Steinbrücke über den ***Lackagh River*** von einem weiteren WOMO-Plätzchen aus vertiefen.

(205) WOMO-Stellplatz: Lackagh River

GPS: N 55° 07' 43.9" W 7° 51' 05.5" **max. WOMOs:** 1-2.
Ausstattung/Lage: Balkonartiger Schotterparkplatz, Buchtblick mit Castle. **Zufahrt:** 300 m hinter der Brücke über den Lackagh River links.

Schon sind wir mal wieder auf einem ***Atlantic Drive*** unterwegs, der klingende Name schürt Erwartungen, doch zunächst geht es recht kurvenreich durch dicht bewachsene Natur, dann vor der Kirche von **Carrickart** nach links durch Dünengelände mit Kuhwiesen und schließlich auf der **R 248/Na Dúnaibh/Downies** auf eine verheißungsvolle Runde über die Halbinsel ***Rosguill***. Das Urlauberörtchen **Downies** „schmückt" sich mit einem dieser unsäglichen Mobilhome-Plätze, denen wir in den nächsten Tagen immer wieder begegnen werden, hat aber auch einen Tagesparkplatz (N 55° 11' 39.4" W 7° 50' 11.4", mit WC und Wasserhahn) bei einem Riesenstrand zu bieten, wo die Badegäste bei Sommerwetter direkt neben ihren Autos im Sand liegen. Der hiesige ***Atlantic Drive*** gibt sich recht abwechslungsreich, die Straße spielt Achterbahn und wir werden regelmäßig mit toller Aussicht belohnt. Hinter **Doagh**, einem schmucken Dorf mit weißen Häusern, folgt ein kleiner Strandparkplatz und kurz darauf ein Stück weiter oben ein WOMO-Aussichtsparkplatz, der seinen Namen wirklich verdient.

(206) WOMO-Stellplatz: Doagh Bay

GPS: N 55° 13' 39.8" W 7° 50' 41.2" **max. WOMOs:** 1-2.
Ausstattung/Lage: Befestigter Parkplatz mit Holzzaun.
Zufahrt: 1 km hinter Doagh links.

Voraus sieht man schon den wunderschönen ***Rosses Strand***, die Straße führt nun zwischen Felsen und Abgrund entlang, wir verlassen 2,9 km später den ***Atlantic Drive*** nach links/**Melmore Head**, halten uns 900 m danach erneut links/**Tranarossan Bay** und finden nach 500 m den passenden Parkplatz dazu. Die vormals am Hang links aufgestellten „Freizeit-Container" liegen nun schon seit vielen Jahren zerstört hinterm Zaum auf der Wiese. Sehr irritierend! Was ist geschehen? Orkan? Robuste Kündigung vom Bauern?

(207) WOMO-Badeplatz: Rosses Strand

GPS: N 55° 13' 28.7" W 7° 48' 50.4"
max. WOMOs: 2-3.
Ausstattung/Lage: Asphalt-Parkplatz am Ende der Straße, 200 m durch die Dünen zum Strand, dort Hundeverbot. **Zufahrt:** Siehe Text.

Die Fahrt zum Nordzipfel von ***Rosguill*** bringt nichts außer steile Straßen, Frust und trostloses Campingareal, wir kehren zurück zum ***Atlantic Drive*** und finden gleich hinter dem Abzweig nach links noch ein gepflegtes WOMO-Quartier mit guter Aussicht auf die Bucht.

(208) WOMO-Stellplatz: Clontallagh

GPS: N 55° 12' 53.3" W 7° 48' 49.6" **max. WOMOs:** 1-2.
Ausstattung/Lage: Etwas schiefer Aussichtsparkplatz mit Holzzaun.
Zufahrt: 150 m nach dem Abzweig links.

Dann gehen wir einem Hinweis nach und finden 800 m danach den Abzweig (N 55° 12' 30.9" W 7° 49' 04.1") nach rechts zu einem wohl auch bei WOMO-Fahrern beliebten ***„Singing Pub"***, denn Chef ***Tony*** (spricht deutsch) bietet hinterm Haus Stellplätze an.

(209) WOMO-Gaststätte: Sibin Ceoil (Lesertipp)

GPS: N 55° 12' 33.4" W 7° 49' 11.1"
max. WOMOs: ca. 10.
Ausstattung/Lage: Stellplätze links um das Haus herum auf Schotter, WC-Benutzung im Haus, Wasserhahn, Kassettenentsorgung, Picknickbänke, Spielplatz, Müllbehälter. Keine Gebühr, aber Einkehr im Pub wird erwartet und ist auch sehr zu empfehlen.
Zufahrt: WOMO-Hinweise nur aus Richtung Carrickart zu sehen, vom Abzweig noch 90 m bis zum Pub.

Wir schließen die ***Rosguill***-Schleife, treffen wieder auf die **R 248,** halten uns in **Carrickart** an die **R 245/Milford** und biegen kurz darauf **links/Kerrykeel** ab. Über die nagelneue ***Mulroy Bay Bridge*** kürzt man die langwierige Umrundung des nämlichen Gewässers ab und gelangt nach elegantem Schwung in **Leat Beg** auf der ***Fanad Halbinsel***. Nach 7 km auf brauchbarer Berg- und Talbahn-Straße durch Moor, Wald und Weide stoßen wir auf die **R 247**, folgen dieser nach links, rollen auf dem ***Fanad Drive*** und folgen beharrlich den Hinweisen zu unserem nächsten Ziel, dem ***Fanad Head***, oder auf gut gälisch, dem

Cionn Fhánada. Schließlich haben wir die Dünen der ***Ballyhiernan Bay*** links, sehen bald das Leuchtturm-Gelände in der Ferne und landen schließlich auf dem Parkplatz direkt davor.

(210) WOMO-Stellplatz: Fanad Head

GPS: N 55° 16' 32.0" W 7° 38' 04.1" **max. WOMOs:** 1-2.
Ausstattung/Lage: Parkplatz gegenüber Ruinen alter Militär-Anlagen, vor dem Tor vom Leuchturmareal. Der Weg (mit Treppchen über den Zaun) über die Weide zu den Klippen lohnt sich. **Zufahrt:** Siehe Text.

Die dramatische Klippenszenerie mit Leuchtturm und der gelegentlich polternden Brandung in der kleinen Bucht sind schon was Besonderes fürs Auge und Ohr des Stadtmenschen! Der Bau dieses wichtigen Seezeichens im Jahre 1812 an der Einfahrt zum ***Lough Swilly*** erfolgte aus Anlass eines Schiffsunglückes. In der Ferne stehen Zackenfelsen an der Küste und direkt zu unseren Füßen röhren die ***Blow Holes*** gar grausig wie die Höhlen-Monster.

Auf dem Weg zurück biegen wir nach 1,5 km in die kleine asphaltierte Straße rechtwinklig nach links ein. Diese holprige Wegstrecke bleibt uns nicht erspart und versöhnt nur zum Teil mit ihrer prächtigen Ginster- und Fuchsien-Einrahmung und gelegentlichem Küstenblick. Noch ein paar Zusatz-Klippen gewünscht? Dann nehmen Sie nach 2,2 km den Abzweig nach links und gehen zum ***Pollet Head*** vor und bewundern den ***Pollet Great Arch***. Dieses Ziel ist nichts für große WOMOs und selbst wir sind froh, nicht bis zum finalen Mini-Parkplatz (wo sich gerade 3 PKW verkeilt haben), sondern nur bis zum letzten Haus in die Parkbeule gefahren zu sein.

Kurz nach diesem Abzweig geht es links weiter und wir setzen die Fahrt auf gebirgigen Parcours mit tollen Ausblicken auf den ***Atlantik*** und ***Lough Swilly*** fort. Sie ahnen es schon! Jetzt fahren wir die ganze schöne ***Fanad***-Halbinsel an der Ostküste wieder hinunter und das möglichst direkt am Wasser entlang. Kurz vor **Portsalon** sehen wir schon den prächtigen Sandstrand der ***Ballymastocker Bay*** liegen, biegen im Ort kurz auf die **R 246/Letterkenny** nach links ab, halten uns auch 1,3 km danach nach **links/Knockalla**, um uns nach 1,7 km breiter Straße erneut nach **links/Rathmullan** zu wenden. Links hinter den Dünen wartet schon der Riesenstrand. Dort vergnügen sich heute große Jungs mit ihren bunten Plaste-Booten in der Brandung wie früher ***Magnum*** auf ***Hawaii***, nur in der Neopren-Version.

(211) WOMO-Badeplatz: Stocker Strand

GPS: N 55° 11' 17.7" W 7° 36' 33.2". **max. WOMOs:** 3-5.
Ausstattung/Lage: Asphalt-Parkplatz links der Straße dicht bei der Düne, Superstrand anbei, WC mit türnahem Wasserhahn. No Camping. No Caravans. Bei Sommerwetter nur abends Parkplatzchancen.
Zufahrt: Siehe Text.

Genau 1,7 km nach dem Strandparkplatz kann man vom Aussichtsparkplatz am Berg die ganze Pracht von oben betrachten. Das ist für uns die beeindruckendste Strandbucht Irlands und darum wird sie hier auch optisch angemessen gewürdigt, so dass man unsere Begeisterung besser nachvollziehen kann. Später rollen wir immer in Küstennähe südwärts weiter und sehen unterwegs schon die ganze Zeit die Halbinsel ***Inishowen*** gegenüber, die wir uns als nächstes vornehmen. Bevor wir in **Rathmullan** die verschiedenen Varianten der anschließenden Tourstrecke erörtern, registrieren wir dort zunächst einen brauchbaren, aber bei schönem Wetter tagsüber schon mal rammelvollen Parkplatz.

(212) WOMO-Badeplatz: Rathmullan Strand

GPS: N 55° 05' 42.8" W 7° 31' 55.0". **max. WOMOs:** 3-5.
Ausstattung/Lage: Geräumiger Asphalt-Parkplatz am Pier, WC, Bottlebank, Spielplatz, Strand, Gastronomie und Amüsement anbei.
Zufahrt: Im Ort dem Hinweis „Swilly Ferry" folgen.

Die **Swilly Ferry** als Abkürzung von **Rathmullan** über das ***Lough Swilly*** nach **Buncrana** hinüber verkehrt 2013 im Juni, Juli und August, es gibt täglich 8 Abfahrten (von 10 bis 19.20 Uhr) und für einen fairen Preis (Einfache Fahrt 25 EUR) ist man in 40 Minuten drüben. Wir haben es getestet und sind begeistert. Wer das nicht will, oder gerade (mal wieder) kein Fährbetrieb ist, der rollt halt um das **Lough Swilly** herum, also über die hübsch herausgeputzten Städtchen **Rathmelton** und **Letterkenny** nach **Buncrana** und hat dann 61 km mehr auf dem Tacho. Am Rande dieser Route haben wir noch zwei Übernachtungsplätze beim ***Inch Wildfowl Reserve*** zu bieten. Mehr davon in Tour 12.

In dieser Gegend hier ist noch deutlicher spürbar als im restlichen ***Donegal*** alles fest in nordirischer Hand. Die Ausflügler und Urlauber aus **Derry** (besonders gefürchtet: Jugendgruppen in Reisebussen) touren durch ihr Hinterland und bevölkern in Heerscharen Strände und Pubs. **Derry** und eben nicht **Dublin** war und ist für die Grafschaft ***Donegal*** das angestammte Zentrum. Bei der Entscheidung, das bei weitem nicht protestantisch dominierte **Derry** damals Nordirland anzugliedern, ist wohl auch nicht alles mit rechten Dingen zugegangen. Doch vor dem Zielpunkt dieser Tour beginnt jetzt das letzte und beeindruckendste Kapitel unserer ***Donegal***-Runde: die Reise über die ***Inishowen***-Halbinsel bis zum irischen Nordkap hinauf, dem ***Malin Head***.

Nachdem wir den Fährparkplatz in **Buncrana** als WOMO-Platz [**213**: N 55° 07' 40.3" W 7° 27' 47.5"] verbucht haben, verlassen wir die turbulente Stadt nach Norden und folgen konsequent den allgegenwärtigen „**Inishowen 100**“-Schildern (auch häufig gälisch: „**Inis Eoghain 100**“), dem 100-Meilen-Rundkurs. Dieser führt sogleich links weg in Richtung **Dunree** (5-t-Begrenzung) man folgt nach 400 m der Straße nach rechts und schon geht es bergan. Wir queren **Linsfort** (mit moderner Silo-Kirche), streben dann vor dem ***Dunree Head*** (Besichtung des ***Fort Dunree Miltärmuseums*** wird empfohlen, Juni bis Sept. Mo-Sa 10.30-18 Uhr, So 13 -18 Uhr, www.dunree.pro.ie) auf dem „**I. 100**“ nach rechts auf schmaler Asphaltstraße steil hinauf, steigen dann schnurgerade durch ein Tal mit Flüsschen links unten aufwärts und schon 3 km später wird es ernst: Links weg zum ***Mamore Gap***! Das Asphaltband geht gerade und kompromisslos die Steilwand voraus

hoch! Das könnten wohl wirklich 30% Steigung sein. Nach 1 km gibt es die letzte Wendemöglichkeit, danach kraucht man möglichst unerschrocken auf griffiger, aber schmaler Straße mit 20 km/h im 1. Gang himmelwärts die Rampe hoch. Nach ewig langen 500 m erreicht man den Scheitelpunkt, sieht voraus aufs Meer hinaus und ist gleich darauf schon wieder auf dem kniffligen Weg hinab. Sind die Bremsen wirklich in Ordnung? Nach 1,5 km engen, steilen Serpentinen mit blumenbeschenkter ***Madonna*** und ***Padre Pio***-Statue erreicht man einen Parkplatz rechts oberhalb zum Verschnaufen und Gucken, oder auch für länger.

(214) WOMO-Stellplatz: Mamore Gap

GPS: N 55° 14' 36.6" W 7° 30' 04.4" **max. WOMOs:** 2-3.
Ausstattung/Lage: Etwas schräger Aussichtsparkplatz auf der Nordseite vom Pass, Info-Tafel zum „I. 100“, irre Aussicht.
Zufahrt: Siehe Text, ziemlich löchrige Zufahrt.

Die nächsten Spezial-Serpentinen kann man von hier aus gut studieren, Fahranfänger und Hasenfüße kriegen da schon mal feuchte Hände, doch gemäß dem Flieger-Spruch „Runter kommen sie immer!“ nun also frohen Mutes weiter hinab! An der Gabelung geht es nach rechts auf dem **„I. 100“** noch mal kurz hinauf, an bunten „Mamore-Cottages“ mit Rosenstöcken davor vorbei und dann durch Weideland mit Kühen, Pferden und Schafen aufs Meer zu. Wir umkreisen quasi den ***Raghtin More*** (502 m), treffen in **Clonmany** wieder auf die **R 238** aus **Buncrana**, bleiben auf dem **„I. 100“** und finden am Abend unser gutes

altes WOMO-Quartier in **Ballyliffin** am ***Pollan Beach*** unverändert und zudem gut besucht vor.

(215) WOMO-Badeplatz: Pollan Beach

GPS: N 55° 17' 25.0" W 7° 23' 27.2" **max. WOMOs:** 2-3.
Ausstattung/Lage: Asphaltierter Strandparkplatz, weiter Sandstrand, Picknickbänke, schöner Spielplatz in der Düne, Müllbehälter.
Zufahrt: Wenn sich in **Ballyliffin** die **R 238** nach rechts wendet, dann 1,2 km an Kirche und Hotel vorbei gerade weiter, Parkplatz rechts.

Heute ist Sonntag und „Nordkap"-Tag. Bei der Fahrt zurück in den Ort merken wir das mit dem Wochentag sofort, denn vor der Kirche ist die Straße fast zugeparkt. Wir halten uns links, folgen der **R 238** und verlassen diese nach 2,3 km gleich wieder nach links, wo es zum ***Doagh Famine Village*** (tgl. 10-17.30, Eintritt, www.doaghfaminevillage.com) geht. Hier werden in hübsch anzuschauenden Cottages die Lebensumstände der irischen Landbevölkerung zu Zeiten der großen Hungersnot (engl.: Famine) Mitte des 19. Jahrhunderts und der daraus resultierenden Auswanderungswelle sehr plastisch vermittelt. Auf dem staubigen Parkplatz gegenüber [**216**: N 55° 18' 34.2" W 7° 20' 08.6"] steht man wohl auch über Nacht ganz gut und bei Sommerwetter sollte man unbedingt den nahen Strand am Nordende der ***Pollan Bay*** aufsuchen.
Zurück auf der **R 238** nehmen wir nach 4,9 km die Abkürzung nach **links/Culdaff**, klinken uns 2,9 km später dann nach links wieder in die **R 238** ein, folgen der **R 242** nach links und finden quasi am Wege noch zwei hoffnungsvolle Pausenplätze.

(217) WOMO-Picknickplatz: Malin

GPS: N 55° 17' 41.3" W 7° 15' 33.1" **max. WOMOs:** 1-2.
Ausstattung/Lage: Schön gestalteter Feinschotter-Parkplatz an der Promenade, Picknickbänke, Müllbehälter, duftender Kräutergarten.
Zufahrt: Hinter der 10-Bogen-Brücke an der Kreuzung rechts, dann nach 80 m rechts und 100 m danach rechts, hier mit Recycling-Box.

(218) WOMO-Picknickplatz: Goorey

GPS: N 55° 18' 30.3" W 7° 18' 39.4"
max. WOMOs: 1-2.
Ausstattung/Lage: Schöne Anlage mit 3-teiligem Parkplatz, Palmen, Picknickbänke, Müllbehälter, Buchtblick, straßennah.
Zufahrt: An der Zentralkreuzung in Malin nach links auf die **R 242**, dann nach 3,8 km links.

Von unserem vor Jahren favorisierten WOMO-Platz am ***Five Fingers Strand***, zu dem es 5,4 **R 242**-Kilometer hinter **Malin** nach links auf schmaler Zufahrt durch die Dünen geht, ist nicht viel geblieben. Durch massive Naturgewalten ist die Düne abgerutscht und es ist ziemlich genau **Null Parkplatz** geblieben. Wer sich das da vorn anschauen möchte, parkt besser auf den Rasenplätzen bei der Kirche und geht zu Fuß hin.
Auf dem Weg zum ***Malin Head*** bevorzugen wir vorerst die **R 242**, entlassen die **„I. 100"** bis **Ballygorman** nach links ins bergige Gelände, folgen dort aber der Rundkurs-Beschilderung wieder und steigen auf schmaler, steiler, aber gut gebauter Straße aufwärts. Betörend schöne Ausblicke und die flächendeckend mit blühendem Kraut überzogene Landschaft nehmen

uns gefangen und wir stoppen kurz beim ausgewiesenen Aussichtsparkplatz, um die Blicke schweifen zu lassen. Nur 1,8 km später weist ein Schild zum ***„Irelands most northerly Point“***, dem folgen wir nach links und werden wieder von einer kräftigen Steigung gefordert. Fahren Sie bloß nicht bis zu diesem hässlichen Turm auf den Berg, sondern bleiben Sie etwas unterhalb bei dem exquisiten „Fenster“-Picknickplatz, unserem nördlichsten WOMO-Platz in Irland mit herrlichem Blick auf den weiten Atlantik.

(219) WOMO-Wanderparkplatz: Malin Head

GPS: N 55° 22' 49.1" W 7° 22' 31.6"
max. WOMOs: 1-2.
Ausstattung/Lage: Asphalt-Parkplatz mit Picknickbank und schöner Aussicht, Wanderweg zum „Höllenschlund“ und zum Cache 34.
Zufahrt: Siehe Text.

Hier oben am ***Malin Head*** lässt es sich aushalten, wir starten zu einem Ausflug zu den Klippen vom ***„Höllenschlund“*** und haben unterwegs wieder einen Schatz für Sie versteckt.

WOMO-Cache Nr. 34

GPS: N 55° 22' 52.7" W 7° 22' 36.7" **Schwierigkeit**: leicht.
Tipp: Suchen Sie etwa 40 m hinter der ersten Aussichtsbank links oberhalb bei der Felsengruppe.

Natürlich steigen wir auch noch auf die Anhöhe zum Turm hinauf. Unten am Ufer kann man den mit weißen Steinen zu großen Lettern ausgelegten „EIRE“-Schriftzug bestaunen. Angeblich sollte dieser Hinweis im 2. Weltkrieg verhindern, dass die Bomber ihre Fracht aus Versehen auf das neutrale **Irland**, statt auf das benachbarte, britische **Nordirland** werfen. Neutralität ist schon eine feine Sache, noch dazu, wenn der Krieg sogar zu einem gewissen Wohlstand der irischen Bevölkerung führte, da Tausende in englischen Rüstungsfabriken in Lohn und Brot standen.
Den Bogen am letzten Zipfel der Insel fahren wir zu Ende, nehmen sogar noch die **„I. 100“**-Beule nach links mit, begeben uns dann aber doch zügig auf der **R 242** nach **Malin** zurück, um hier geradeaus, am Picknickplatz **(217)** vorbei, der **R 243/238** nach **Culdaff** zu folgen. Dort angekommen halten wir uns schräg links an die **Beach**-Hinweise und finden einen kusche-

ligen Parkplatz an einer Traumbucht und eine Alternative ganz in der Nähe.

(220) WOMO-Badeplatz: Culdaff Bay 1

GPS: N 55° 17' 37.3" W 7° 09' 03.5"
max. WOMOs: 3-5.
Ausstattung/Lage: Großer Asphalt-Parkplatz hinter der Düne, schöne Sandstrandbucht, No Camping, (etwas unappetitliches) WC und Außenwasserhahn beim nahen Sportplatz.
Zufahrt: Siehe Text, 1,1 km nach dem Abzweig in Culdaff von der Shore Road nach links abbiegen, dann noch 250 m.

(221) WOMO-Badeplatz: Culdaff Bay 2

GPS: N 55° 17' 30.0" W 7° 08' 42.0" **max. WOMOs:** 3-5.
Ausstattung/Lage: Nicht sehr großer Schotterparkplatz an einem Blue Flag Strand, DIXI-Klo, Imbisswagen, Picknickbänke, Müllbehälter, gegenüber (zuletzt geschlossene) Gastronomie, Wasserhahn.
Zufahrt: Beim finalen Abzweig nach **(220)** noch 600 m weiter der Shore Road folgen, dann links.

Bevor wir schließlich auf der **R 238** nach **Moville** fahren, biegen wir 1,5 km hinter **Culdaff** gegenüber einer Kirche nach rechts ab und wollen zur ***Clonca Church and Cross***, denn wir haben schon seit Tagen keine Klosterruine mehr gehabt. Nach 1,7 km sind wir am Ziel, doch es gibt keinen Parkplatz, so dass wir unsere Kiste frech links auf dem Schotterrand vorm benachbarten Haus abstellen. Die Reste vom Kirchlein sind für den kunst- und kirchenhistorisch eher ungebildeten Besucher nicht so spannend, doch das Hochkreuz daneben zeigt außer der Darstellung der biblischen Geschichte von der *„Speisung der Fünftausend am See von Tiberias“* (mit 5 Broten und 2 Fischen!) vor allem wunderschön verschlungene Ornamente. Echt irisches Design! Durch die

bemerkenswerte Drehtür, die das Mitführen von Kinderwagen, Fahrrädern u.ä. verhindern soll, verlassen wir diesen einsamen Ort und fahren die Nächste links und dann rechts weg nach **Moville** zur anderen Seite der Halbinsel, wo wir heute aber nur durchrollen und uns nach links der **R 241/Inishowen Head** zuwenden. Auch im bezaubernden **Greencastle** halten wir uns jetzt nicht auf, sondern rauschen weiter bis zum Parkplatz hinter dem Leuchtturm beim herrlichen Strand vom ***Dunagree Point***, auf dem sich am frühen Abend die Reihen langsam lichten.

(222) WOMO-Badeplatz: Dunagree Point

GPS: N 55° 13' 36.7" W 6° 55' 43.9"
max. WOMOs: 3-5.
Ausstattung/Lage: Asphalt-Parkplatz an der Blue Flag- Strandbucht, weiterer Mini-Strand vor dem Leuchtturm rechts, Picknickbänke, DIXI-Klo, Wasserhahn, Info-Tafel zu Wanderwegen.
Zufahrt: Siehe Text, 4,5 km nach dem Hafen von Greencastle.

Dringend zu empfehlen ist ein Spaziergang die steile Straße hinauf zum ***Inishowen Head***, wo einem viele Kilometer der nordirischen ***Causeway Coast*** (Tour 12) mit dem Riesenstrand von **Benone** praktisch zu Füßen liegen.
Den letzten Tag der ***Donegal***-Tour beginnen wir ganz gemächlich mit einem Bad (!) in der Bucht. Anschließend streifen wir durch das bezaubernde **Greencastle**. Auf dem Parkplatz links vor der Einfahrt zum ziemlich unaufgeräumten Fischereihafen findet man sogar ein Areal für „VANS ONLY".

(223) WOMO-Stellplatz: Greencastle

GPS: N 55° 12' 10.9" W 6° 58' 53.5"
max. WOMOs: 3-5.
Ausstattung/Lage: Asphaltparkplatz, Recycling-Box, Picknickwiese, Bolzplatz und Gastronomie anbei. **Zufahrt:** Siehe Text.

Hier kann man das ***Inishowen Maritime Museum & Planetarium*** (www.inishowenmaritime.com) besuchen, wunderbare Sea-Food-Restaurants bestaunen oder sich im Werksverkauf hinterm Hafen, dem ***Fresh Fish Shop***, den Rohstoff für die Bordküche besorgen, falls hier nicht gerade wegen Lunch-Pause geschlossen ist.
All jene, die sich den Weg nach und den Aufenthalt in **Derry** verkneifen wollen, können von **Greencastle** aus mit der ***Lough Foyle Ferry*** in 10 Minuten zum ***Magilligan Point*** nach Nordirland hinüber schippern und kurz vor **Benone** wieder zu uns stoßen. Wir nehmen die Traditions-Tourstrecke und drehen als nächstes in **Moville** eine Runde durch das interessante Städtchen, das einst große Bedeutung als Hafen der Transatlantikroute hatte. Dann rollen wir auf der „Rennstrecke" **R 238** immer am ***Lough Foyle*** entlang und finden am ***Quigley's Point*** sogar noch einen Campingplatz links, gegenüber dem ***The Point Inn***.

(224) WOMO-Campingplatz-Tipp: Foyleside

GPS: N 55° 07' 25.9" W 7° 11' 44.5" **Öffnungszeiten:** ganzjährig
Ausstattung/Lage: 20 Touringplätze, gute Sanitäranlagen, Duschen mit Token, Gastronomie gegenüber, straßennah. **Zufahrt:** Siehe Text.

Zögern Sie nicht zu lange damit, noch einmal (relativ) günstig in (der Republik) **Irland** zu tanken, denn kaum hat man **Muff** verlassen, ist man sofort in **Nordirland**.
Nun also auf der **A 2** nach **Derry**. Über einige Kreisverkehr-Kreuzungen gelangen wir zum **City Centre**, bleiben strikt auf der Straße am Fluß und nehmen noch hinter dem Kreisverkehr mit der Touri-Info den recht preiswerten Bezahl-Parkplatz namens **Foyle Road** in unmittelbarer Nähe der ***Craigavon Bridge***, bei unserer 2013er Recherche der einzige für WOMOs nutzbare weit und breit. Als Tages-Parkplatz für unsere ausführliche Stadt-Visite zu Beginn von Tour 12 ist dieser Platz auf jeden Fall geeignet. Wem es hier zum Übernachten zu unbehaglich ist, der blättere mal vor und schaue sich **(226/227)** an.

(225) WOMO-Stellplatz: Foyle Road Car Park

GPS: N 54° 59' 30.3" W 7° 19' 09.4" **max. WOMOs:** 2-3.
Ausstattung/Lage: Günstiger Pay&Display Parkplatz in City- und Straßen-Nähe, ziemlich laut. **Zufahrt:** Siehe Text.

TOUR 12
25 km
Larne - Cairnryan 1h
Rathlin Island
Fair Head
Torr Head
Ballycastle
Cushendun
Cushendall
Waterfoot
Glenariff Forest Park
Glenarm
Ballygally
Carnfunnock Country Park
Larne
Whitehead
Carrickfergus
Whiteabbey
Belfast
Ballymena
Dark Hedges
Rope Bridge
Ballintoy
Portbraddan
Bushmills
Whiskey Distillery
Giant's Causeway
Dunluce Castle
Portrush
Portstewart
Coleraine
Ballymoney
Mussenden Temple
Downhill
Binevenagh Forest & Lake
Limavady
Roe Valley Country Park
Dungiven
Inishowen Head
Greencastle
Moville
Lough Foyle
Carrowkeel
Muff
Bridge End
Burt
Derry

TOUR 12 (320 km / 8 Tage)

Derry - Portstewart - Portrush - Bushmills - Ballycastle - Rathling Island - Glenariff Forest Park - Whitehead - Carrickfergus - Belfast

Freie Übernachtung:	Derry, Roe Valley Country Park, Binevenagh Forest, Benone Strand, Downhill Beach, Portrush, Whiterocks Beach, Magheracross, Giant's Causeway, White Park Bay, Ballintoy, Carrick-A-Rede, Portaneevey, Ballycastle, Fair Head, Cushendun, Glenarm (2), Ballygally, Whitehead, Carrickfergus, Hazelbank Park.
Trinkwasserstellen:	White Rocks Beach, Ballintoy Hafen, Whitehead, Carrickfergus, Hazelbank Park.
Campingplätze:	Benone Tourist Complex, Ballyness Caravan Park, Glenariff Forest Park, Carnfunnock Country Park.
Baden:	Benone Strand, Downhill Beach, Whiterocks Beach, White Park Bay, Cushendun.
Besichtigen:	Derry, Mussenden Temple, Downhill Castle, Dunluce Castle, Carrick-A-Rede Rope Bridge, Old Bushmills Whiskey Distillery, Giant's Causeway Visitor Centre, Carrickfergus, Belfast.
Wandern:	Roe Valley Country Park, Binevenagh Forest, Giant's Causeway, Rathlin Island, Fair Head, Ballypatrick Forest, Glenariff Forest Park.

Ganz ehrlich: Besonders gut haben wir bei all unseren Reisen hier mitten in der Stadt (trotz Ohrstöpsel) noch nie geschlafen. Der Verkehr rauscht einem direkt ins Hirn. Doch wir sind nicht zur Wellness-Kur nach **Derry** gefahren, sondern um einer immer aufs Neue faszinierenden Stadt nach einiger Zeit mal wieder „den Puls zu fühlen“, also nach dem Rechten zu schauen. Der ausführliche Stadtrundgang beginnt wie immer beim sehr gut sortierten ***Tourist Office*** ganz in der Nähe, wo man auch immer die neuesten News zum Thema „WOMOs in der Stadt“ bekommt. Im Sommer 2013 hat man uns versprochen, dass schon sehr bald **3 (!)** offizielle WOMO-Quartiere im City-Bereich ausgewiesen werden. Fragen Sie bitte mal selbst vor Ort und geben uns Nachricht dazu. Bevor wir unsere obligatorische Stadtmauer-Runde starten, bestaunen wir die neugestaltete ***Foyle***-Promenade mit der nicht nur für Statik-Freaks interessanten ***Peace Bridge***, einer symbolträchtigen Fußgängerbrücke über den Fluss, die am 25. Juni 2011 eröffnet wurde und als Versöh-

nungszeichen für die traditionell verfeindeten Bevölkerungsgruppen gilt. Da gehen wir doch gleich mal rüber und finden dort nicht nur ein neu gestaltetes Areal mit restauriertem historischen Altbestand, sondern auch einen Imbisswagen, die neue Filiale der stadtbekannten ***The Sandwich Co***. Lecker!
Nun also wieder hinüber und auf die immer wieder beeindruckende Stadtmauer, von der aus man sich als Erst-Besucher einen guten Überblick verschaffen kann. Dieses prächtige Bauwerk (1,6 km lang, 6 m hoch und bis zu 9 m breit) ist noch heute Symbol für den standhaften und entbehrungsreichen Widerstand der Protestanten in einem für sie feindlichen katholischen Umfeld. Die Ursprünge der Spannungen des mittlerweile abklingenden **Nordirland**-Konfliktes und speziell der Situation in **Derry** liegen mehrheitlich im 17. Jahrhundert, als sich die protestantischen Einwohner insgesamt drei Mal hinter ihrer Stadtmauer verschanzten und der katholischen Belagerung trotzten. Im Jahre 1689 waren sie 105 Tage eingeschlossen, bevor die Befreiung in Gestalt der Truppen ***Wilhelms von Oranien*** nahte. Dieser historische Bezug muss bis heute dafür herhalten, dass die traditionellen Märsche des ***Oranierordens*** in ganz **Nordirland** (auch lange Zeit in **Derry** auf der Stadtmauer entlang) mit viel Tamtam die Katholiken immer wieder hübsch provozieren und damit den aktuellen Versöhnungsprozess torpedieren. Als trauriger Höhepunkt der jüngeren Vergangenheit und großes Trauma der Stadt gilt der 30. Januar 1972, der ***„Bloody Sunday“***, an dem 13 Demonstranten von britischen Soldaten erschossen wurden. Das bescherte der ***IRA*** ungeahnten Zulauf mit den bekannten mörderischen Konsequenzen der Bombenanschläge, denen neben britischen Militärs auch Hunderte von Zivilisten beider Lager zum Opfer fielen. Noch

heute bekommt man dieses Spannungsfeld bei einem Rundgang auf der Stadtmauer plastisch vor Augen geführt. Die Protestanten leben nach wie vor im Schutz der Stadtmauer und in der ***Waterside*** auf der anderen Seite des ***Foyle River***, während die katholische Bevölkerungsgruppe in der ***Bogside*** und im benachbarten ***Greggan***-Viertel zu Hause ist. Jetzt herrscht offiziell zwar Frieden in **Derry** und alles übt sich in Normalität, aber man glaubt immer noch zu spüren, dass ein nichtiger Anlass genügt, um neue Unruhen ausbrechen zu lassen. Dazu muss man nur mal bei den „Katholiken" in der ***Bogside*** durch die Straßen oder in ein Pub der Sorte ***„Bogside Inn"*** gehen. Dort konnten wir noch vor einigen Jahren sehen, dass die Wände flächendeckend mit großformatigen Fotos aus den 70ern dekoriert waren, die vor allem Szenen von Straßenschlachten mit den britischen „Besatzern" zeigten. Da wurden 40 Jahre danach offenbar immer noch die alten Wunden geleckt, es wurde freudlos getrunken und wir konnten live miterleben, dass hier am helllichten Tag mit Steinen nach den mausgrauen Patrouillen-Landrovern geworfen wurden, falls die sich in „Feindesland" gewagt hatten. Abschließend sehen wir uns noch die legendären Fassadengemälde und die ***„Bloody Sunday"***-Gedenkstätte an und meinen, im **Derry** des Jahres 2013 ein deutlich entspannteres und kultivierteres Miteinander verspürt zu haben. Es ist spannend, durch diese Stadt zu streifen, den Besuchern vom Festland wird immer wieder offen Sympathie entgegengebracht, denn trotz aufwändiger Aktivitäten der Tourismus-Branche wird **Nordirland** und speziell **Derry** von Ausländern weitestgehend gemieden. Wir meinen, zu Unrecht und wollen Sie deshalb ermutigen, **Nordirland** aus Ihren Reiseplänen **nicht** auszuklammern. Es gilt, herrliche Landschaften, freundliche Menschen und die (im doppelten Sinne) erstaunliche WOMO-Freiheit kennenzulernen.

Wir beenden unseren Stadtrundgang bei der Skulptur namens ***Hands Across The Divide***, einem Friedensdenkmal mit starker Symbolik an der ***Craigavon Bridge***, direkt oberhalb unseres City-Parkplatzes und wissen, dass wir immer mal wieder in **Derry** sein werden, denn wir lieben diese spannende Stadt. Falls das mit den versprochenen WOMO-Plätzen hier doch nicht klappen sollte, haben wir noch einen Vorschlag zwei lauschige Nachtquartiere am ***Lough Swilly*** betreffend, die man nach 15 bis 20 Minuten Fahrzeit erreicht.

(226) WOMO-Wanderparkplatz: Inch Wildfowl Reserve Pump House (Lesertipp)

GPS: N 55° 03' 05.7" W 7° 26' 39.0" **max. WOMOs:** 1-2.
Ausstattung/Lage: Asphaltparkplatz in 2 Abteilungen am Ende der Zufahrtsstraße, Wanderwege mit Möglichkeiten, Wasservögel zu beobachten, nachts einsam.
Zufahrt: Auf der **A 2/Buncrana** aus Derry raus, ab Grenze dann auf der **N 13/Letterkenny**, in **Burt** nach rechts auf die **R 239**, diese dann aber geradeaus verlassen und bis zum Straßenende fahren.
Ab **(225)**: 13,1 km.

(227) WOMO-Wanderparkplatz: Inch Wildfowl Reserve Farland Banks (Lesertipp)

GPS: N 55° 02' 33.8" W 7° 28' 38.3" Oberer Platz **max. WOMOs:** 1-2.
GPS: N 55° 02' 34.6" W 7° 28' 36.1" Unterer Platz **max. WOMOs:** 2-3.
Ausstattung/Lage: 2 Parkplatzbereiche, der untere direkt am ***Lough Swilly*** gelegen, Fußweg-Damm nach ***Inch Island*** hinüber, Wanderwege mit Möglichkeiten, Wasservögel zu beobachten. nachts einsam.
Zufahrt: Wie nach **(226)**, aber der **N 13/Letterkenny** nach 1,2 km weiter folgen, dann rechts weg und noch 2,7 km den Hinweisen nach.
Ab **(225)**: 15,3 km.

Unsere Tour geht in **Derry** nun auf der **A 2/Coleraine** weiter, wir rollen über die ***Foyle Bridge*** und nehmen noch einen Blick vom Panorama dieser Stadt mit auf die Reise. Schon vor **Limavady** wird auf unsere nächste Station, den ***Roe Valley Country Park*** hingewiesen, wir fahren nach **rechts/Dungiven** und werden auf gut beschilderter Strecke dorthin geführt. Die 2-t-Begrenzung gegen Ende der Zufahrt wird ignoriert (Gilt erst für die Brücke hinter dem Parkplatz!) und wir merken uns beim heutigen Kurzbesuch fürs nächste Mal, dass man auf liebevoll angelegtem Gelände an einem Flusslauf viel über die Natur, über Wollspinnerei und Wassermühlen erfährt und sich an der schönen Gegend stundenlang ergötzen kann.

(228) WOMO-Picknickplatz: Roe Valley Country Park

GPS: N 55° 01' 26.5" W 6° 56' 24.2" **max. WOMOs:** 2-3.
Ausstattung/Lage: Picknickgelände mit Bänken und Grillplätzen, Toiletten, Museum, Info-Centre (Mo-Fr 9-17 Uhr), Wanderwege.
Zufahrt: Vor Limavady nach rechts/B 69, nach 1 km links/B192, nach 3,7 km links, nach 600 m noch mal links, 900 m danach Parkplatz rechts.

Zurück Richtung **Limavady** und dann weiter auf der **B 69**, später auf der **A 2** Richtung **Downhill/Benone** durchqueren wir weitläufiges Weideland mit reichlich Schafen. Für den weiteren Streckenverlauf unserer Tour stehen Ihnen dann 2 Varianten zur Auswahl, ganz nach Ihren Vorlieben und Fahrzeugdimensionen. Jene mit nicht zu großen (lahmen) WOMOs, die das „Ganze" im Blick behalten wollen und die Landschaft gern von oben betrachten, nehmen die **Berg-Tour**, die anderen mit dringendem Sandstrand-Wunsch folgen der **Beach-Tour**. Ab **Downhill Beach** sind wir dann alle wieder vereint.

Berg-Tour: Es geht über den gewaltigen Tafelberg **Binevenagh** (385 m), der rechts voraus schon lockt und unvergessliche Ausblicke wie aus der Vogelperspektive, nette Wanderwege und zwei luftige WOMO-Quartiere bietet.

(229) WOMO-Wanderparkplatz: Binevenagh Lake

GPS: N 55° 07' 10.1" W 6° 55' 07.9"
max. WOMOs: 1-2.
Ausstattung/Lage: Kleiner, etwas schiefer Parkplatz auf dem Plateau beim Angelsee, Picknickbänke, Wanderwege, sensationeller Ausblick mit Vogelperspektive von der Bergkante.

Zufahrt: Nach 1,7 km auf der **A 2** vor den Gleisen nach rechts in die New Road abbiegen, 500 m danach links, 2,6 km später gehts rechts aufwärts und 1,5 km danach rechts hinauf dem Hinweis **Binevenagh Forest** nach, dann noch 2,3 km schlechte Wegstrecke mit Rinnen. Ab A 2: 6,9 km.
Achtung: Das letzte Stück Zufahrt war 2013 in **sehr** schlechtem Zustand, so dass wir das Lesern, die ihre WOMOs lieben, nicht mehr guten Gewissens empfehlen möchten.

Zurück zum Abzweig geht es nach rechts für 600 m auf griffiger Asphaltstraße weiterhin aufwärts durch den Wald, bevor wir links der ***Bishops Road*** (Fahrradroute 93) folgen und 3,4 km auf einer Höhenstraße mit grandiosem Panorama zu unserem WOMO-Ausguck rollen.

(230) WOMO-Picknickplatz: Gortmore (Lesertipp)

GPS: N 55° 08' 58.4" W 6° 52' 39.0" **max. WOMOs:** 2-3.
Ausstattung/Lage: Parkplätze links an der Straße, Picknickbänke, Müllbehälter, Info-Tafeln, Aussichts-Balkon in der Nähe. Wahnsinns-Blick über die Küstenregion, nachts ruhig. **Zufahrt:** Siehe Text.

Fährt man auf dieser Straße weiter, kommt man nach 4,3 km unten beim **Downhill Beach** raus.

Beach-Tour: Genau 2,9 km hinter dem Abzweig zur **Berg-Tour** stößt die Straße von der Greencastle-Magilligan-Fähre zur Tour und 4,1 km danach biegen wir links ab zum riesigen ***Benone Strand***, den wir kurz danach schon erreichen. Hier kann man sich dann entscheiden zwischen „Parking on the Beach", den geräumigen Parktaschen an der Einfahrt kurz vor dem Sand oder für den komfortablen Campingplatz nebenan.

(231) WOMO-Badeplatz: Benone Strand

GPS: N 55° 10' 01.3"
W 6° 52' 34.0"
max. WOMOs: >5.
Ausstattung/Lage: Rechts und links markierte Asphalt-Parkbuchten direkt bei der Auffahrt zum Strand, Toilette, oder auf dem Strand selbst.
Zufahrt: 300 m nach dem Abzweig von der **A 2** links rein, noch 650 m.

(232) WOMO-Campingplatz-Tipp: Benone Tourist Complex

GPS: N 55° 09' 48.9" W 6° 52' 15.7" **Öffnungszeiten:** Ganzjährig.
Ausstattung/Lage: Gepflegtes Gelände mit Strandzugang durch die Dünen, Schwimming-Pool, Golf, sehr gute Ausstattung.
Zufahrt: Vom Abweig von der **A 2** 700 m geradeaus.

Am Vormittag füllt sich der ***Benone Strand***, der als schönster (und auf alle Fälle größter) in Nordirland gilt, schnell mit einer Heerschar von Autos. Der Leuchtturm vom ***Inishowen Head*** (Sie erinnern sich?) grüßt freundlich von ***Donegal*** herüber, wir lassen uns Zeit, nehmen ein leckeres Eis von unserem neuen Nachbarn, dem Eis-Auto mit dem nervigen Kältekompressor, trollen uns schließlich zur **A 2** und fahren weiter nach **Downhill**, um dort das östliche Ende dieses Mega-Strandes zu inspizieren, der hier natürlich ***Downhill Beach*** heißt.

(233) WOMO-Badeplatz: Downhill Beach

GPS: N 55° 09' 59.6" W 6° 49' 13.4" **max. WOMOs:** 3-5.
Ausstattung/Lage: Sandstrand, Toilette bei der Zufahrt im Ort.
Zufahrt: 400 m nach der Ortseinfahrt von Downhill nach links unter der Eisenbahnbrücke durch (3,30 m Durchfahrtshöhe) auf den Strand.

Von hoch oben schaut der ***Mussenden Tempel*** wie ein Wächter auf den Strand hinunter, ein dieselgetriebener Kurzzug donnert über die Brücke und verschwindet anschließend im Felsentunnel zu seinen Füßen und wir beschließen, uns dieses imposante Gemäuer einmal aus der Nähe zu betrachten. Wir fahren ein Stück die Straße hinauf, passieren die Einfahrt am ***Lion's Gate***, finden einen prima Picknick-Parkplatz und sehen uns in aller Ruhe um. Der leere Rundbau des ***Mussenden Tempels*** aus dem 18. Jahrhundert, der einst die Bibliothek des prunksüchtigen ***Bischofs Hervey*** beherbergte, steht dicht an der senkrechten Abbruchkante und ist über eine Schafweide zu erreichen. Wir genießen das tolle Panorama und schauen auch bei den Resten vom Bischofspalast ***Downhill Castle*** vorbei. Im weiteren Verlauf der Straße sehen wir noch eine Reihe weiterer Park- und Picknickplätze mit Gärten zum Lustwandeln und kommen dann in **Coleraine** an, wo eben Schulschluss ist und ein Eiswagen zeitgenau zahlreichen uniformierten Kinder-Kunden auflauert. Wir durchqueren diese betriebsame Stadt auf der **A 2**, sehen große Einkaufszentren, unseren vormaligen Parkplatz am „Rosengarten" mit Balken verrammelt und fahren wieder zur Küste vor in das Seebad **Portstewart**. Dort muss man im Sommer mit Touristenrummel rechnen, wir halten uns beim Segelboot-Kreisel **links/Strand** und rollen nun an der Uferpromenade entlang. Den Tagesparkplatz auf dem Strand (mit Zufahrtsgebühr) lassen wir aus, stoßen wieder auf die Hauptstraße, folgen vor der Kirche den Parkplatzhinweisen („P Bus+Pkw") und landen hier: [**234**: N 55° 11' 02.2" W 6° 42' 57.9"]. Von diesem durchaus brauchbaren Stadtquartier aus gelangt man über ein Fußgängertreppchen nach unten zu den Massen, kann eine Runde durch diese lebendige Küstenstadt drehen und sich allerlei Urlauberbelustigungen hingeben. Schon sind wir unterwegs zum nächsten Etappenziel in der Bucht voraus, dem 8 km entfernten **Portrush**. Hier nehmen wir die Ortsdurchfahrt auf der **A 2/Bushmills**, schauen beim ziemlich substanzfreien ***Dunluce Centre*** (N 55° 12' 01.1" W 6° 39' 00.7") vorbei und finden Hinweise auf etwas ganz Besonderes: einen offiziellen WOMO-Stellplatz, nagelneu, sogar mit Ausstattung.

(235) WOMO-Stellplatz: Sandhill Drive Motorhome Park

GPS: N 55° 12' 06.6" W 6° 39' 04.8" **max. WOMOs:** 10.
Ausstattung/Lage: Asphaltparkplatz mit 10 markierten Stellplätzen, **Gebühr:** 0,50 £ je Stunde, maximaler Aufenthalt 72 Stunden. Trinkwasser, Entsorgung von Grauwasser, Strom und Kassettenentsorgung mit **Token** (1,25 £, gibt es an 2 Tankstellen zu kaufen), Müllbehälter. WC und Spielplatz anbei. 2 Sandstrände in der Nähe.

Zufahrt: Über Eglinton Street und Sandhill Drive, liegt genau gegenüber vom ***Dunluce Centre***.

Wem das hier nicht gefällt, der findet 1,6 km hinter dem Ortsausgang an der **A 2 / Bushmills** noch eine sympathische, wenn auch nicht ganz legale Alternative.

(236) WOMO-Badeplatz: Whiterocks Beach

GPS: N 55° 12' 18.8" W 6° 36' 47.3" **max. WOMOs:** 2-3.
Ausstattung/Lage: Zwei Schotterparkplatz-Terrassen-Rondells in den Dünen oberhalb vom verbalkten PKW-Strandparkplatz, dort unten WC, Wasserhahn, Dusche und Müllbehälter, Picknickbänke, schöner Badestrand. Oben bei der Zufahrt steht: „No Camping, No Overnight Parking", doch das kümmert niemanden und Missachtung ist offenbar folgenlos. Zu Saison-Spitzenzeiten überfüllt. **Zufahrt:** Siehe Text.

Hier unten ist auf jeden Fall ein Strandspaziergang in östlicher Richtung zu empfehlen, wo man die namensgebenden Steingebilde bewundern kann.

Die Sehenswürdigkeiten reihen sich an der ***Causeway Coast*** wie die Perlen einer Kette aneinander. Wir lassen nichts aus! Die **A 2** folgt nun direkt der Küstenlinie, der schön gestaltete Picknickplatz ***Magheracross*** [**237**: N 55° 12' 33.4" W 6° 35' 09.7"] lockt zur aussichtsreichen Pause und kurz darauf führt uns die schmale Zufahrt zu unserem ersten Ziel, der Ruine von ***Dunluce Castle*** (Mo-Sa: 10-18 Uhr, So: 14-18 Uhr, wenig Eintritt). Zu ihrer Blütezeit machte diese Burg, die öfter den Besitzer wechselte und regelmäßig umgebaut wurde, schon etwas her. Sie galt zur damaligen Zeit als uneinnehmbar und war stra-

tegisch von großer Bedeutung. Auch heute regen die verbliebenen Ruinen auf dem Basaltfelsen am Klippenrand die Fantasie an! Ihre Kinder werden es mögen. Folgende Episode machte ***Dunluce Castle*** berühmt, da man sie so schön anschaulich nachvollziehen kann:

Dunluce Castle
Als im Jahre 1635 der aktuelle Besitzer ***Randal McDonnald*** die Witwe des Herzoges von Buckingham, ***Catherine Manners***, heiratete, wurde die Burg großzügig umgebaut, denn der Dame aus der Londoner High Society sollte es an nichts fehlen. Die Ergebnisse seiner Bemühungen müssen sie sehr beeindruckt haben, denn obwohl sie das ewige Getöse des Meeres hasste, zog sie in ***Dunluce Castle*** ein. Man stelle sich ihren Schock vor, als an einem stürmischen Abend im Jahre 1639 die Nordwand der Burg und Teile des Küchentraktes an der Klippenkante abbrachen und inklusive 8 Beschäftigten in die brodelnde See krachten. Sie weigerte sich fortan, auf ***Dunluce Castle*** zu wohnen und bekam ein Haus in England.

Zurück auf der Straße halten wir uns links, die Fahrspuren trennen sich für kurze Zeit, führen beidseitig an einem Felsen vorbei, und schon erreichen wir **Bushmills**. Diese Stadt ist unübersehbar britisch ausstaffiert, sogar die Bordkanten sind in den entsprechenden Farben angestrichen. Im Ort geht es beim Soldaten-Denkmal am markanten Uhrturm rechts weg zum nächsten Höhepunkt, der ***„Old Bushmills Whiskey Distillery“*** (Mo-Sa: 9.30-17 Uhr, So: 12-17 Uhr, Eintritt). Beruhigend, dass bislang zumindest die Schreibweise dieses Exportschlagers noch echt irisch mit ***-ey-*** am Ende beibehalten wird (vergl.: ***Scotch Whisky***). Wir besichtigen die älteste Whiskey-Brennerei der Welt (Lizenz seit 1608), die kein Museum, sondern ein produzierender Betrieb ist. Die sehr interessanten Führun-

gen dauern 40 Minuten (letzte Führung: 16 Uhr), beinhalten eine Verkostung und enden zwangsläufig im Whiskey- und Souvenirladen. Übrigens trinkt man in Irland das „Wasser des Lebens“ (gälisch: *Uisce Beatha*) ungekühlt, natürlich ohne Eis. Damit man sich nach diesem Besuch nicht mit schlechtem Gewissen ans Steuer setzen muss, empfiehlt sich eine Übernachtung vor Ort. Dann kann man zu Fuß gehen und auch noch die Gläser der alkophoben BegleiterInnen leeren.

(238) WOMO-Picknickplatz: Bushmills

GPS: N 55° 12' 07.1" W 6° 31' 19.6" **max. WOMOs:** 1-2.
Ausstattung/Lage: Schön gestalteter Asphaltparkplatz gegenüber der Kirche, Sprinbrunnen, Müllbehälter.
Zufahrt: 130 m stadteinwärts von der Distillery auf der anderen Straßenseite.

(239) WOMO-Campingplatz-Tipp: Ballyness*****

GPS: N 55° 11' 39.0" W 6° 31' 07.9"
offen: Mitte März bis Ende Oktober.
Ausstattung/Lage:
Mehrfach preisgekrönter, sehr gut ausgestatteter und gepflegter Platz, nicht sehr groß, in der Hochsaison könnte Reservierung sinnvoll sein.
www.ballynesscaravanpark.com
Zufahrt: Von der Distillery 750 m weiter auf der B 66/Ballymoney, dann links.

Wer in **Bushmills** Quartier bezieht, kann den Ausflug zum nahen ***Giant's Causeway*** mit einer dieselgetriebenen Museums-Bahn absolvieren. ***„The Giant's Causeway & Bushmills Railway“*** (www.freewebs.com/giantscausewayrailway) fährt auf der Trasse der alten elektrischen *„Causeway-Tram“* von 1887 und

startet nur 600 m von **(238)** an der Ballaghmore Road, der Straße nach **Portballintrae**. Sie verkehrt 2013 nur im Juli und August, das 6 Mal täglich und braucht nur 15 Minuten durch die Dünen genau dorthin, wo wir nun auf der **A 2/Ballycastle** und später der **B 146** mit dem WOMO hinrollen. Im Gegensatz zum „Bahnhofsparkplatz" in **Bushmills** ist jener am ***Giant's Causeway*** kostenpflichtig (2013: 6 £ am Tag), doch wer hier mit dem WOMO hinfährt, wird wohl den Besucherparkplatz vom nagelneuen ***Visitor Centre*** (tgl. 9-19/21 Uhr) ansteuern, wo man bei

Ankunft Parkgebühr und Eintritt in einem bezahlt. Die hochmoderne Architektur des tiefschwarzen, sich an den Abgrund schmiegenden Gebäudes greift die Optik von Basaltsäulen auf und wirkt entsprechend leicht düster. Drinnen zeigt sich touristisches Event-Know-How in Perfektion, es gibt neben umfassender Ausstellung, Filmchen, Shop und Bistro auch Führungen, Bus-Shuttle und Audio-Guides in 9 Sprachen. Das alles ist wahrlich gigantisch geraten und vielleicht werden wir ja langsam alt, aber früher hat es uns hier besser gefallen.

Giant's Causeway

Wenn man Glück hat (wie wir) erlebt man den ***Giant's Causeway*** („Damm der Riesen"), das wohl berühmteste Touristenziel **Nordirlands**, an einem sonnigen Abend. Die gesamte Küstenlinie entlang stehen dicht gepackt meist 6-seitige rötliche Basaltsäulen, die bis ins

Meer hineinreichen. Der Legende nach hat sich hier folgendes zugetragen: Der hiesige Riese ***Finn MacCool*** wollte seinen Widersacher, den schottischen Riesen ***Benandonner*** zum Kampf herausfordern und baute dafür einen Damm aus Basaltsäulen hinüber bis zu den ***Hebriden***, um jenen nach Irland zu locken. Der nahm die „Einladung" an und als ***Finn*** ihn schon von Ferne kommen sah, erschrak er heftigst, denn der war viel größer, als er vermutet hatte. So versteckte er sich bei seiner Frau ***Oonagh***, die ihn als Baby verkleidete und in eine Wiege steckte. Als ***Banandonner*** schließlich das Riesenbaby erblickte, wurde diesem himmelangst, da dessen Vater ja viel größer sein musste, so dass er panisch die Flucht über den Damm zurück nach Schottland antrat. Dabei zerstörte er den ***Causeway*** hinter sich, damit ihn niemand verfolgen konnte. So gibt es hier die gleichen Basalsäulen wie auf der Insel ***Staffa*** in ***Schottland***. Nüchtern betrachtet sind die Säulen das Ergebnis vulkanischer Aktivität, die wir in ähnlicher Ausprägung auch schon in ***Sachsen*** gesehen haben. Wir marschieren also auf der Straße hinunter, studieren die netten Info-Tafeln

am Wegesrand und sind ganz berauscht von diesem irren Foto-Licht und der Brandung an dieser unglaublichen Basalt-Komposition. Auf den Säulen-Formationen lässt es sich nett herumklettern und besonders Mutige holen sich bei der unberechenbaren Brandung auch schon mal nasse Füße. Wir folgen der Küstenlinie, passieren die „Riesenpforte", dann massenweise gelbe Lilien auf der Uferwiese und die „Orgel" am Hang. An der Gabelung stapfen wir gleich rechts hoch zum Klippenweg, doch vorher geht's eben noch 400 m weiter zum Ende des Weges mit Ausguck. Dem zunächst gemächlichen Pfad den Hang hinauf folgen noch 162 Stufen bis zum oberen

Weg, der zum ***Visitor Centre*** zurück führt und grandiose Aussichten auf die ganze Pracht dort unten bietet. Auch vor dieser Küste finden sich Spuren des historischen Fiaskos der ***Spanischen Armada***. Ende Mai 1588 mit 28.000 Mann auf 131 Schiffen in Lissabon gestartet, segelte man durch den Ärmelkanal, um die Nordküste Schottlands herum, um noch im selben Jahr an der Nord- und Westküste Irlands bei Seegefechten zerstört zu werden oder in massiven Herbststürmen zu zerschellen. Insgesamt sind bei diesem fehlgeschlagenen Ausflug 8.000 Spanier umgekommen und hier zu Füßen der „Kaminkappen" erwischte es die stolze ***„Girona"***.
Die Runde dauert gemütliche 2 Stunden, man braucht feste Schuhe und (bei Abendsonne) Geduld mit dem Fotografen. Beim oberen Ausguck bitte auf kleine Kinder achten: Der Klippenhang ist 107 m hoch!

Wir sind auf der ***Causeway Coastal Route*** in Richtung **Ballycastle** unterwegs ubnd folgen dann der **A 2** nach links. Gleich 900 m danach kann man links die schmale steile Abfahrt nach **Portbraddan** wagen und kratzt die 600 m in scharfen Kurven zum winzigen Fischerdorf hinunter. Dort gibt es kaum Parkraum, aber die 8 Häuser dieses beliebten und auch von uns

später noch dankbar genommenen Foto-Motivs mal aus der Nähe. Dieser Abstecher empfiehlt sich nur für wendige WOMOs und nur zu verkehrsarmen Zeiten. Man kann aber diese bezaubernde Gegend auch zu Fuß erkunden, denn unser nächstes WOMO-Quartier oberhalb der traumhaften ***White Park Bay*** wartet ganz in der Nähe.

(240) WOMO-Badeplatz: White Park Bay

GPS: N 55° 13' 44.3" W 6° 24' 24.7" **max. WOMOs:** 2-3.
Ausstattung/Lage: Geräumiger, leicht schiefer Schotter-Parkplatz oberhalb von einer Jugendherberge an einer Pferdekoppel, 500-m-Fußweg hinab zum Strand.
Zufahrt: 1,5 km nach dem Abzweig auf die A 2 nach links (Hinweis „Youth Hostel"), nach 200 m Parkplatz links.

Auf keinen Fall sollte man einen Spaziergang zu dieser malerischen Sand-Bucht hinunter versäumen. Auf einem mit blühenden Hecken eingefassten Weg geht es an der nagelneuen, dann an der alten Herberge und der Schulruine vorbei, und man kann sich dem besonderen Zauber dieser Landschaft (meist ganz alleine) hingeben und schon mal die ersten Fotos von **Portbraddan** aufnehmen. Vom kleinen Aussichtsparkplatz auf der **A 2**, 1,2 km hinter dem Abzweig zum *Youth Hostel*, kann man bei günstigem Wetter dann auch noch das Prospekt-Foto dieser Szenerie von oben schießen: Häuser, die von der Ferne tatsächlich (Wir wissen es besser!) so aussehen, als hätte man sie an die Steilküste geklebt. Auch ***Rathlin Island*** rückt schon ins Bild, doch dazu später!
Bald darauf wird erst einmal das nächste Highlight dieser Tour angekündigt, die **A 2** verlässt uns, wir bleiben geradeaus und folgen der **Coastal Road/B 15** nach **Ballintoy**, wo sich ein Abstecher zum liebevoll restaurierten Hafen hinunter lohnt.

(241) WOMO-Stellplatz: Ballintoy Hafen

GPS: N 55° 14' 38.5"
W 6° 22' 10.2"
max. WOMOs: 1-2.
Ausstattung/Lage: Schotter-Parkplatz am Pier, WC, Wasserhahn, Müllbehälter, Café, nettes Areal mit Höhle und kleinem Strand.
Zufahrt: Von der Tourstrecke 1,3 km nach links den Hinweisen folgen, teilweise enge, kurvenreiche Zufahrt, für Busse/Caravans verboten.

Schon kurz darauf werden wir zur ***Carrick-A-Rede Rope Bridge*** geleitet und fahren dazu in einer Rechtskurve geradeaus. Bevor die Seilbrücke zur kleinen Insel hinüber vom ***„National Trust“*** zur Touristenattraktion mit Mutprobe ausgebaut wurde, diente sie ausschließlich den Lachsfischern zum besseren Erreichen ihres Reviers. Am Parkplatz gibt es Tickets für die Brücke und nach einer gemütlichen Viertelstunde Spazierweg auf heckengesäumtem Weg hat man das erstaunliche Bauwerk vor sich, dessen landseitiger Brückenkopf von 9.30 bis 18.30 Uhr geöffnet ist. Die etwa 20 m breite und nicht besonders tiefe Schlucht wird einzeln (maximal zu zweit) über eine (immerhin solide) Seilbrücke auf schwankenden Planken überquert. Dieses und jenes Menschenkind, groß wie klein, scheut hier heftig, und so manch ergreifende Szene bekommt der funkbestückte Life-Guard-Jüngling auf der anderen Seite geboten. Die spektakuläre Landschaft und Seevögel an den Klippen um die Seilbrücke herum beeindrucken uns sehr, vor allem die kleine Insel ***Sheep Island*** und, als Vorschau für unseren Wandertag morgen, der Blick nach ***Rathlin Island***. Falls möglich, dann nehmen Sie den unteren „Overfill“- Zusatzparkplatz in der Steinbruch-Arena, der für einen Tagesaufenthalt eine traumhafte Kulisse mit Meerblick samt Insel bietet.

(242) WOMO-Wanderparkplatz: Carrick-A-Rede

GPS: N 55° 14' 22.2" W 6° 20' 56.5" **max. WOMOs:** 3-5.
Ausstattung/Lage: Oberer Besucherparkplatz auf Schotter, leicht schief, Café, WC, Übernachtung im WOMO wird geduldet.
Zufahrt: Siehe Text.

(243) WOMO-Picknickplatz: Portaneevey

GPS: N 55° 14' 03.1" W 6° 19' 44.0" **max. WOMOs:** 3-5.
Ausstattung/Lage: Alternative zu **(242)**, großer asphaltierter Aussichtsparkplatz, Picknickbänke mit Grilltischen, Müllbehälter, Info-Tafel, tolles Panorama mit Inseln und Rope-Bridge-Felsen, Müllbehälter.
Zufahrt: 1,8 km hinter der Zufahrt zu **(242)** links.

Die Straße nach **Ballycastle** bietet bei klarem Wetter eine umwerfende Sicht auf das Meer, nach ***Rathlin Island*** und sogar bis zum schottischen ***Mull of Kintyre*** hinüber. Wir halten uns links zur **Seafront/Fähre** und schweben vorsichtig zum Hafen hinunter. Die landungsbootartigen Mini-Autofähren der ***Rathlin Island Ferry*** fahren getreu ihrem Namen nach ***Rathlin Island*** (www.rathlinballycastleferry.com) hinüber, unserem heutigen Ausflugsziel und brauchen für die Überfahrt 45 Minuten. Bei uns ist heute Wandertag, doch wer Fahrräder dabei hat, sollte sie mitnehmen, das erweitert den Aktionsradius erheblich!

(244) WOMO-Stellplatz: Ballycastle Hafen

GPS: N 55° 12' 29.9" W 6° 14' 30.1" **max. WOMOs:** 3-5.
Ausstattung/Lage: Der Parkplatz beim Felsen hat nun einen Höhenbalken, aber WOMOs werden über Nacht hinter dem grünem Gitter, also auf dem Parkplatz vom Fährhafen toleriert, Läden, Amüsement, Gastronomie und Badestrand in der Nähe. **Zufahrt:** Siehe Text.

Rathlin Island
Auf der bumerangförmigen Insel ***Rathlin Island*** lenken wir unsere Schritte zur Südspitze. Auf dem Weg dahin lassen wir uns auf einem wunderschönen Uferabschnitt mit runden weißen Steinen nieder und beobachten ausführlich eine Robbenfamilie, die sich vielleicht 50 m entfernt auf den Felsen aalt. Die einsame Wanderung endet bei den Resten vom ***Schmuggler-Haus*** mit den doppelten Wänden und am Leuchtturm vom ***Rue Point***. Auch hier sehen wir beim ausführlichen Picknick fasziniert den Robben beim Baden zu und können uns nur schwer motivieren, den Rückweg zum Hafen anzutreten. Wir reißen uns los vom Blick auf die Abbruchkante beim Festland gegenüber, dem ***Fair Head***, dem wir noch heute Abend einen Besuch abstatten werden. Wer vom Hafen aus die (deutlich weiter entfernte) westliche Ecke von ***Rathlin Island*** erwandern möchte, sollte sich für eine Strecke dem Mini-Bus-Shuttle anvertrauen, sonst wird die Zeit knapp. Auch wir müssen uns sputen, denn die letzte Fuhre zurück nach **Ballycastle** um 17.30 Uhr möchten wir auf keinen Fall verpassen.

Von **Ballycastle** aus empfehlen wir dringend einen Abstecher zu einem spannenden Ziel im Binnenland, auf das uns ein Leser hinwies. Man braucht für die 13 km (**A 44/B 67/Coloraine, B147/Ballymoney**, später der **rechten B 147** folgen, dann hinter dem Golfplatz links) eine Viertelstunde und schon holpert man geradezu andächtig durch eine 600 m lange Baumallee, die ***Dark Hedges*** (N 55° 08' 12.0" W 6° 23' 04.3"). Knorrige, alte Buchen mit bizarrem Geäst scheinen sich über der Straße zu vereinigen, die Szenerie wirkt wie verzaubert und Foto-Freaks wetteifern im Internet um die Motive mit den schrägsten Lichtverhältnissen. Sogar einen kleinen Parkplatz (N 55° 07' 56.5" W 6° 22' 40.0") haben wir entdeckt, von dem aus man sich das Naturkunstwerk zu Fuß anschauen kann.

In **Ballycastle** geht es nun weiter, wobei die Besitzer von etwas größeren WOMOs von hier über die **A 2** nach **Cushendall** fahren sollten. Die anderen kommen mit uns, verlassen beim Rechtsknick der **A 2** jene geradeaus (das 3-t-Limit gilt erst in 2 km) und fahren die ***Scenic Route*** Richtung **Cushendun**. Die Straße wird tatsächlich schmaler und schlechter, doch unser heutiges Ziel ist nah, denn schon 1 km später geht es ab zum **Fair Head Car Park** (Sackgasse). Die schmale und holprige Piste bringt uns durch Weideland etwas bergauf, so dass wir bald links voraus das Gelände unseres heutigen Abendprogramms überschauen können. Hinter dem gelben Haus biegt man links ab, orientiert sich an den weißen Häuschen mit den grünen Dächern und erreicht nach 400 m (zuletzt zwischen den Häusern durch) den klitzekleinen mauerumfriedeten Parkplatz unter Bäumen, unseren intimen **WOMO-Wanderparkplatz** [**245**: N 55° 12' 51.2" W 6° 08' 37.5"]. Die kleine Tafel gibt Auskunft über den Einstieg zur ***Fair Head***-Wanderung. Wer sich hier aufraffen kann, in die Bergschuhe zu steigen um uns durch das Farmgatter auf gelber Markierung bei der (gemütlichen) Zwei-Stunden-Tour zu begleiten, wird von einer atemberaubenden Aussicht belohnt. An der Felsenkante halten wir einen gebührenden Abstand zum „Jenseits“ und ergötzen uns an der Flugzeugperspektive auf ***Rathlin Island*** herunter und zum

schottischen ***Mull of Kintyre*** hinüber. Einfach sensationell!
Nach 1,8 km stoßen wir wieder auf die ***Scenic Route*** nach **Cushendun**, wo sich die Wege der Leserschaft wieder trennen werden.
Für Kandidaten, die eine komplett unkomplizierte Strecke bevorzugen, geht es von hier zurück zur **A 2** Richtung **Cushendall**, wo sich unterwegs sogar noch ein feiner, wenn auch kostenpflichtiger **Picknickplatz** (N 55° 09' 56.8" W 6° 07' 31.9", 8-18 Uhr offen, beim benachbarten Caravan-Club gibts eine Kassetten-Entsorgung mit Wasserhahn) am ***Ballypatrick Forest*** samt ***Forest Drive*** und Wanderwegen anbietet. Schließlich geht es auf der **B 92** hinunter nach **Cushendun**, wo sich diese Binnen-Tour wieder mit der ***Scenic Route*** vereinigt.
All jene, die das 3-t-Limit einhalten oder ignorieren, nehmen hier die ***Scenic Route*** nach links. Das Folgende ist wirklich nichts für besonders schlappe oder große WOMOs und unsichere Piloten! Die geteerte Straße hält manche Überraschung parat, führt über heiße Serpentinen (mit Steigung in den engen Kurven) steil bergauf und -ab, kratzt regelrecht am Hang entlang und gibt schwindelerregende Blicke in die Tiefe frei. Auf den Abzweig zum ***Torr Head*** hinunter verzichten wir und schauen uns dieses „Horn“ dort unten vom kleinen Aussichtsparkplatz ***Green Hill*** an. Begegnungen mit Fahrzeugen bis zu Pkw-Format funktionieren meist gut, alles andere kann Probleme bringen, doch die 3-t-Begrenzung ist nicht gerechtfertigt. Kurz nach dem Ortseingangsschild von **Cushendun** stoßen wir auf die **B 92**, folgen dieser nach links und finden im netten Badeort zwei Parklätze mit „weichen“ Verboten („No Camping. No Caravans“): Den ersten am Wald gegenüber vom Strand [**246**: N 55° 07' 40.2" W 6° 02' 36.6"] und zum zweiten geht es 300 m danach vor der Brücke links rein [**247**: N 55° 07' 32.2" W 6° 02' 28.7"].

Die **B 92** führt uns durch den hübschen Ort und dahinter geradewegs wieder auf die **A 2**, die uns fix nach **Cushendall** bringt. Dort halten wir uns hinter der Flussbrücke rechts, folgen der **B 14/Ballymena** für einen kleinen Umweg zum ***Glenariff Forest Park*** und steigen im idyllischen Tal namens ***Glenballyemon*** gemächlich aufwärts. Sie meinen, wir sind ein Tal zu früh eingebogen? Das stimmt, doch wir fahren 10 km hinter **Cushendall** nach links auf die **A 43/Waterfoot**, pirschen uns also von oben an das ***Glenariff*** heran und rollen nun ***„The Queen of the Glens“*** hinunter! Im Gegensatz zum ansonsten waldarmen **Irland** wird in dieser Gegend regelrecht Forstwirtschaft betrieben. Wer hier einen Verlängerungstag einlegen möchte, den können wir nur ermutigen, sich im ***Glenariff Forest Park*** einen oder auch mehrere der liebevoll angelegten Wanderwege vorzunehmen. Ein Stück talwärts vom Eingang zum riesigen Park- und Picknickplatz findet man einen für den WOMO-Bedarf optimalen **Campingplatz** [**248**: N 55° 01' 11.0" W 6° 07' 07.3"] , der ebenfalls von der Forstverwaltung betrieben wird. Eintritt und Camping gibt es zusammen im günstigen Combi-Ticket. Diesmal lassen wir diese lohnenswerte Ecke aus und fahren nur zur Probe eine Runde über den Campingplatz mit den netten Betonstellplätzen, auf dem abends ein Mann im Jeep herumfährt und kassiert. Auf komfortabler Straße rollen wir weiter auf der **A 43/Waterfoot** das ***Glenariff*** hinunter, das als schönstes der ***Antrim***-Täler gilt, und fahren anschließend

auf der **A 2** ganz genüsslich 36 km lang die ***Antrim Coast Road*** bis nach **Larne** hinunter. Unterwegs sieht man gelegentlich nette WOMO-Plätze, wie die beiden in **Glenarm**: Der gepflegte Parkplatz mit Spielplatz und WC vor der Kirche links [**249**: N 54° 58' 08.6" W 5° 57' 20.2"] und kurz danach noch einer, ein freundlicher WOMO-Treff.

(250) WOMO-Stellplatz: Glenarm Yachthafen

GPS: N 54° 58' 08.3" W 5° 57' 09.1"
max. WOMOs: 3-5.
Ausstattung/Lage: Schotterparkplatz am Yachthafen, Buchtblick, Fußgängerbrücke in den Ort und zu **(249)**, Bottlebank, Gastronomie.
Zufahrt: Hinter der Kirche beim roten Traktor links rein.

Nach dem Parkplatz am Ortsausgang von **Ballygally** links der Straße [**251**: N 54° 54' 00.7" W 5° 51' 04.4"] folgt der **5-Sterne-Campingplatz** vom ***Carnfunnock Country Park*** [**252**: N 54° 53' 22.7" W 5° 50' 46.7"] mit vielfältiger Zerstreuung für die ganze Familie und schließlich in **Larne** noch ein (vormaliger) Geheimtipp von Freunden:

(253) WOMO-Picknickplatz: Larne Pilotstation

GPS: N 54° 51' 04.8" W 5° 47' 50.1"
max. WOMOs: 2-3.
Ausstattung/Lage: Asphalt-Parkplatz gegenüber der Lotsenstation, nett gestaltetes Picknickareal mit Bänken, Müllbehälter, Wiese, Rundturm und Denkmal; Blick auf den Fährverkehr und die Betonfabrik.
Zufahrt: In Larne nach **links/Leisure Centre** folgen, nach 700 m nach links in die **Bay Road**, nach 350 m dann rechts um die Ecke.

Im Fährhafen von **Larne** beginnt meist unsrere **Irland**-Rundfahrt, wir begrüßen all jene, die auch diese Anreise-Variante via **Schottland** gewählt haben und behalten immer die **A 2/Carrickfergus** fest im Visier. Jetzt ist es an der Zeit zu überlegen, wie wir am geschicktesten den geplanten **Belfast**-Besuch hinkriegen. Die Lösung: Wir suchen uns ein „Basislager" entlang der Vorort-Eisenbahnstrecke **Belfast-Larne** und fahren mit der Bahn stressfrei mitten in die City. Die erste Chance dafür bietet sich im Küstenstädtchen **Whitehead**, an dem man ansonsten ohne schmerzhaften Erlebnisverlust auch vorüber fahren könnte, es sei denn, man braucht gerade eine der beiden in dieser Region aufgestellten Euro-Relais-Entsorgungsstationen, hier ***Motor Home Unit*** genannt, die man 180 m nach dem Abzweig zum Stellplatz links auf dem ***Bantra Golf Course***-Parkplatz (N 54° 45' 33.3" W 5° 43' 12.2") findet.

(254) WOMO-Picknickplatz: Whitehead Blackhead

GPS: N 54° 45' 21.7" W 5° 42' 12.1" **max. WOMOs:** 3-5.
Ausstattung/Lage: Asphalt-Parkplatz, Automatic-WC, Picknickbänke am Bergweg, Bahnstation in der Nähe: 35 min bis *Belfast Central.*
Zufahrt: Bei der MAXOL-Tanke den „Whitehead"-Hinweisen nach links (Brücke über die Schienen), dann in einer Rechtskurve den Hinweisen nach links folgen.

An Industrieanlagen und einem Kraftwerk vorbei streben wir auf der **A 2** gen **Carrickfergus** und sehen schon von weitem die monströse Normannenburg voraus. An der blumengeschmückten Uferpromenade kommen wir an diesem Koloss vorbei und nehmen Quartier auf dem Parkplatz am Hafen gleich dahinter. In dieser lebendigen Stadt hat man schon gut zu tun, um alle Sehenswürdigkeiten gebührend zu würdigen. Wir belassen es bei der Besichtigung der wirklich sehenswerten Ritterburg ***Carrickfergus Castle*** (Mo-Sa: 10-18 Uhr, So: 11-20 Uhr, Eintritt), empfehlen ansonsten einen Besuch im interessanten ***Flame! The Gasworks Museum of Ireland*** (Mai-August So-Fr 14-17 Uhr, Eintritt frei, www.flamegasworks.co.uk) und vom ***Museum & Civic Centre*** (Mo-Fr 9-17 Uhr, Eintritt frei), wo die Stadtgeschichte anschaulich präsentiert wird. Darüber hinaus findet man hier vielfältige Gastronomie aller Klassen, gute Gelegenheiten zum Einkaufen und nahebei auch eine Bahnstation als Sprungbrett nach **Belfast**.

(255) WOMO-Stellplatz: Carrickfergus

GPS: N 54° 42' 46.3" W 5° 48' 31.0"
max. WOMOs: 3-5.
Ausstattung/Lage: Parkplatz am Hafen, Toiletten, Bänke, ziemlich laut, zeitweise Balzplatz der automobilen Jugend, ***Motor Home Unit*** (Frischwasser und Strom gegen Token, die gibts für 1 £ im Ort beim ***Marina Office*** und der ***Touri-Info***). 10 Fußminuten zur *Station*: 24 min nach *Belfast Central.*
Zufahrt: Beim Kreisverkehr hinter der Burg zum „Harbour" links.

Bei der Erkundungs-Runde am Pier fallen zwei Gedenktafeln auf. Eine erinnert an die Landung (Na was denken Sie?) von ***William III. von Oranien*** 1690 und die andere an die von ***Queen Elisabeth II.*** mit ihrem Gatten 1961, wobei die eine vermutlich die Voraussetzung für die andere war.
Das sympathischste und gerade wieder frisch getestete WOMO-Quartier für einen **Belfast**-Besuch wartet jedoch knapp 9 km weiter in den nördlichen Vororten der Metropole: genau beim Kreisverkehr, wo die **A 2** in die **M 5** übergeht.

(256) WOMO-Picknickplatz: Hazelbank Park

GPS: N 54° 39' 40.7" W 5° 54' 05.6"
max. WOMOs: 3-5.
Ausstattung/Lage: Sehr gepflegtes und nett gestaltetes Areal mit Buchtblick, Spielplatz, Picknickbänke, Toiletten (tagsüber), Wasserhahn (zwischen oberer und unterer Abteilung links) Spazier- und Radwege nach Belfast, 15 Fußminuten zur Bahnstation *Whiteabbey*: 10 min nach *Belfast Central*.
Zufahrt: Siehe Text.

Die Hauptstadt **Nordirlands** an einem einzigen Tag zu besichtigen, ist in der Tat ein hoffnungsloses Unterfangen. Wir haben uns **Belfast** im Sommer 2013 erneut vorgenommen und waren total überrascht von einer nicht für möglich gehaltenen Entwicklung dieser vormals grauen Industriestadt zu einer modernen und dennoch freundlichen europäischen Großstadt mit beinahe weltstädtischem Flair. Dieser angenehme Eindruck hat uns hier gleich für 2 Tage gebunden und wir möchten Ihnen gut zureden, es uns (mindestens) gleichzutun.

Unsere Schritte zur Bahn-Station ***Whiteabbey*** führen am Kreisverkehr zunächst ein Stück an der **A 2/Carrickfergus** entlang zurück, beim College über die Fußgängerampel, dann auf der anderen Straßenseite an der Polizei-Station vorbei, beim nächsten Kreisverkehr nach links und kurz darauf rechts/links den *Rail-Station*-Hinweisen nach. Die modernen Vorort-Züge fahren etwa alle halbe Stunde, wir lösen Tickets für die 2 Stationen beim charmanten Schaffner und sind auch sogleich am nagelneuen Bahnhof ***Belfast Central*** angekommen. In den letzten Jahren wurde das kahle Umfeld zugebaut, so dass die vormals einsame ***Waterfront Hall*** mittlerweile von neuen Gebäuden umstellt ist. Auf dem Weg in die City schauen wir beim ***St.George's Market***, einer quirligen Markthalle (freitags ab 6 Uhr) vorbei und marschieren sodann schnurstracks zum ***Belfast Welcome Centre***, der exzellenten Touristen-Info am ***Donegal Place***. Nahezu perfekt ausgestattet erobern wir anschließend die Stadt mit einer gut 1 ½ -stündigen Stadtrundfahrt mit ***Citybus Tours***. Das ist vielleicht kein Insider-Tipp, aber dennoch sehr interessant, sogar mit Stopp beim Parlaments-Komplex von ***Stormont***, j.w.d. Danach gehen wir zur ***City Hall*** (Foto links, kos-

Titanic Belfast Foto: Helmut Breidenbach

tenlose Führungen Mo-Sa), dem pompösen Rathaus der geschichtsträchtigen Stadt. Absolut begeistert sind wir vom neuen Star der Belfast-Besucher aus aller Welt: ***Titanic Belfast*** (tgl. 9-19 Uhr, viel Eintritt, der sich lohnt; www.titanicbelfast.com). In einem futuristischen Bau wird die faszinierende Geschichte

des größten Schiffes aller Zeiten erzählt, von den Anfängen der ***Harland and Wolff***-Werft bis zum Untergang des Ozeanriesen. Mit viel High-Tech werden allerlei verblüffende Effekte gezaubert, nach dem Geisterbahn-Prinzip erlebt man den Schiffsbau hautnah und sogar das Bistro ist stilecht gestaltet. Den vielen hilfsbereiten Damen und Herren in den roten ***Titanic Crew***-Jacken möchte man immerfort zuraunen, dass diese Anstellung keine gute Perspektive hat, doch diesen Jux kennen die sicher schon.

Bei unserem erweiterten Stadtrundgang stoßen wir auch noch auf diese Schrankenanlagen, mit denen man in Minuten ganze Stadtviertel abriegeln kann. Wir gehen mal raus zur ***Shankill Road*** und schauen uns diese bedrückende Riesen-Mauer an, die man hier zwischen die verfeindeten Wohnviertel bauen musste und die mittlerweile als Sehenswürdigkeit „verkauft" wird. Wir suchen und finden die Einkaufspassage ***„The Fontain Centre"***, die nach einem verheerenden Bombenanschlag entstand und fühlen uns bei dem Gedanken daran nicht besonders wohl. In der Nähe vom ***Grand Opera House***, dem markanten Gebäude im viktorianischen Stil mit dem prunkvoll goldgeschmückten Innenleben, kehren wir noch ein im Juwel unter den Belfaster

Pubs, dem ***„Crown Liquor Saloon"***. Am späten Nachmittag finden wir sogar noch ein freies Separee, das mit verzierten Holzwänden und -türchen vom Barraum abgeteilt ist. Von der urgemütlichen Atmosphäre mit Gaslaternen, Mahagoniverkleidung und Marmortresen sind wir hell begeistert und genießen das besondere Flair dieses Ortes. Der Barkeeper versteht sein Handwerk, zapft routiniert die ***Guinness***-Pints, und beim Finish der letzten beiden Gläser zaubert er extra für uns in den cremigen Schaum ein *Kleeblatt* und den Schriftzug: *Belfast*. Wir sind schwer beeindruckt! Der letzte Zug nach ***Whiteabbey*** fährt jedenfalls 23.15 Uhr ab ***Great Victoria Street*** ganz in der Nähe und für den folgenden Tag bleibt noch genug zum Besichtigen übrig. Sehen Sie sich das neue Wahrzeichen, den ***Big Fish*** am ***River Lagan*** an, besichtigen Sie noch für lau das großartige ***Ulster Museum*** im ***Botanischen Garten*** oder gehen Sie einfach mal wieder anständig Shoppen! Falls Sie in **Belfast** lieber auf einem Campingplatz logieren wollen, dann blättern Sie vor. Vielleicht gefällt Ihnen ja Nummer **(257)**?

TOUR 13
25 km
Ballymena
Whitehead
254 WC
Carrickfergus
WC E 255
Whiteabbey
WC 256
Belfast
Lough Neagh
Gas-flaschen-Füllung
Holywood
WC 158
259
260 WC
Museen
Bangor
257
WC E
261 Donaghadee
262 WC
Millisle
Newtonards
263 WC
Ballywalter
264 WC
Burr Point
Bally-halbert
Strangford Lough
Portavogie
Cloughey
265
Portaferry
Exploris
Strangford
Ardglass
Killough
266 WC
Jordan's Castle
Clough
Dundrum
B
Tollymore Forest Park
268
Newcastle
267 WC
271
WC 270
Mourne Mountains
Silent Valley
Hilltown
Newry
272
269
Rostrevor
Kilkeel
Warren-point
Dundalk
N
Monasterboice
WC 273
Mellifont Abbey
Drogheda
Newgrange
River Boyne
Balbriggan
Skerries

TOUR 13 (286 km / 5 Tage)

Bangor - Ards Peninsula - Newcastle - Mourne Mountains - Newry - Dundalk - Monasterboice - Drogheda - Newgrange

Freie Übernachtung:	Bangor (3), Donaghadee, Millisle Beach Park, Ballywalter, Ballyhalbert, Lough Cowey, Ardglas, Newcastle, Crocknafeola, Spelga Damm, Sandbank, Yellow Water, Mellifont Abbey.
Campingplätze:	Dundonald in Belfast, Tollymore Forest Park.
Baden:	Millisle Beach, Ballyholme Bay, Ballyhalbert Pier, Tyrella Beach.
Besichtigen:	Ulster Folk and Transport Museum, Bangor, „Exploris“ in Portaferry, Monasterboice Abbey, Mellifont Abbey, Newgrange.
Wandern:	Burr Point, Mourne Mountains.

Die Fahrt durch **Belfast** ist völlig unproblematisch. Zunächst rollen wir auf der Stadtautobahn **M 5** auf die Stadt zu, sehen links die Docks und rechts schöne Vorstadthäuser in grüner Hügel-Landschaft. Im Watt sind tausende Austernfischer beim Brunch und wir bleiben nun auf der **M 3** und der **A 2** immer Richtung **Bangor**. Auf einer Hochstraße nehmen wir im „Tiefflug“ die **Belfaster** City, schweben an Hafenanlagen und am neuen Unterhaltungs-Tempel ***„Odyssey“*** vorbei, doch bevor wir die Stadt nun zügig verlassen, gibt es zwei Gründe, noch einmal abzuzweigen. Leser mit dem Wunsch nach einem Camping-Quartier verlassen die **M 3** und fahren 7,1 km nach ***Dundonald***

(257) WOMO-Campingplatz-Tipp:
Dundonald Touring Caravan Park (Lesertipp)

GPS: N 54° 35’ 20.4” W 5° 49’ 02.0” **Öffnungszeiten:** 15.3. bis 31.10.
Ausstattung/Lage: Gepflegtes Gelände mit (nur) 22 Stellplätzen, ordentliche Sanitäranlagen, Strom. Rezeption im **Ice Bowl**-Empfang, in und vor der Eishalle auch Kinderbelustigung wie ***Pirates Adventure*** (Mini-)***Golf***. Preis 2013: 23 £ pro Einheit. www.theicebowl.com.
Zufahrt: Die **M 3** direkt hinter der **Laggan Bridge** verlassen und Richtung **A 20/Newtonards** orientieren, Newtonards Road, rechts/Sandown Road, dann links/Kings Road und den **Ice Bowl**- Hinweisen nach.

und solche mit bedrohlich knappen Gasvorräten nehmen 1,3 km danach die Ausfahrt zum **Harbour**, verlassen den Kreisverkehr zur ***Airport Road***, rollen ins Industriegebiet und landen nach 2,5 km bei ***FloGas Belfast***, 44 Airport Road West (N 54° 37’ 22.5” W 5° 52’ 57.8”), wo man (Mo-Fr 9-17 Uhr) seine (grauen) deutschen Gasflaschen füllen lassen kann. Fährt man die Runde hinter dem Stadt-Flughafen zu Ende, stößt man wieder auf die Tour-Route, die **A 2 /Bangor**. Hinter dem hübschen Örtchen **Holywood** sei ein Besuch im ***Ulster Folk & Transport Museum*** (Di-So 10-17 Uhr, Eintritt, www.nmi.com/uftm) empfohlen. Die beiden Riesenareale bieten reichlich Stoff für Entdeckungen. Wir waren zuletzt im ersteren und echt begeistert vom Kleinstadtmilieu und dem Landleben in ***Ulster*** vor 100 Jahren.

Wir erreichen **Bangor**, das meistbesuchte Seebad Nordirlands, halten uns Richtung **Town Centre/Touri-Info** und finden auf dem **Public Car Park** bei der **Marina** sogar noch einen Platz.

(258) WOMO-Stellplatz: Bangor Marina

GPS: N 54° 39' 55.7" W 5° 40' 03.1" **max. WOMOs:** 2-3.
Ausstattung/Lage: Parkplatz an der *Quay Street* neben der Nobel-Marina, Automatik-WC in der Nähe, schöner Park, Küste, Gastronomie und Tourist Office anbei. **Zufahrt:** Siehe Text.

Außerhalb der Ferienzeit ist es fast sympathisch (weil nicht so voll) hier und wir sind ganz angetan vom Charme dieses mondänen Seebades reinster britischer Prägung. Man kann im stilvollen Park lustwandeln, dort den stolzen Uhrturm, den kunstvollen weißen Eisen-Pavillon und exotische Vegetation bestaunen oder seine (Klein-)Kinder mit einem Besuch im ***„Pickie Family Fun Park"*** beglücken. Während sich die Eltern im „Windjammer-Café" verwöhnen lassen, gibt es draußen Kinder-Amüsement ohne Ende mit Kleinbahn, Buggy-Fahren, Planschbecken, Spielplatz und den alles beherrschenden Tretboot-Schwänen.

Vom Parkplatz aus nehmen wir in vornehmen Tempo die ***Seacliff Road*** an der Küste entlang (*Ramps*) und finden auf dem Weg zur **A 2/Donaghadee** sogar noch zwei WOMO-Häfen direkt am Ufer.

(259) WOMO-Picknickplatz: Lukes Point

GPS: N 54° 40' 12.4" W 5° 39' 21.2" **max. WOMOs:** 3-5.
Ausstattung/Lage: 2-teiliger Asphalt-Parkplatz (2. Einfahrt 100 m nach der ersten) in der Strandwiese, Picknick-Gelände, Spielplatz.
Zufahrt: Von der Marina aus 1 km auf der Strandstraße entlang.

(260) WOMO-Badeplatz: Ballyholme Bay

GPS: N 54° 40' 04.8" W 5° 38' 11.5" **max. WOMOs:** 2-3.
Ausstattung/Lage: Parkplatz am Surfer-Strand, Toiletten, Badestrand-Wiese, Spielplatz. **Zufahrt:** 2,2 km hinter **(259)**. Erst die Strandstraße weiter, anschließend die querende Straße links, dann <u>nicht</u> in die Sackgasse zum Strand, sondern rechts/links weiter durch den Ort und dann dem ***Beach***-Hinweis nach links folgen, nach 100 m Parkplatz links.

Die Tourstrecke führt nun durch grüne Landschaft mit reichlich Ginster, vor **Donaghadee** wird fleißig Golf gespielt und am Ende des Ortes geht es nach links zu einem geräumigen WOMO-Quartier mit „Zubehör“ ans Wasser.

(261) WOMO-Stellplatz: Donaghadee

GPS: N 54° 38' 05.5" W 5° 31' 50.1" **max. WOMOs:** 2-3.
Ausstattung/Lage: Asphaltparkplatz am Meer mit Picknickwiese, Bänke, Müllbehälter, **Motorhome Service Point (V/E)**. **Zufahrt:** Siehe Text.

Sogleich landet man im nächsten Küstenort namens **Millisle**, wo wir ein weiteres WOMO-Asyl präsentieren können.

(262) WOMO-Picknickplatz: Millisle Beach Park

GPS: N 54° 36' 26.1" W 5° 31' 31.4"
max. WOMOs: >5.
Ausstattung/Lage: Neuer, schön gestalteter Asphalt-Parkplatz mit Seeblick, Picknickbänke, Wiese, Spielplatz, Müllbehälter, WC bei der Einfahrt.
Zufahrt: Am Ortsende nach links den Hinweisen folgen, am Balken-Parkplatz und dem Schotter-Areal vorbei 500 m nach links fahren.

Die **A 2** nach Süden führt unablässig an der Küste der ***Irischen See*** entlang, wir befinden uns nun auf der ***Ards Peninsula*** (=Halbinsel), die im Bogen das ***Strangford Lough*** umarmt und sind auch sogleich in **Ballywalter**, wo sich schon wieder gute Chancen für einen WOMO-Stopp ergeben.

(263) WOMO-Picknickplatz: Ballywalter

GPS: N 54° 32' 33.5" W 5° 28' 58.9" **max. WOMOs:** 2-3.
Ausstattung/Lage: Parkplätze rechts am Pier und gegenüber links. Gepflegtes Areal, Wiese, Picknickbänke, Müllbehälter, Recycling-Box, Spielplatz, Toiletten in 100 m am Strand.
Zufahrt: 1 km nach Ortseingang beim Soldaten-Denkmal links hinein. Hinweis: „Harbour/Picnic Area“.

Im Ort entdecken wir wieder eine der speziellen Bowlingbahnen, auf denen Erwachsene sehr ernsthaft und nach geheimnisvollen Regeln (Irgendwas zwischen Murmeln und Eisstockschießen?) mit Eisenkugeln auf mustergültig geschnittenem Kurzrasen spielen.
Die Straße folgt dann an der Mauer entlang direkt der Küstenlinie, im Ferienort **Ballyhalbert** steuern wir den freundlichen Parkplatz bei der Mole hinter dem Ortsende links an, der sich als Ausgangspunkt für einen 10-Minuten-Ausflug zu einer eher unscheinbaren geographischen Sehenswürdigkeit, dem ***„Östlichsten Punkt Nordirlands“*** (und wohl auch vom Rest der Insel), dem ***Burr Point***, anbietet.

(264) WOMO-Badeplatz: Ballyhalbert Pier

GPS: N 54° 29' 24.5" W 5° 26' 22.3"
max. WOMOs: 2-3.
Ausstattung/Lage: Asphalt-Parkplatz am Pier, Müllbehälter, Picknickbänke, Slipway, Badestrand und Toilette anbei.
Zufahrt: 800 m hinter dem Ortsausgang nach links zum *Burr Point* abzweigen, dann nach 100 m links.

Auch in **Portavogie** und **Cloughey** gibt es Parkplätze mit Toiletten sowie reizende Strände, wir entfernen uns vom oberen Abschnitt der ***Coast of Down*** landeinwärts auf holpriger Straße, fahren durch hügeliges Weideland mit Ginsterhecken und folgen in der hübsch herausgeputzten und fast zugeparkten Hafenstadt **Portaferry** den Hinweisen zur Fähre nach **Strangford**. Wer in diesem Wassersportrevier länger verweilen möchte, wird sicherlich beim Besuchermagneten des Städtchens, dem Aquarium ***„Exploris“*** reinschauen (Mo-Fr 10-18 Uhr, Sa 11-18 Uhr, So 12-18 Uhr, Eintritt, www.exploris.org.uk), wo beim Besucherparkplatz die oberen Buchten (N 54° 22' 57.2" W 5° 32' 54.0") auch gut für die Nacht im WOMO geeignet wären. Einen ruhigen Schlummerplatz ganz in der Nähe findet, wer im Ort der **A 20** für 3 km nordwärts folgt und dann 180 m nach links zum ***Lough Cowey*** [**265**: N 54° 24' 44.1" W 5° 32' 16.7"] fährt. In der Warteschleife der Fähre geht es zügig voran und für WOMOs mit langem Hecküberhang gilt bei der Auffahrt: „Obacht!“ Nach kurzer Überfahrt halten wir uns in **Strangford** links und folgen der **A 2/Ardglass**. Zeitweilig nervt die schmale Straße mit den formschlüssig geschnittenen Begrenzungs-Hecken, den „Humpen“ auf der Mittellinie und üblen Kanaldeckeln, so dass man entweder mit den rechten Rädern auf der Gegenfahrbahn „wildert", oder ständig irgendwo drüberrumpelt. Beim Turm von ***Kilclief Castle*** biegt man scharf rechts ab und erreicht bald darauf **Ardglass**, wo man am besten zielstrebig zum **Public Car Park** an der ***Marina*** fährt und die örtlichen Gegebenheiten zu Fuß erkundet. Von den ehemals sieben Burgen dieses Fischerdorfes ist nicht viel mehr als der Turm von ***Jordan's Castle*** übrig geblieben. Das muss früher ein richtiges Seeräubernest gewesen sein, doch heutzutage ist alles nett hergerichtet und der Senioren-Malkurs arbeitet konzentriert am Hafen.

(266) WOMO-Picknickplatz: Ardglass Marina

GPS: N 54° 15' 42.8" W 5° 36' 25.5" **max. WOMOs:** 2-3.
Ausstattung/Lage: Picknickbänke, Müllbehälter, Coffee-Shop anbei, öffentliche Toiletten am Hafen in 300 m. **Zufahrt:** Siehe Text.

Die nächste Ortschaft an der **A 2** muss katholisch dominiert sein: In **Killough** zeigen sich nach langer Zeit mal wieder bunte Häuser und ebensolche *Pubs* und es weht stolz die irische Fahne am Mast. Was für ein Panorama kurz danach: Ein herrlicher Blick über die glitzernde ***Dundrum Bay***, dottergelbe Ginsterhänge am Wegesrand und in der Ferne schon das mächtige Relief der ***Mourne Mountains***. Der Nachmittag bringt mit der Sonne sommerähnliche Wärme, so dass wir zu einem Badestopp zum ***Tyrella Beach*** (N 54° 15' 11.0" W 5° 44' 50.0") abzweigen. Gegen Eintritt (in der Saison) darf man in die Dünenlandschaft zum weiten Strand vordringen, muss aber bis 21 Uhr wieder raus. Auf der Suche nach einem Platz für die Nacht folgen wir unserer Straße weiter, rollen durch **Clough**, dann scharf links auf der **A 2** zum bezaubernden Fischerörtchen **Dundrum** und kommen kurz darauf schon im quirligen und stets gut besuchten **Newcastle** an. Hier muss man sich dann für ein

WOMO-Quartier entscheiden: in der Stadt auf dem meist gut besuchten Parkplatz an der ***Downs Road*** unten am Strand oder so richtig nett auf dem besonders schön gelegenen Campingplatz im ***Tollymore Forest Park*** in den Bergen.

(267) WOMO-Picknickplatz: Newcastle Downs Road

GPS: N 54° 12' 50.8" W 5° 53' 08.6" **max. WOMOs:** 3-5.
Ausstattung/Lage: Parkplatz an der Strand-Promenade, Buchtblick, Picknickbänke, Toilette, Müllbehälter, Recycling-Box, Gastronomie anbei.
Zufahrt: Im Zentrum am vormaligen Bahnhofs-Gebäude mit dem roten Klinker-Uhrturm vorbei zum Parkplatz am Strand.

(268) WOMO-Campingplatz-Tipp: Tollymore Forest Park

GPS: N 54° 13' 31.5" W 5° 56' 16.8" **Öffnungszeiten:** Ganzjährig.
Ausstattung/Lage: Sehr gepflegter und wunderschön gelegener Platz im Park eines alten Herrenhauses, alte Bäume, guter Ausgangspunkt für Wanderungen durch den Forest Park und die Mourne Mountains.
Zufahrt: In Newcastle nach rechts den Hinweisen folgen.

Heute ist unser ***Mourne*** -Tag! Bevor wir uns ausführlich dieser Bergregion zuwenden, fahren wir auf der **A 2/Kilkeel** mit grandiosem Blick auf die weite See immer an der Küste entlang, steigen am bewaldeten Hang höher, werden im *„Kingdom of Mourne"* begrüßt und empfehlen (4 km hinter **Newcastle**) eine Pause beim Aussichtsparkplatz ***„Bloody Bridge"*** an der Steilküste kurz danach links. Das sonnige Wetter ist mit frischem Wind gewürzt und auf dem Programm steht „gelber Ginster vor türkis-blauem Meer" (Foto S. 262). Einfach herrlich! Genau 6,4 km später nehmen wir den Abzweig hinter einer Tankstelle nach rechts zum ***Silent Valley*** hinauf. Vor uns liegen sehr kompakt die beeindruckenden ***Mourne Mountains***. Das Asphaltband führt uns gemächlich schnurgerade den knallgelben Ginsterhang hinauf (Park-Taschen nutzen!), knickt dann links ab und

verläuft parallel zur Küstenlinie kurvenreich auf halber Höhe am Hang entlang. In dieser „steinreichen“ Gegend sind die kleinen Weideparzellen der Schafe mit Feldsteinmauern eingezäunt. Mehr Mauern als Wiese, karges Gelände! Natürlich ist auch die Straße von Trockenmauern eingerahmt, die Strecke fährt sich sehr angenehm, vor einer Linkskurve geht's beim Wegweiser **Silent Valley** rechts weg und alsbald erreichen wir das Kassenhäuschen vom ***Silent Valley Mountain Park*** (10-18 Uhr, Eintritt). So schön wurde uns bislang noch nie ein Staudamm präsentiert. Die Fakten sind, nüchtern betrachtet, nicht

besonders spektakulär. Durch die wirtschaftliche Entwicklung von **Belfast** ergab sich ein zunehmender Wasserverbrauch, der aus dem Aufkommen aus der unmittelbaren Umgebung der Stadt nicht gedeckt werden konnte. Der 1933 eröffnete Stausee ***Silent Valley*** wird aus zahllosen Quellen der ***Mourne Mountains*** gespeist. In den 50er Jahren wurden wegen der steigenden Nachfrage noch die Stauseen ***Ben Crome*** und ***Spelga Dam*** gebaut und noch heute werden von hier aus fast eine halbe Million Menschen täglich mit über 100 Millionen Litern Wasser versorgt. Schon beim Eingangsbereich fällt die angenehme Gestaltung auf und hinter dem Parkplatz breitet sich eine gepflegte Rasenlandschaft mit üppigen Gewächsen samt Ententeich aus, die mit ihrer gärtnerischen Gestaltung im krassen Gegensatz zu den kargen Berghängen ringsum steht. Das eigentliche Wahrzeichen der ***Mourne Mountains*** entstand aber schon viel früher. Nachdem 1895 dieses wichtige Wassereinzugsgebiet von den Belfaster Wasserwerken gekauft wurde, begann man 1904 damit, den neuen Besitz auf besonders haltbare Art einzuzäunen. In einer frühen Form der ABM entstand in 18 Jahren Bauzeit der ***Mourne Wall***. Die aus Granitbrocken aufgeschichtete Mini-Ausgabe der Chinesischen Mauer ist 22 Meilen lang, etwas über 2 m hoch und führt über 15 Berggipfel der Umgebung. Heute dient sie vor allem dem Wandersmann zur Orientierung in dieser weitgehend unmarkierten Bergwelt, aber natürlich nach wie vor der Abwehr von Schafinvasionen.

Bequeme Zeitgenossen nehmen den Bus-Shuttle zum ***Ben Crome Reservoire*** und begnügen sich mit dem Besuch des Besucherzentrums mit Craftshop und Café. Wir verbringen den Tag mit gründlicher Erkundung zu Fuß und anschließendem Picknick in der gepflegten Parklandschaft.

Zu einem besonders schönen Tag gehört natürlich ein erlesener Schlafplatz. Zu diesem fahren wir rechts weg und dann wieder rechts Richtung **Spelga Dam/Hilltown**. Nach 3,6 km Hangfahrt erreichen wir die **B 27**, der wir nach **rechts/Hilltown** in die Bergregion hinein folgen und biegen 2,8 km nach dem letzten Abzweig zu unserem WOMO-Schlafplatz links unten im Wald ab.

(269) WOMO-Wanderparkplatz: Crocknafeola

GPS: N 54° 08' 12.2"
W 6° 02' 58.6"
max. WOMOs: 2-3.
Ausstattung/Lage: Grobschotterbelag im Hochwald, Ausgangspunkt für Bergwanderungen, 30 m neben der Straße.
Zufahrt: Siehe Text.

Wir sind dann weiterhin auf der **B 27/Hilltown** durch die kahle Bergregion unterwegs, registrieren 400 m.ü.M. und notieren noch einen weiteren Stellplatz, direkt am ***Spelga Dam***.

(270) WOMO-Stellplatz: Spelga Dam

GPS: N 54° 10' 44.8" W 6° 03' 31.1" **max. WOMOs:** 2-3.
Ausstattung/Lage: Asphalt-Parkplatz mit Stausee-Blick, Toiletten, Mülleimer, Picknick-Bank. **Zufahrt:** 5,7 km nach **(269)**.

Jetzt geht es ein schmales Tal hinunter, in der Tiefe ein Fluss, voraus ein Hang voll Rhododendron und in der Ferne die weite Ebene. Wir verlassen dann die **B 27** und zweigen 3,7 km hinter **(270)** nach **links/Rostrevor** ab. Hier gondelt man zwangsläufig genüsslich langsam auf holpriger, aber verkehrsarmer Nebenstrecke durchs Tal der Meeresbucht entgegen und findet sogar noch zwei WOMO-Plätze am Bergbach.

(271) WOMO-Picknickplatz: Sandbank

GPS: N 54° 11' 01.7" W 6° 06' 43.7" **max. WOMOs:** 1-2.
Ausstattung/Lage: Neu angelegter, zuletzt erweiterter mit Rasengittersteinen befestigter Platz, Picknickbänke, Müllbehälter, Ausgangspunkt für Bergwanderungen, Wohnhaus gegenüber.
Zufahrt: 1,4 km nach dem Abzweig von der **B 27** rechts.

(272) WOMO-Picknickplatz: Yellow Water

GPS: N 54° 08' 06.2" W 6° 09' 04.8"
max. WOMOs: 2-3.
Ausstattung/Lage: Parknischen mit Picknickbänken unter Bäumen am Sprudelbach, Müllbehälter, Wanderwege. No Camping.
Zufahrt: 6,1 km hinter **(271)** links.

Wir rollen entspannt auf mittelprächtiger Straße aus den ***Mourne Mountains*** heraus, laben uns am Blick auf das vor uns liegende ***Carlingford Lough***, halten uns im geschniegelten **Rostrevor** nach links an die **B 25** nach **Warrenpoint** und dort dann an die **A 2** nach **Newry**, die uns nun am gleichnamigen River entlang führt. Wir pausieren beim Normannen-Turm vom ***Narrow Water Castle***, um am Schauplatz eines besonders hinterhältigen Bombenanschlages der ***IRA*** die traurige Seite des Themas **Nordirland** nicht zu vergessen. Am 27. August 1979 stand auf diesem Parkplatz ein Lkw mit einer gewaltigen Sprengladung. Als ein Konvoi der britischen Armee vorbei fuhr, zündeten die Attentäter die Bombe „auf Sicht", denn sie versteckten sich am anderen Ufer auf irischem Gebiet. Dieser Anschlag tötete 18 Soldaten und sogar die eintreffenden Rettungshubschrauber wurden noch angegriffen!
Auf 4-spurig ausgebauter Straße kommen wir schnell nach **Newry**, fahren die **A 1/M 1/Dublin/Dundalk** hinaus und sind kurz danach schon wieder in **Irland** auf der **N 1/Dublin** unterwegs. Am 1. Kreisverkehr nehmen wir die **N 1/N 52/Dublin** und umkurven **Dundalk** auf der neuen Autobahn **M 1/Dublin**. Hier geht es nun flott voran, wir verlassen die Rennstrecke jedoch bei Ausfahrt Nr. 11 (Auf Abfahrt 14 folgt Abfahrt 12! Aberglaube im Verkehrsministerium?), unterqueren die Autobahn, nehmen die **R 132** Richtung **Tinure** und folgen den Hinweisen auf unsere nächste Station, das Klosterareal von ***Monasterboice***. Auf schmaler Heckenstraße folgen wir der Ausschilderung, biegen 900 m nach der **M 1**-Abfahrt an einer Mini-Kreuzung links ab, sehen immer schon mal den Rundturm-Rest und parken 700 m danach zwangsweise (Sehen Sie selbst!) nicht sehr elegant am Straßenrand. Diese Kloster-Ruine mit Rundturm (ohne Spitze) und Friedhof ist besonders wegen der reich ausgeschmück-

ten Hochkreuze berühmt, die wohl zu den schönsten ihrer Art in **Irland** zählen. Das ***Muireadach's Cross*** (rechts) stammt vermutlich aus dem 9. Jahrhundert und gilt als Juwel unter den irischen Hochkreuzen. Das etwas über 5 m hohe Kunstwerk zeigt Szenen aus dem Alten und Neuen Testament und lässt den Betrachter vor Ehrfurcht verstummen. In der Nähe steht das ***Tall Cross*** (links). Es ist nicht zu übersehen, denn es ist mit fast 6,50 m eines der größten seiner Gattung. Auch hier findet sich für den bibelfesten Besucher reichlich Gelegenheit zur Deutung der dargestellten Figuren. Das Areal ist jederzeit und kostenlos zugänglich, doch für eine kleine Spende sind die ortskundigen Betreuer aus dem Holzhüttchen am Eingang gerne zu einer kleinen, individuellen Führung bereit.
Das nächste geschichtsträchtige Areal wartet keine 6 km von hier entfernt: die Ruinen des im 12. Jahrhundert gegründeten und damit ersten irischen Zisterzienser-Klosters ***Mellifont Abbey***. Dazu geht es zunächst auf schmaler Heckenstraße

durch Farmland 1,7 km in Fahrtrichtung weiter, dann biegt man rechts auf die querende **R 168**, verlässt diese nach 3,1 km wieder nach rechts und ist nach 1,8 km am Ziel, dem (bislang) geheimen WOMO-Zufluchtsort dieser Region.

(273) WOMO-Picknickplatz: Mellifont Abbey

GPS: N 53° 44' 35.5" W 6° 27' 55.9"
max. WOMOs: 2-3.
Ausstattung/Lage: Vorderer Teil vom Parkplatz, Toiletten tagsüber beim Besucherzentrum, Picknickbänke auf der Wiese am Fluss, ein Hauch von Geschichte.
Zufahrt: Siehe Text.

Von der einst stolzen ***Mellifont Abbey*** (Juni-September tgl. 10-18 Uhr, deutsche Infos, Eintritt) steht nicht mehr allzu viel, die Grundrisse sind freigelegt und es ist einiges vom ***Kapitelhaus*** und die Reste vom achteckigen ***Lavabo*** zu bewundern, wo sich die Mönche einst vor dem Betreten des Refektoriums gewaschen haben. Ganz beeindruckt von den alten Gemäuern streifen wir ausführlich über das Gelände und versuchen, uns das damalige Leben im Kloster vorzustellen.
Einen noch sehr viel größeren Schritt in die Vergangenheit bringt die Besichtigung des 5000 Jahre alten Ganggrabes ***Newgrange*** mit sich. Also die kurze Zufahrt zurück, auf der Querstraße nach rechts, dann auf der **R 168/N 51/R 132** nach **Drogheda** hinein, in der Stadt der **N 1/Dublin** folgen, über die ***Boyne***-Brücke und hinter einer Tanke dann rechts weg. Wir überqueren die Maut-Autobahn **Belfast-Dublin** und erreichen kurz darauf den Parkplatz (N 53° 41' 40.1" W 6° 26' 47.5") vom perfekt organisierten Besucherzentrum ***Brú na Bóine*** (9-19 Uhr, reichlich Eintritt). Die 1993 von der UNESCO zum Weltkulturerbe ernannte Ausgrabungsstätte ist ein „Muss" für jeden **Irland**-Besucher! Um das komplexe Erlebnis auch angemessen genießen zu können, sollte man schon vormittags (vor den Reisebussen) hier eintreffen, sich sein Tagesprogramm zusammenstellen und die Minibus-Touren zu den berühmten Ganggräbern buchen. Unser Tipp: Begnügen Sie sich mit der Kombination, die neben der überaus interessanten Ausstellung im Besucherzentrum die Hauptattraktion ***Newgrange*** enthält. Der zusätzliche Besuch von ***Knowth*** und ***Dowth*** kann den Aufenthalt (vor allem für die Kinder) schmerzhaft in die Länge ziehen. Wählen Sie die Startzeit für Ihre Besichtigungstour so, dass Sie sich vorher ausgiebig die Ausstellung mit Video usw. ansehen kön-

nen und auch noch Zeit für eine Stärkung in der gut sortierten Cafeteria finden. Bunte Buttons mit den verschiedenen Abfahrtszeiten und Zielen am Revers teilen die Besucher in Reisegruppen (auf Zeit), so dass jeder weiß, wann sein Bus an der 5 Geh-Minuten entfernten Haltestelle abfährt. Nach kurzer Bus-Anreise sehen wir schon den Riesenhügel von ***Newgrange*** auf der Anhöhe liegen. Vor dem Eingang der berühmten jungsteinzeitlichen Grabanlage liegt ein mit rätselhaften Spiralen verzierter Steinblock. In kleinen Grüppchen werden die Besucher durch den teilweise sehr schmalen Gang geschickt, der manchem übergewichtigen oder platzangstgeplagten Besucher deutlich länger als 19 Meter vorkommt. Die kreuzförmige Grabkammer ist 6 m hoch und mit Steinplatten so geschickt gebaut, dass bis heute kein Regenwasser eindringt. Abschließend wird der besondere Clou demonstriert. Das Licht wird gelöscht, es ist zappenduster, denn nur am Morgen des 21. Dezember, dem kürzesten Tag des Jahres, strahlt die Sonne (wenn sie denn scheint) durch die kleine Luke über dem Eingang in die Grabkammer hinein. Dieser Moment wird den Besuchern anschließend mit Kunstlicht demonstriert, damit ist Ende der Vorstellung und nun auch Schluss mit **Tour 13**.

Balbriggan
Skerries
Skerries Mills
274 WC
275
Lusk
Rush
Malahide Castle
Dublin - Liverpool 6h 30'
- Holyhead 3h 15'
Dublin
Dun Laoghaire - Holyhead 1h 45'
276
Dun Laoghaire
James Joyce Tower
Ennis-kerry
Bray
Glencree
Powerscourt House & Gardens
Sally Gap
277
Mountains
281
278
282
280
Laragh
Glendalough
WC W
279
Rathdrum
285
286
Avondale House
284
283
287
Wicklow
Red-cross
B
Meetings of the Waters
Avoca
Arklow
288
Gorey
Courtown Harbour
Kilmuckridge
289
Blackwater
Curracloe
290 WC
291
Raven Point
Wexford
292
Irish National Heritage Park
02 WC
Rosslare
R. - Fishguard 3h45'
R. - Pembroke 4h
R. - Cherbourg 19h
R. -Roscoff 17h
Tagoat
Kilrane
01
25 km
N

TOUR 14

TOUR 14 (320 km / 8 Tage)

Skerries - Dublin - Wicklow Mountains - Glendalough - Arklow - Curracloe - Wexford

Freie Übernachtung:	Skerries, Wicklow Mountains (9), Curracloe (2).
Trinkwasserstellen:	Skerries.
Campingplätze:	Rush, Dublin, Rathdrum, Redcross, Kilmuckridge, Wexford.
Baden:	Skerries, Rush, Dun Laoghaire, Clogga, Courtown Harbour, Morriscastle, Ferrybanks, Curracloe.
Besichtigen:	Skerries Mills, Dublin, Malahide Castle, James Joyce Tower, Powerscourt House & Gardens, Glendalough, Avondale House & Forest Park, Meeting of the Waters.
Wandern:	Wicklow Mountains, Glenamure Valley, Avondale Forest Park, Raven Wood.

Nach soviel Kultur, Bildung und Geschichte zieht es uns mit unbändigem Verlangen wieder zum Meer! Dazu kehren wir nach **Drogheda** zurück, rollen auf der **R 132/N 1** Richtung **Dublin** und dann nach **Balbriggan**, wo es auf der **R 127** an der ***Irischen See*** entlang nach **Skerries** geht. Hier führen wir Sie ganz zielgerichtet gleich zum richtigen WOMO-Strand, um Ihnen den bitteren Blick auf den Höhenbegrenzungsbalken des wirklich toll gelegenen Pkw-Strandparkplatzes zu ersparen.

(274) WOMO-Badeplatz: Skerries Südstrand

GPS: N 53° 34' 43.1" W 6° 06' 17.5" **max. WOMOs:** 2-3.
Ausstattung/Lage: Toilettenhaus mit Außen-Wasserhahn, Picknickbänke auf der Strandwiese, 30 m zum Strand, Gastronomie im Ort.
Zufahrt: Am Ortsanfang nicht zum Strand sondern halbrechts in den Ort, dann links weg („Harbour"), auf den Obelisken zu, diesen zu ¾ umrunden, also quasi rechts abbiegen und nach 200 m die 1. Straße nach links zum Südstrand, gute Plätze rechts vom Toiletten-Haus.

Kirchen in Skerries

An diesem sonnigen Sonntagnachmittag herrscht reges Strandleben und vor den Bars am Hafen sitzt man froh gelaunt mit dem Getränk in der Hand im Freien. Abends sind wir in ***„Carroll's Restaurant"***, genießen die gute Küche und spazieren anschließend auf der Strandpromenade ganz gemächlich zurück zu unserem Quartier am Südstrand.

Als wesentliche Sehenswürdigkeit des munteren Hafenstädtchens wären noch die ***Skerries Mills*** (10-17.30 Uhr, Eintritt, geführte Touren) beim neuen ***Tourist Office*** zu erwähnen, wo man eine Wassermühle und dekorative Windmühlen auf dem Hügel besichtigen kann. Ansonsten dient uns **Skerries** immer wieder gerne als Basislager für stressfreie Tagesausflüge nach **Dublin** mit der **Bahn**. Zur Station fährt man zum Obelisken zurück, dort nach **links/ Dublin**, ein Stück geradeaus, hinter der Telefonzelle rechts rein und findet dort den geräumigen aber gelegentlich recht gut gefüllten Pay&Display-Parkplatz für die Hauptstadt-Pendler. Vielleicht lassen Sie Ihr WOMO am Südstrand stehen und gehen die 1400 m in 20 Minuten zu Fuß? Die Fahrt nach ***Dublin Pearse*** dauert etwa 40 Minuten und vielleicht kriegen Sie sogar einen Sitzplatz. Wir nehmen das Day-Return-Ticket und hier zur Orientierung einige Hin- und Rückfahrt-Zeiten für 2014, für Sie gefunden auf www.irishrail.ie:

Skerries - Dublin Pearse: 8.21, 8.57, 9.56, 11.44 Uhr.
Dublin Pearse - Skerries: 20.13, 21.30, 22.30, 23.30 Uhr.

Es ist immer wieder ein besonderes Erlebnis, die lebendige Hauptstadt **Irlands** zu besuchen, wenn uns auch nicht mehr alles so sympathisch erscheint wie noch vor einigen Jahren. Es ist betriebsam hektisch geworden im einst fast kuscheligen **Dublin**, zudem laut und irgendwie frostig. Auch richtig teuer ist es hier mittlerweile, was uns vor allem im vormals alternativen und nunmehr zur überdrehten Party-Meile mutierten Stadtviertel ***Temple Bar*** ziemlich unangenehm aufgefallen ist.

Eine richtige Stadterkundung kann sich zu einem langwierigen und umfangreichen Vorhaben auswachsen. Einschlägige Reiseführer wollen wir keineswegs ersetzen, deshalb wird nachfolgend ein 3-Tage-**Dublin**-Besuchsprogramm für eine grobe Orientierung in der Stadt vorgestellt, das wir so auch schon selbst ausprobiert haben:

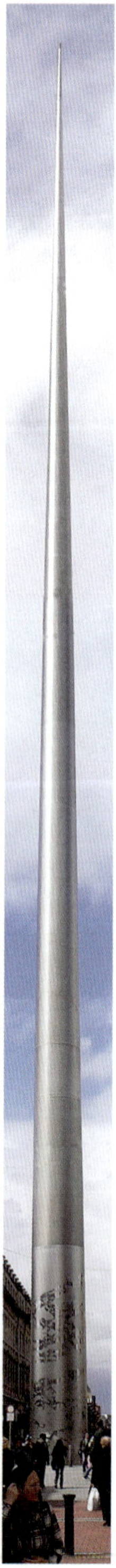

1. Tag

Trinity-College (gleich bei ***Pearse St.***): Altehrwürdige Universität von **Dublin**, ***Old Library*** (Mo-Sa: 9.30-17.00, So: 9.30-16.30 Uhr, viel Eintritt) mit der berühmten und reich ausgeschmückten Handschrift ***Book of Kells*** aus dem 8. Jahrhundert.

Bank of Ireland (gleich nebenan): Im ehemaligen Parlamentsgebäude gibt es während der Schalterzeiten kostenlose Führungen im ***House of Lords*** (10.30, 11.30, 13.45 Uhr). **Stadtbummel**: zum ***Dublin Tourism Centre*** in der ehemaligen ***St. Andrew's Church*** in der ***Suffolk Street*** (hier finden Sie auch ***Molly Mallone*** in Bronze), über die ***O'Connell Bridge*** zur ***O'Connell Street***, das neue Wahrzeichen, den umstrittenen 120 m hohen Edelstahl-Zahnstocher ***„The Spire"*** (rechts) bewundern, ***Schalterhalle der Post*** besichtigen und dann über die ziemlich „verschlösserte" ***Halfpenny Bridge*** nach ***Temple Bar*** mit der gleichnamigen Eck-Kneipe und den vielen anderen bunten Etablissements aller Art.

2. Tag

Über die ***Pearse Street*** zur ***Dame Street*** zum ***Dublin Castle***, dort Besichtigung der ***„Chester Beatty Library"*** (Mo-Fr 10-17, Sa 11-17, So 13-17 Uhr, Eintritt frei) mit Buch-Schätzen aus aller Welt, danach ins ***„Brazen Head"*** (gutes und einigermaßen preiswertes Lunch-Büfett: 12.30-15 Uhr), dem ältesten Pub **Irlands** (seit 1198) in der ***Bridge Street Lower***, anschließend über die ***High Street***

und ***Thomas Street*** zum ***„Guinness Storehouse“*** (tgl. 9.30-17 Uhr, Eintritt): Gigantisches wie spannendes Besucherzentrum in Form eines riesigen Pint-Glases, Video, Ausstellung, Audio-Guides auch in deutsch, Bierprobe in der 7. Etage, der gläsernen ***Gravity Bar*** mit Stadtpanorama.

3. Tag

Zur ***O'Connell Street***, hinter der Post links zur Shopping-Meile ***Henry Street***, die erste rechts zum (zuletzt etwas enttäuschenden) ***Wochenmarkt*** auf der recht abgewrackten ***Moore Street***, wo man zum Lunch am besten in die ***Paris Bakery*** geht. Anschließend auf der ***Henry Street*** weiter bis über die kreuzende ***Church Street*** zur ***„Old Jameson Distillery“*** (Mo-Sa 9-18, So 10-18 Uhr, Eintritt), ein Besucherzentrum mit Film, Führung durch die 1971 stillgelegte Whiskey-Brennerei (In **Midleton**, **Tour 1**, gibt es das aber besser!), Verkostung und Shop.

Auch das wunderschön gelegene Schloss ***Malahide Castle*** mit seinen prächtigen Gärten nördlich von **Dublin** kann man mit der Bahn gut erreichen (Nur 3 Stationen von **Skerries**!), doch auf unserem Weg nach Süden machen wir dort mit dem WOMO Station. Dazu verlassen wir den Südstrand am Südende über die ***Bookville Lane*** und nehmen die querende Straße nach links, die **R 128** nach **Rush**. Dort angekommen führt gleich die erste asphaltierte Zufahrt nach links zu einem schön gelegenen und freundlich geführten Campingplatz, einem weiteren Ausgangspunkt für Tagesfahrten nach **Dublin City**, in diesem Falle mit dem Vorort-Bus, ab Haltestelle nebenan.

(275) WOMO-Campingplatz-Tipp: North Beach Rush**

GPS: N 53° 31' 25.6" W 6° 05' 27.6" (Abzweig, noch 600 m zum Platz)

Öffnungszeiten: April bis Sept.
Ausstattung/Lage: Plätze auf fester Wiese an der Steilküste, direkter Strandzugang, Bodenentsorgung, Gastronomie (sehr nett: ***The Harbour Bar***) und Einkaufen (sehr gut und drinnen überraschend groß: ***SPAR***) im Ort, Busverbindung nach ***Dublin Eden Quay*** (70 min). www.northbeach.ie. **Zufahrt:** Am Ende eine unübersichtliche Kurve.

Wir bleiben auf der **R 128**, nehmen in **Lusk** die neue Umgehung, folgen also der Richtung **M 1/Dublin** und dann der **R 132** nach links. Nun ist unser nächstes Ziel bereits ausgeschildert, nach vielen Kreiseln biegen wir ab zur **R 106** nach **Malahide**, queren die Maut-Autobahn, halten uns bei der kreuzenden **R 107** rechts, 700 m danach links und passieren nach weiteren 800 m links das Tor zum geräumigen Parkplatz von ***Malahide Castle*** (Mo-Sa 10-17 Uhr, viel Eintritt). In den großzügigen Anlagen mit Gärten, Spielfeldern und dem schier endlosen Pick-

nickrasen kann man prima spazieren gehen, das Schloss besichtigen, das nagelneue und sehr aufwändig gestaltete Besucherzentrum (mit Gastronomie und reizendem Avoca-Shop) beehren, sich die (etwas enttäuschende) Modellbahnanlage (1:43) ***Fry Model Railway*** und/oder Puppen samt ihrer Häuser im ***Museum of Childhood*** ansehen.
Hier noch eine weitere Alternative für **Dublin**-Besucher, die wir 2013 getestet und für gut befunden haben, bei der man sich auch die nervenaufreibende Stadtdurchfahrt mit dem WOMO spart. Dazu lassen wir uns über die **R 107/N 32/R 139** zur **M 50** führen und fahren den Autobahnring Richtung **Southbound**.

Die **M 50** ist teilweise Maut-pflichtig (Infos dazu bei den **Tipps von A bis Z** unter **Maut**), hat uns aber nur 2,60 EURO gekostet. Wir fahren an der **Ausfahrt 9** wieder runter, halten uns Richtung **N 7/Limerick** und landen sogleich auf einem komfortablen WOMO-Quartier am Rande der Stadt.

(276) WOMO-Campingplatz-Tipp: Camac Valley****

GPS: N 53° 18' 15.3" W 6° 24' 52.3" **offen:** ganzjährig.

Ausstattung/Lage: Sehr gepflegter und gut betreuter Platz, angenehme Parzellierung mit Hecken, alle Plätze mit Strom, Wasser und Abwasser, Spielplatz, vorbildliche Sanitärausstattung und V/E, freies W-LAN, Duschen, Waschmaschinen und Trockner mit Token, Bus Nr. 69 fährt regelmäßig (wenn auch nie pünktlich) in die City. Autobahnnähe stört kaum. www.camacvalley.com

Zufahrt: Die **N 7** nach 3,3 km an der **Abfahrt 2** verlassen und den Hinweisen zum ***Corkagh Park*** und ***Camac Valley*** folgen.

Wir haben noch ein wichtiges Ziel aufgehoben, bei dem sich Sport und Kultur in seltener Harmonie miteinander verbinden lassen, den ***James Joyce Tower*** in **Dun Laoghaire** im Süden **Dublins**. Auf Spuren des berühmten Schriftstellers ***James Joyce*** (1882-1942) stößt man in **Dublin** regelmäßig. In seinem Mammutwerk ***Ulysses*** (fast 1000 Taschenbuch-Seiten, schwer verdauliche Lektüre) hat er seine Stadt peinlich genau beschrieben. So schildert er in einer Episode sehr präzise den Ablauf des 16. Juni 1904 und dabei ganz speziell die nächtliche Sauftour der Romanhelden ***Leopold Bloom*** und ***Stephen Dedalus***. Jedes Jahr am 16. Juni sind am *„Bloomsday"* deshalb die „Joyceaner" in der Stadt unterwegs, um diesen ***Ulysses***-Tag zu zelebrieren. Auch den ***Martello Tower*** hat ***James Joyce*** gleich zu Beginn dieses Romanes verewigt. Dazu kehren wir zur **M 50** zurück, nehmen die Richtung **South** nach **Dun Laoghaire** und verlassen diese bei **Abfahrt 14** zur **N 31/Fähre**. Dann folgen wir der **N 11/Wexford**, fahren anschließend Zickzack zum Meer und zwar so: Nach 950 m links auf die Kill Road/Avenue, nach 2,1 km rechts auf die Glenageary Road Upper, nach 800 m links auf die Glenageary Road Lower, nach 1,1 km rechts auf die Summerhill/Sandcove Road und nach 1 km links weg, den Hinweisen zum ***James Joyce Tower*** nach. Relativ entspannt parkt man in der Sandycove Avenue East, in der Sackgasse an der Bucht und zwar genau hier: (N 53° 17' 16.6" W 6° 06' 43.4"). Sie erinnern sich? Sport und Kultur, also zuerst der Sport. Eines hatte ich mir ganz fest vorgenommen, auch wenn Anne angesichts des Regenwetters den Kopf schüttelt: Einmal

schwimmen gehen am berühmten ***„Forty Foot Gentlemen's Bathing Place"***. Mittlerweile ist die einstige Männerdomäne auch für Frauen zugänglich, wenn sie sich nicht daran stören, dass auch schon mal ein nackter Mann herumspringt. Hier schwimmt eine eingefleischte Clique nicht nur ganz junger Männer sommers wie winters regelmäßig im Meer. Ganz stolz über meinen kühnen Entschluss, bei diesem Wetter eine Runde schwimmen zu gehen, werde ich von den gestrengen ortsansässigen Sportfreunden erst einmal der Mini-Umkleidekabine verwiesen: „*For members only!*" So muss ich mit dem überdachten Umkleideplatz im Freien vorlieb nehmen, der aussieht wie eine Bushaltestelle. Dann geht es aber ganz fix über die Steinstufen mit dem angerosteten Geländer in die Fluten, wo es heute auch nicht viel kühler ist als draußen. Derart erfrischt ist der benachbarte ***James Joyce Tower*** (tgl. 10-18 Uhr, Eintritt frei, Spenden erbeten) an der Reihe. Hier hat der Schriftsteller tatsächlich gelebt, wenn auch nur für eine Woche im September 1904! Der von vornherein nicht ganz harmonischen Wohngemeinschaft dreier Männer entflieht der damals 22-jährige ***Joyce*** Hals über Kopf in finsterer Nacht, nachdem zuerst der eine Mitbewohner nach einem Alptraum mit dem Revolver in den Kamin ballert und darauf der andere mit seinem Gewehr aus Gaudi die Töpfe und Pfannen über ***Joyces*** Bett herunterschießt. Kurze Zeit später verlässt er Irland ganz und lebt fortan in Frankreich, Italien und in der Schweiz. Wir verlassen diesen sehenswerten Platz nicht ohne dem ehemaligen Geschütz-Turm auf das Dach gestiegen zu sein. In der Bucht sehen wir immer noch unentwegte Schwimmer und auch meine Haare sind schon wieder trocken.
Auf in die ***Wicklow Mountains***! Wir fahren kurz landeinwärts, biegen auf die **Sandycove Road** nach rechts, 1,2 km später an einer Ampelkreuzung links ab und folgen dann den Hinweisen nach **Wexford** und **Wicklow**. Wir wechseln von der **R 118** auf die **N 11** (später **M 11**), düsen Richtung **Wexford**, verlassen die Piste bei der Ausfahrt 7 **Enniskerry/Greystones**, folgen hartnäckig dem Ziel **Enniskerry**, rollen dazu zuerst neben der **N 11** zurück, um dann mit der **R 117** dort anzukommen. Im Ort geht es steil bergauf, wir lassen uns zum ***Powerscourt House and Gardens*** (9.30-17.30 Uhr, Eintritt, Parkplatz: N 53°

11' 05.3" W 6° 11' 26.0") leiten und empfehlen dort (*weather permitting*) einen mehrstündigen Aufenthalt. Zuerst müssen wir unbedingt in diesem noblen Gartencenter stöbern und finden dort den lange gesuchten (Jumbo-)„Wasserdieb" (siehe A-Z, Trinkwasser). Draußen geht gerade ein Schauer nieder, so rücken wir ein ins ***Powerscourt House*** und gönnen uns ein leckeres, wenn auch recht kostspieliges Lunch vom Büfett im Tearoom, streifen zunächst ausführlich durch den reizenden, verwinkelten Shop und gehen dann raus in die frisch gegossenen und nun wieder sonnenbeschienenen ***Gardens***. Man startet also bei der eleganten ***Pegasus***-Treppe und genießt zunächst das Landschafts-Panorama mit den Bergipfeln in der Ferne. Wir entdecken hier viele romantische Ecken und sind total fasziniert vom ***Japanischen Garten***, ganz stilsicher angelegt, inklusive Brückchen und Pavillon.
Zurück in **Enniskerry** halten wir uns nach links an den ***Glencree Drive***. Der Einstieg in die ***Wicklow Mountains*** erfolgt zunächst durch Wiesen und Weiden. Mit gemächlicher Fahrt (Viel mehr als 30 Sachen lässt die wellige Piste nicht zu!) schlängeln wir uns durch Baum- und Heckengelände. Hinter einem deutschen Soldatenfriedhof fährt man durch **Glencree** mit dem ***Versöhnungszentrum*** und danach geradeaus zum ***Sally Gap***. Zu dieser einsamen Kreuzung führt uns die alte Militärstraße über karge Farn-, Ginster- und Moorlandschaft hinauf, und von dort später nach **Laragh** wieder hinunter. Auf einem der seltenen Parkplätze hier oben lassen wir diese reizvolle, aber irgendwie verwunschene Fjell-Landschaft auf uns wir-

(277) WOMO-Stellplatz: Military Road

GPS: N 53° 07' 02.9" W 6° 18' 06.7" **max. WOMOs:** 1-2.
Ausstattung/Lage: Grobschotter-Parkplatz auf der Hochebene (494 m ü.M.) **Zufahrt:** 2,7 km nach Querung des ***Sally Gap*** rechts, einsam.

ken und fragen uns aber schon, warum die ***Wicklow Mountains*** als ***„Garten Irlands“*** gelten. Unterstützt durch Ansätze von Nachmittags-Sonne wird die Landschaft bei der Fahrt ins Tal attraktiver, wir freuen uns über Lärchenwald und den netten Kaskaden-Wasserfall mit dem lustigen aber durchaus passenden Namen ***Glenmacnass*** und vor allem über den netten Parkplatz anbei.

(278) WOMO-Stellplatz: Glenmacnass

GPS: N 53° 03' 59.2" W 6° 20' 22.6" **max. WOMOs:** 2-3.
Ausstattung/Lage: Feinschotter-Aussichts-Parkplatz am rauschenden Bergbach, der sich kurz danach in breiten Kaskaden ins Tal stürzt.
Zufahrt: 9,4 km nach **(277)** rechts.

Kurz danach halten wir in einer der Parkbuchten, um den Wasserfall in seiner ganzen Pracht ins Bild zu bekommen, rollen dann mit wunderschönen Ausblicken und Ginster-Spalier ins Tal und durch einen „Baumtunnel“ nach **Laragh** hinein, wo wir

rechts zur Klosteranlage **Glendalough** abbiegen. Für den Tagesaufenthalt bleibt man auf dem Parkplatz (N 53° 00' 38.4" W 6° 19' 22.6") vom Besucherzentrum (9.30 -18 Uhr, Eintritt, Führungen) oder fährt noch 1,6 km das Tal hinauf und nimmt den gebührenpflichtigen, unseren vormaligen Übernachtungs-Parkplatz am ***Upper Lake*** (N 53° 00' 24.1" W 6° 20' 40.4"). Von hier aus kann man über die ***„Green Road"*** am Waldesrand hinunter Richtung Besucherzentrum lustwandeln und ausführlich durch die beeindruckende Klostersiedlung mit dem markanten Rundturm streifen, die sich idyllisch in das schmale Tal schmiegt. Zunächst zog sich der ***Heilige Kevin*** im 6. Jahrhundert in diese einsame Gegend als Eremit zurück, gründete später das Kloster, das ständig erweitert wurde, denn sein Ruf als frommer Gelehrter zog immer mehr Schüler an. Das interessanteste Gebäude, die ***St. Kevin's Church*** aus dem 11. Jahrhundert, ist in Natura noch wesentlich kleiner als erwartet. Das

Kirchlein besteht komplett aus Stein, und der in Giebelnähe aus dem Dach ragende Glockenturm, der aussieht wie ein Kamin, führte zum Beinamen ***„Kevin's Kitchen"***. Dieser stimmungsvolle Rundgang gehört jedes Mal zu den besonders glücklichen Stunden unserer Irland-Reisen, wir gehen auf dem Bohlenweg zurück zum ***Upper Lake***, setzen das WOMO auf den letzten verbliebenen Legal-Nachtplatz gegenüber dem Friedhofseingang am Fluss [**279:** N 53° 00' 41.0" W 6° 19' 37.3"] um und schauen noch auf ein gepflegtes Bierchen bei der ***„Glendalough Tavern"*** vorbei.

Freunde haben uns wertvolle Hinweise auf weitere WOMO-Plätze in den ***Wicklow Mountains*** gegeben, die wir Ihnen nicht vorenthalten wollen. Zunächst hinauf zum ***Wicklow Gap***!

Dorthin nehmen wir den Abzweig spitz nach links auf die **R 756/Hollywood**, streben bergan und sehen links unten noch einmal die Klosteranlage in Draufsicht. Dies ist der alte Pilgerweg ***St. Kevin's Road***, wir registrieren einen brauchbaren Parkplatz 3,1 km nach dem Abzweig links [**280:** N 53° 01' 24.3" W 6° 21' 44.0"] und nach weiteren 3,7 km das Tal hinauf noch zwei oben am ***Gap*** auf 480 m Höhe: Der eine links gleich an der Straße [**281:** N 53° 02' 30.2" W 6° 23' 47.5"], doch der ruhigere ist dieser hier:

(282) WOMO-Wanderparkplatz: Wicklow Gap

GPS: N 53° 02' 27.6" W 6° 23' 51.7" **max. WOMOs:** 3-5.
Ausstattung/Lage: Parkplatz aus Schotter und brüchigem Asphalt, Aussichtspunkt mit Info-Tafel, guter Ausgangspunkt für Bergwanderungen, windanfällig, ruhig, liegt an der ***St. Kevin`s Road***, einsam.
Zufahrt: Siehe Text, 90 m nach **(281)** links, nach 70 m erneut links.

Nun gehen wir weiteren Tipps nach und wollen erstmals selbst das ***Glenamure Valley*** erkunden, ein liebliches Tal mit bewaldeten Berghängen. Dazu rollen wir wieder die Straße nach **Laragh** hinunter, halten uns zunächst an die **R 755/Rathdrum**, verlassen diese aber schon nach 1,4 km, um uns rechts mal wieder einer „Military-Road“, der **L 2083**, anzuvertrauen. Die schmale Straße führt uns durch üppige Baum-Tunnel-Vegetation kurvenreich bergauf und bietet schöne Aussichten auf die sanfte Gebirgswelt. Wir erfreuen uns an einer Landschaft mit Ginster, Schafen und Mäuerchen, es geht durch den Wald, dann durch dichtes Grün wieder hinab ins Tal und nach 7,7 km ab Abzweig von der **R 755** erreichen wir ein freundliches WOMO-Quartier mit gepflegter Gastronomie anbei.

(283) WOMO-Wanderparkplatz: Glenamure Lodge

GPS: N 52° 57' 27.0' W 6° 21' 15.5" **max. WOMOs:** 2-3.
Ausstattung/Lage: Gepflegter Schotterparkplatz gegenüber der Herberge mit dem gemütlichen Gasthaus. Hier Infos zur Geschichte des Militär-Camps und zu Wandermöglichkeiten in der Umgebung.
Zufahrt: Siehe Text. Über das Brückchen und an der Kreuzung ein Stück nach links.

Zurück zur nahen Kreuzung queren wir diese geradeaus und fahren nun in das enge ***Glenamure Valley*** hinein. Ein Flüsschen namens ***Avonbeg River*** schlängelt sich links von uns durchs malerische Ginster-Tal, wir sehen Pferde, Kühe und Rehe und 3,3 km nach **(283)** ein Schottergeviert [**284:** N 52° 58' 30.7" W 6° 23' 30.8"] rechts oberhalb am Wald mit einem Mini-Wasserfall in der Nähe. Auf einer Wellenschaukel-Straße geht bis zum befahrbaren Ende in das Tal hinein, wo es einen geräumigen Parkplatz gibt, der sich hervorragend dazu eignet, diese sehr schöne Gegend ausführlich zu erwandern.

(285) WOMO-Wanderparkplatz: Glenamure Valley

GPS: N 52° 59' 16.6" W 6° 24' 47.1" **max. WOMOs:** 3-5.
Ausstattung/Lage: Großer Asphalt-/Schotter-Parkplatz am Fluss vor der Brücke links. Wandergebiet, einsam.
Zufahrt: Siehe Text. 2,1 km nach **(284)**.

Nun geht es zurück, aus dem Tal wieder raus, dann am ***Glenamure Lodge*** vorbei und dann für 9 km auf einem „Schleichweg" durch schöne Landschaft, aber einer zuweilen recht ärmlichen Straße nach **Rathdrum**. Wenn man seine Eindrücke in dieser Gegend vertiefen möchte, bleibt man gleich mal ein paar Tage auf dem idyllischen Campingplatz links unten im Tal.

(286) WOMO-Campingplatz-Tipp: Hidden Valley****

GPS: N 52° 56' 20.2" W 6° 13' 41.0" **offen:** ganzjährig.
Ausstattung/Lage: Sehr gepflegter, gut organisierter und schön gestalteter Platz, sehr gute Sanitäranlagen, nett am Sprudelfluss und am Teich gelegen, Bootsverleih. Gegenüber noch eine Zeltwiese am Fluss, ein Fun-Park für Kinder und das ***Café Alfresco***, ein Fastfood-Tempel. In den Ferien gut besucht, ein echter Familienplatz mit vielen Kindern. Echt irisch halt. www.irelandholidaypark.com.
Zufahrt: In **Rathrum** den Hinweisen nach links folgen.

Dann kann man die Drehorte für ***„Michael Collins"*** suchen, im ***Avondale House*** etwas über den Politiker ***Charles Stewart Parnell*** (1846-1891) erfahren und sich dort am weitläufigen und sehenswerten ***Forest Park*** ergötzen. Nach 6 km auf der **R 752/ Avoca** erreichen wir eine Sehenswürdigkeit, die sich dem Fremden nicht sofort erschließt. Die durchaus anmutige Szenerie der Vereinigung der Flüsschen ***Avonmore*** und ***Avonbeg*** zum ***River Avoca*** hat den Dichter ***Thomas Moore*** (1779-1853) zu dem Gedicht ***„Meeting of the Waters"*** inspiriert, das die Schönheit dieses Ortes preist. Das Umfeld wurde mit Restau-

rant und Andenkenladen veredelt und hat außer dem Wasser, dem Gedicht darüber und der wunderschönen berankten Steinbrücke nicht viel zu bieten. Nach **Avoca**, der ältesten Weberstadt Irlands, gehts es links über die Brücke und dann an einigen schnuckligen Handweavers-Shops vorbei auf der **R 754** nach **Redcross** wieder raus, wo wir nach knapp 6 km auf schmaler, gelegentlich fast zugewachsener Straße durch Bauernland einen weiteren Campingplatz präsentieren.

(287) WOMO-Campingplatz-Tipp: River Valley****

GPS: N 52° 53' 20.8" W 6° 08' 40.2" **offen:** März bis Oktober.
Ausstattung/Lage: Sehr gepflegter und geräumiger Familienplatz mit mehreren Touring-Abteilungen, davon eine nur für Erwachsene, wo Kinder nicht toben dürfen, Spiel-, Golf- und Tennis-Platz, Kleintiergehege, Gastronomie und Shop. www.rivervalleypark.ie
Zufahrt: Siehe Text, an der Ortskreuzung 120 m nach rechts.

Die **R 754** geht als ***Micheal Collins Drive*** weiter und man stößt auf die **N 11**, der man nach rechts, also südwärts folgt. Das tun wir bis hinter **Arklow**, doch wer sich nach Tages-Strandparkplätzen sehnt, nimmt nach 800 m die Ausfahrt, fährt zu ***Brittas Bay***, dann auf der **R 750** in Küstennähe südwärts und ist hinter **Arklow** wieder bei uns auf der **N 11/Wexford**. Wir empfehlen einen Abstecher zum **Clogga Beach** nach links, wo man nach knapp 4 km den finalen Parkplatz oberhalb vom Strand erreicht.

(288) WOMO-Badeplatz: Clogga Strand (Lesertipp)

GPS: N 52° 45' 38.8" W 6° 08' 45.2"
max. WOMOs: 3-5.
Ausstattung/Lage: Asphalt-Parkplatz mit Grünrand, Müllbehälter, Fußweg mit Treppen hinunter zum Strand in der Bucht.
Zufahrt: Am Campingplatz vorbei, dann rechts rum und noch 950 m in die Sackgasse, zuletzt einspurig.

Diese Gegend gilt als der Obst- und Gemüsegarten der Region, wir verlassen die zur **M 11** ausgebauten **N 11** an der Abfahrt Nr. 22 nach **Gorey**, gehen im ***Farm-Shop*** Obst kaufen, fahren auf der **R 772** weiter und vor der Eisenbahnunterführung links auf die **R 742** nach **Courtown Harbour**. Durch Farmland und an prächtigen neuen Wohnanlagen vorbei nähern wir uns diesem kunterbunten Touri-Küstenort, wo zur Ferienzeit richtig Hochbetrieb herrscht. Die gesamte Südostküste dient offenbar als Volksbadewanne, denn hier ist die Schönwetter-Ecke Irlands. Die folgenden Orte an der ***Coast Road***, die bei weitem nicht immer als solche zu erkennen ist, haben alle das selbe Gesicht. Es regieren Mobilhome-Plätze und schlichtes Amüsement für den Grundbedarf. Wem der Sinn nach einem soliden Quartier direkt hinter der Stranddüne steht, der biegt in **Kilmuckridge** nach links zu nachfolgendem Platz ab.

(289) WOMO-Campingplatz-Tipp: Morriscastle****

GPS: N 52° 31' 01.3" W 6° 14' 17.4" **Öffnungszeiten:** März bis Sept. **Ausstattung/Lage:** Schotter-Stellplätze auf einer Blümchenwiese direkt an der Riesendüne, Spielplatz, gute Sanitärausstattung, schöner Sandstrand. **Zufahrt:** Vom Abzweig in **Kilmuckridge** noch 3,3 km.

In **Blackwater** geht es Richtung **Wexford** weiter, manchmal sehen wir das Meer, und schon bald erreichen wir **Curracloe**, wo uns ausgesprochen hübsche Vorgärten auffallen. Wir halten uns im Ort links und haben gleich zwei nette WOMO-Plätze im Angebot: Für Badefreunde hinter den gewaltigen Stranddünen und für Vogelfreunde einen beim Zugang zum Naturschutzgebiet.

(290) WOMO-Badeplatz: Curracloe Dünen-Strand

GPS: N 52° 23' 17.7" W 6° 21' 53.5"
max. WOMOs: >5.
Ausstattung/Lage: Geräumiger Asphalt-Parkplatz an den Strand-Dünen, schöner Sandstrand, Toiletten, Müllbehälter, „Amüsement-Halle", Gastronomie, im Sommer/an Wochenden evtl. etwas lebhaft.
Zufahrt: 900 m nach Abzweig im Ort am Straßen-Knick links bleiben, Parkplatz nach 800 m.

(291) WOMO-Wanderparkplatz: Raven Wood

GPS: N 52° 22' 49.6" W 6° 22' 04.5" **max. WOMOs:** 2-3.
Ausstattung/Lage: Asphalt-Parkplatz mit Balken, Natur-Parkplätze beim Zugang, Müllbehälter, Picknickgelände hinter der Düne, Strandzugang, *The Raven Nature Reserve* anbei, 9-km-Rundwanderweg (Ravenpoint Loop). **Zufahrt:** 900 m nach Abzweig im Ort am Straßen-Knick rechts halten, dann 1200 m bis zum Ende der Straße.

Von **Curracloe** ist es auf der **R 742/741** nun nicht mehr weit bis nach **Wexford**, doch direkt vor der Brücke hinüber zur Stadt biegen wir links ab zu einem Komfort-Quartier mit Buchtblick.

(292) WOMO-Campingplatz-Tipp: Ferrybank

GPS: N 52° 20' 41.6" W 6° 27' 10.8" **offen:** ganzjährig.
Ausstattung/Lage: Schön gelegener Touring-Platz mit neuen Sanitäranlagen, Spielplatz, Asphaltstellplätze mit Rasen-Rahmen, Strom und Duschen kosten extra, Gastronomie anbei, Rezeption in der Schwimmhalle, hier Ermäßigungen für Camping-Gäste. Nur 10 Fußminuten rüber in die Stadt. www.wexfordswimmingpool.ie **Zufahrt:** Siehe Text.

Von der Brücke aus breitet sich das Panorama dieser quicklebendigen und geschichtsträchtigen Stadt vor uns aus. Hier sollte man den sehenswerten ***Irish National Heritage Park*** (9.30-18.30 Uhr, Eintritt, www.inhp.com) besuchen und hautnah 9000 Jahre Geschichte erleben. Wir nehmen hinter der Brücke die Straße an der Promenade an bunten Häusern entlang nach links und kommen so am Denkmal für den hochverehrten Commodore ***John Barry*** (1745-1803) vorbei. Als Sohn eines Landarbeiters in einem ärmlichen Cottage in **Ballysampson**, südlich von **Rosslare** geboren, wurde er später berühmt als „Vater der US-Navy“. Auf der **R 730** geht es raus aus der Stadt, beim Kreisverkehr treffen wir auf die **N 25** und sehen schon Hinweise auf die **Fähre in Rosslare**, der Start unserer Reise.

Sie haben bei unserer gemeinsamen Rundfahrt **Irland** ins Herz geschlossen und sich gerade geschworen, ganz gewiss bald mal wieder zu kommen? Prima! So haben wir den beabsichtigten Effekt erzielt und rufen Ihnen zu: „Willkommen im Club der **Irland**-Süchtigen!“

Man sieht sich!

ADRESSEN

Irland Information
Tourism Ireland
Gutleutstraße 32
D-60329 Frankfurt/Main
Fon: 069-66800950
Fax: 069-92318588
www.tourismireland.de

Das ist die Tourismus-Zentrale für die Republik Irland und Nordirland in Deutschland. Hier kann man ein umfassendes Sortiment an kostenlosen Broschüren mit allgemeinen und ganz speziellen Informationen über die Insel bestellen: Vom Campingplatzverzeichnis bis hin zu Hinweisen über Wandermöglichkeiten.

Botschaft der Republik Irland
Philip-Johnson-Gebäude, Friedrichstraße 200
D-10117 Berlin
Fon: 030-220720
Fax: 030-22072299
www.embassyofireland.de

Botschaft des Vereinigten Königreichs Großbritannien und Nordirland
Wilhelmstraße 70
D-10117 Berlin
Fon: 030-204570
www.ukingermany.fco.gov.uk/de

Deutsche Botschaft / German Embassy
31, Trimlestone Avenue, Booterstown, Co. Dublin
Fon: +353-(0)1-2693011
www.dublin.diplo.de

OPW (The Office of Public Works)
Dieses Kürzel werden Sie an den Kassen vieler Sehenswürdikgeiten wiederfinden. Falls Sie Besichtigungen in Irland planen, lohnt sich der Erwerb der ***Heritage Card***. Für 21/55 EUR (Erwachsene/Familie) können Sie alle angeschlossenen Besucher-Highlights 1 Jahr lang besichtigen. Man kauft sie vor Ort an der ersten Kasse oder voher im Internet, wobei der Link zum Formular nur auf der englischsprachigen Seite funktioniert.
www.heritageireland.ie

ARZT

Vor Reiseantritt sollten Sie von Ihrer Krankenkasse die personenbezogene EHIC-Karte, also die neue ***Gesundheitskarte*** anfordern. Damit funktioniert die ärztliche Versorgung in Irland unproblematisch.

Surgery:	Praktischer Arzt
Dentist:	Zahnarzt
Pharmacy:	Apotheke
Prescriptions:	Rezept
Chemist:	Drogerie

Notruf: 999 (kostenlos)

AUSRÜSTUNG

Boot

Mit einem Faltboot im Gepäck eröffnen sich dem WOMO-Reisenden in manchen Gebieten traumhafte Möglichkeiten, seinen Aktionsradius auszuweiten. Dabei bieten sich die riesigen Binnengewässer im ***Erne*** und ***Shannon***-Gebiet besonders an. Auf dem ***Upper Lough Erne*** findet man auch für eine mehrtägige Wasserwandertour mit Zelt und allem Drum und Dran immer einen Übernachtungsplatz auf einer der zahlreichen Inselchen.
WOMOs mit reichlich Stauraum können sogar ein ausgewachsenes Schlauchboot mit Außenbordmotor mitnehmen. Für den Transport sollte jedoch ein überhoher Dachaufbau vermieden werden, da bei mancher unserer Touren die Bäume recht tief hängen.

Fahrrad

Man sollte sich vorher sehr genau überlegen, ob und wofür man seine Fahrräder auf einer Irland-Tour brauchen könnte. Nur so für alle Fälle und zum „Brötchen-Holen" lohnt sich die Mitnahme der Räder nach unserer Erfahrung nicht. Im Extremfall bleiben sie 4 Wochen auf dem Fahrradträger geschnallt und werden anschließend zu Hause verrostet wieder in den Keller geschoben.
Ganz anders stellt sich die Situation dar, wenn man im Rahmen seiner Irland-Reise eine kleine Rundfahrt plant und möglicherweise 2 bis 3 Tage mit seinem geliebten Bike unterwegs ist und somit zur Abwechslung für eine Weile auf sein Zelt oder B&B zurückgreift.

Zelt

Unser Berg-Zelt ist immer dabei! Sei es für einen Bootstour (siehe oben) oder für eine Wanderung mit Übernachtung in der freien Natur, unser Zelt möchten wir nicht missen. Schlafsäcke sind sowieso an Bord und ISO-Matten auch. Dann braucht man nur noch einen Topfsatz, den Kartuschenkocher, für jeden einen Rucksack und geeignetes Wetter!
An manchen Übernachtungsplätzen können Sie Ihre Kinder auch mal „draußen" schlafen lassen! Das finden die bestimmt ganz „cool".

AUTOFAHREN

Der wichtigste Hinweis zu Beginn: **Drive Left!** In Irland wie auch in Nordirland wird auf der linken Straßenseite gefahren und auf der rechten überholt! Die Umstellung ist weit weniger problematisch als man meint. Lassen Sie in den ersten Tagen Ihre Mannschaft bei Fahrtantritt immer gebetsmühlenhaft den Hinweis **„Links fahren!"** aufsagen, dann klappt das. Die Verkehrsführung ist meist sehr eindeutig, jede kleine Kreuzung wird mit einem Kreisverkehr (*Roundabout*) geregelt.
Es gilt Anschnallpflicht für alle Insassen, Helmpflicht für Motorradfahrer und eine **Promillegrenze** von **0,8** (!).
In Irland sind Entfernungen und Höchstgeschwindigkeiten in Kilometern, in Nordirland in Meilen angegeben (1 Meile=1,61 km).
Vorsicht vor diversem Getier auf der Straße! Der gemeine Dorfköter macht da die wenigsten Probleme. Am häufigsten sehen wir freilaufende Schafe, öfter Kühe auf dem Weg zur und von der Weide, selten Esel und Pferde.

Wichtige Schilder-Texte:

Bend	Kurve
Children crossing	Kinder überqueren die Fahrbahn
Cattle	Vieh
Sheep	Schafe
Concealed exit	Unübersichtliche Ausfahrt
Fallen rock	Steinschlag

Level crossing	Eisenbahnübergang
Loose chippings	Rollsplitt
No entry	Einfahrt verboten
No through road	Sackgasse
Slippery	Schleudergefahr
Slow	Langsam fahren
Traffic Lights	Ampeln
Uneven surface	Unebene Fahrbahn

Bei einem Unfall mit Personenschaden ist auf jeden Fall die Polizei zu rufen (**Notruf 999**). Auch bei (geringfügigem) Blechschaden, unklarer Verschuldung und Verdacht der Überschreitung des Alkoholpegels (beim Gegner) sollte dies geschehen. Es ist zu beobachten, dass in Irland die kleine Beule und das Fahren „unter Strom" als Kavaliersdelikte betrachtet werden.
Auf alle Fälle die Personalien und erforderlichen Daten mit dem Unfallgegner austauschen und umgehend die eigene Versicherung verständigen.

Panne

Irland:	Automobile Association (**AA**) Fon: +353(0)-6179999
	RAC Motoring Service Fon: +353(0)-25500
Nordirland:	Automobile Association (**AA**) Fon: 0800-887766
	RAC Motoring Service Fon: 0800-828282

CAMPINGPLÄTZE

In Irland und Nordirland gibt es etwa 200 Campingplätze, davon viele in landschaftlich reizvoller Lage. Ausstattung und Gegebenheiten sind recht unterschiedlich, die Preise entsprechen etwa dem deutschen Niveau. In Feriengebieten dominieren die *Mobil Home* -Plätze, die auf Touring-Gäste kaum eingestellt sind. Viele Plätze bieten Ver- und Entsorgungseinrichtungen.
Irland: www.campingireland.ie
Nordirland: www.ukparks.com oder ww.caravanandcampingireland.com

EINREISE

Bis zu einem Aufenthalt von 3 Monaten genügt für EU-Bürger der Personalausweis oder Reisepass. Es gibt keine Vorschriften zu Dokumenten für mitgeführte Fahrzeuge, doch die „Grüne Versicherungskarte" wird empfohlen. Der nationale Führerschein reicht aus.
Die Einfuhr von frischen Fleisch-, Geflügel- oder Molkereiprodukten ist verboten, Konserven sind erlaubt. Die Einfuhr von Waffen ist verboten.
Besucher aus EU-Ländern müssen bei der Einreise gegenüber dem Zoll keine Angaben machen. Übrigens gibt es für Deutsche und Österreicher **keine** Mehrwertsteuer-Rückerstattung, für Schweizer schon.

FAUNA

Bei der Tierwelt ist eine bemerkenswerte Artenarmut zu verzeichnen. In Irland gibt es keine Schlangen, wofür der Legende nach der ***Heilige Patrick*** verantwortlich ist, der sie, wie fast alle Reptilien, seinerzeit von der Insel verbannte. Vereinzelt finden sich Rot-und Damwild, auch eine spezielle Hasenart ist hier heimisch. Maulwürfe gibt es keine, dafür aber eine Reihe von Seevogelarten. In riesigen Kolonien sind vor allem Basstölpel, Papageientaucher und viele Möwenarten heimisch. Im und am Meer leben neben Austernfischern verschiedene Robbenarten sowie reichlich Fische wie Dorsch, Schellfisch, Seeteufel und an der Küste große Exemplare des Conger, eine irische Meeresaal-Spezies.

FLORA

Durch die klimatischen Bedingungen kann sich eine üppige Vegetation entfalten, die aber besonders wenig Pflanzen-Arten hervorgebracht hat. Die berühmten *„Forty Shades of Green"*, die vielen Grün-Schattierungen, sind eben immer nur Gras. Große Teile der Insel sind von Moor bedeckt und auch der einstige Waldreichtum wurde in den vergangenen Jahrhunderten abgeholzt. Das staatliche *„Green Belt"*- Programm bemüht sich derzeit um Wiederaufforstung der kahlen Hänge. Beeindruckend sind vor allem aber die baumhohen Rhododendron-Büsche, die Fuchsien-Hecken, der Ginster und die Palmen in den Vorgärten und an der Küste.

GAS

Unser Bordvorrat von 2 x 11 kg hat bisher immer locker gereicht. Man sollte darauf achten, dass man mit 2 vollen Gasflaschen in den Irland-Urlaub aufbricht. Dort sind die blauen ***Camping-Gaz-International***-Flaschen und die ***Calor Gas***-Flaschen im Umlauf. Ein Befüllen der bei uns gebräuchlichen grauen 11-kg-Flaschen ist in Irland nicht überall möglich, wir haben im Buch 5 Stationen benannt (Tour 1, 4, 9 und 13), wo es funktioniert. Die besten Chancen bestehen wohl bei den Firmen ***FloGas*** und ***Calorgas***. ***Wir bitten weiter um Hinweise zu Erfahrungen beim Gas-Flaschen-Tausch bzw. -Füllen in Irland.*** Für den Notfall haben wir einen Gaskartuschen-Kocher im Gepäck, der auch bei Bootsausflügen und beim Wandern nützlich ist. Kartuschen gibt es in Sportgeschäften und Tankstellen.

GELD

Zumindest die Republik Irland ist seit 2002 EURO-Land! Der komplette Münzensatz (durchgängig mit Harfe) ist ein begehrtes Sammler-Objekt und ein schönes Souvenir für Verwandte und Freunde daheim.

In Nordirland bleibt es beim guten alten ***Pound Sterling*** (£) = 100 ***Pence***, also Geld umtauschen wie gehabt. Der Wechselkurs schwankt naturgemäß, zuletzt zahlten wir 1,16 EUR für 1 £.

HAUSTIERE

Nach den neuen, EU-einheitlichen Regeln ist ist bei Reisen innerhalb der Europäischen Union für Hunde, Katzen und Frettchen (!) seit 1. Oktober 2004 ein **EU-Heimtierpass** (EU PET Passport) vorgeschrieben. Es gibt keine Einschränkungen für Hunde und Katzen, die direkt aus Großbritannien nach Irland einreisen. Die Einreise vom europäischen Festland nach Großbritannien regelt das PET TRAVEL SCHEME. Die komplexen Bestimmungen dieser ***Haustier-Reiseverkehrsregelung*** zu den Voraussetzungen (implantierter Mikrochip, Impfungen, Bluttests, zugelassene Labors) und erlaubten Einreisewegen (siehe **Anreise**) klären Infos von der ***Britischen Botschaft*** in Berlin und ***Tourism Irland*** (Siehe **Adressen**).

KARTENMATERIAL

Neben einem hinreichend genauen Europa-Atlas für die Hin- und Rückfahrt empfehlen wir für folgendes:

Großbritannien

Michelin Nr. 501: Schottland, 1:400.000 (gibt's bei **WOMO**)
Michelin Nr. 502: England Nord - Midlands, 1:400.000
Michelin Nr. 503: England-West, Wales, 1:400.000
Michelin Nr. 504: England Süd-Ost, Midlands 1:400.000

Irland

Michelin Nr. 712: Irland, 1:400.000 (gibt's bei **WOMO**)
Michelin Nr. 713: Großbritannien / Irland, 1:1 Mio (gibt's bei **WOMO**)

Polyglott Irland Flexikarte, 1:785.000
Nützliche Karte zur Planung, Folienstift kann wieder abgewischt werden.

Irland im Detail
Für Irland und Nordirland haben wir die *Discovery Series, Ordnance Survey of Ireland*, 89 Teile, *1:50.000.* Online-Shop: www.osi.ie.
Diese Karten sind allererste Sahne, sehr präzise und dennoch übersichtlich, sehr zu empfehlen. Man muss sich ja nicht die ganze Serie auf einmal kaufen, doch für die konkrete Zielregion sind diese Karten unersetzlich.

Lesern aus der Region in und um **Berlin** sei noch unser Lieblingskartenladen ans Herz gelegt: **SCHRO*PP***, Hardenbergstraße 9a, 10623 Berlin. Sehr gutes Fachgeschäft, Auswärtige bestellen unter www.schropp.de.

KLIMA / WETTER

Irland liegt als westlicher Vorposten Europas im Einflussgebiet der warmen **Golfstromgewässer**. Da die Küste an keiner Stelle weiter als etwa 100 km entfernt ist, herrscht überall auf der Insel ein **gleichmäßiges Klima**. Das bedeutet sowohl **milde Winter** als auch eher **kühle Sommer**. Für die Niederschlagshäufigkeit und -mengen zeichnen sich regional gravierende Unterschiede ab. Während die Westküste, vor allem der Südwesten, oft und reichlich mit Regen bedacht wird (Die Iren bezeichnen Regen gerne auch als ***liquide sunshine***), was in Verbindung mit der „Warmwasser-Heizung" des Golfstromes zu beinahe tropischer Vegetation führt, erfreuen sich die Sommerfrischler an der Ostküste an deutlich mehr Sonnentagen als im restlichen Land.
Da man Klima und Wetter nicht ändern kann, indem man sich darüber ärgert, sollte man vorwiegend die positiven Aspekte dieser irischen Spezialität betrachten. So sind lang anhaltende Niederschlagsperioden hier selten, manchmal regnet es mehrmals am Tag, zwischendurch scheint die Sonne und entfacht in der Natur einen Farbenzauber ohnegleichen.
Zum reinen Badeurlaub fährt ja niemand nach Irland!

LITERATUR

Außer dem Büchlein ***„Mit dem Wohnmobil nach Irland"***, in dem Sie gerade schmökern, möchten wir Ihnen ein paar andere Reiseführer und darüber hinaus noch weitere Literatur empfehlen, die Sie zur optimalen Vorbereitung lesen sollten.

Reiseführer

Michelin:	*Reiseführer Irland*
DuMont:	*Richtig Reisen Irland*
Ute und Peter Freier:	*Abenteuer Trekking Irland*

Sonstiges

Kauderwelsch Band 90: Irisch-Gälisch Wort für Wort (gibt's bei **WOMO**)
Langenscheidt: Taschenwörterbuch Englisch
Irland Journal (www.gaeltacht.de)

MAUT (TOLL)

In ***Irland*** gibt es mittlerweile einige mautpflichtige Straßen, vor allem auf Abschnitten der neu gebauten Autobahnen und Nationalstraßen **M 1**, **M 4**, **N 8** und **M 50**. Es ist jedoch zu erwarten, dass im Rahmen des komplexen Modernisierungsplans in den nächsten Jahren noch weitere kostenpflichtige Straßen hinzu kommen. Bei den allermeisten Strecken ist die Maut-Entrichtung nach bekanntem Modell an Zahlstationen vor Ort möglich. Die Ausnahme bildet ein Abschnitt der **M 50**, wo die Erfassung mit dem elektronischen System namens ***eflow*** erfolgt, bei dem die Fahrzeugkennzeichen der Nutzer per Video erfasst werden. Die Bezahlung muss dann bis 20 Uhr

des Folgetages an (landesweit verteilten) Filialen von ***payzone*** erfolgen. Sehr viel einfacher geht das Verfahren, wenn man sich vorab mit seinen Kreditkartendaten registrieren und dann die Maut-Gebühr von seinem Konto abbuchen lässt. Selbsttest 2013: Funktioniert tadellos!
Weitere Informationen:www.nra.ie, www.eflow.ie und www.payzone.ie.

MIETMOBILE

Mit dem Flieger nach Irland und WOMO mieten? Vermieter in Irland:

Bunk Campers, Belfast und Dublin
Ratoath Road, Kilbride, Dublin 15, Ireland
Fon: +353 (0)1 4861 260, www.bunkcampers.com

Celtic Campervans, Dublin
Fon: +353 (0)87-2794927, www.celticcampervans.com

Galway Campers, Kiltomer
Fon: +353 (0)87-6998171, www.galwaycampers.com

Kamp-Easi Motorhomes
Fon: +353 (0)1-8165915, www.kamp-easimotorhomes.com

Happy Camper, Limerick
Fon: +353 (0)61-314146, www.campervan.ie

NORDIRLANDKONFLIKT

Die Wurzeln dieses traurigen Kapitels reichen bis ins 12. Jahrhundert zurück, als im Jahre 1169 König ***Heinrich II.*** von England zur Unterstützung nach **Irland** gerufen wurde. Danach begann die englische Besiedlung der Insel und damit die zunehmende Vorherrschaft gegenüber der irischen Bevölkerung und deren Vertreibung. Erhebungen der Iren wurden regelmäßig niedergeschlagen. Spätestens nach der ***Schlacht am Boyne***, bei der im Jahre ***1690*** die Iren unter Führung ihres katholischen Königs ***James II.*** von dem protestantischen ***Wilhelm III. von Oranien*** und seinem Heer vernichtend geschlagen wurden, schien die Unterwerfung der Iren bis in alle Ewigkeit besiegelt. Die Jahreszahl ***1690*** findet man heute in nordirischen Dörfern und Städten (mit katholischer Minderheit) bei jedem Volksfest auf großen Transparenten, und zu diesem Anlass finden bis heute pompöse Aufmärsche des ***Oranierordens*** statt.
Die folgende Diskriminierung und Unterdrückung der einheimischen Katholiken brachte denen bittere Armut und den Anglo-Iren zunehmenden Reichtum. Verschiedene Aufstände im 18. Jahrhundert scheiterten, doch der irische Nationalismus erstarkte und es kam zum Widerstand gegen die englische Vorherrschaft. Schließlich wurde der ***Osteraufstand 1916*** von der britischen Armee niedergeschlagen, und nach dem folgenden ***Unabhängigkeitskrieg von 1919 bis 1921*** kam es dann zur Teilung Irlands. Der katholisch dominierte Süden wurde Freistaat und 6 von 8 Grafschaften der Provinz Ulster gehörten fortan zu Großbritannien, es entstand ***Nordirland***. Hier baute die Zweidrittel-Mehrheit der Protestanten ihre Vormachtstellung kontinuierlich aus, die katholische Minderheit wurde systematisch benachteiligt, was wiederum zu Spannungen führte und schließlich ab 1968 zum eigentlichen ***Nordirlandkonflikt*** eskalierte. Am 5. Oktober wurde eine (verbotene) Demonstration der katholischen Bürgerrechtsbewegung in (London)***Derry*** von der ***RUC*** (Polizei in Ulster) und einem protestantischen Schlägertrupp (mit Polizeibefugnissen) gewaltsam aufgelöst. Für viele war das der Ursprung der ***„Troubles“*** (Unruhen), wie der folgende Bürgerkrieg der 70er bis 90er Jahre von britischer Seite tituliert und damit heruntergespielt wurde. Die Übergriffe auf katholische Stadtviertel nahmen zu und veranlassten die britische Regierung zur Entsendung von tausenden Soldaten. Dem ***„Bloody Sunday“*** (30. Januar 1972), bei dem die britische Schutztruppe 13 katholische Demonstranten

erschoss, folgten Terroranschläge der Irisch Republikanischen Armee (***IRA***) auf der einen und protestantischer Untergrundorganisationen auf der anderen Seite. Der Terror erschütterte die Insel und spaltet die Lager bis zum heutigen Tag. Die Chronik des 30jährigen Terrors ist bedrückend, und die tiefen Gräben in der nordirischen Gesellschaft machen das Vergessen und die Versöhnung so schwierig. Die verheißungsvolle Basis dafür wurde mit dem ***Friedensabkommen vom Karfreitag 1998*** geschaffen.

PORTO

Von Irland in EU-Länder/Nicht-EU-Länder: Karte wie Brief 0,90 EUR/0,90 EUR.
Von N.-Irland in EU-Länder/Nicht-EU-Länder: Karte wie Brief 0,88 £/0,88 £.

PUBS

Die ***„Public Houses“*** sind in etwa mit unseren Kneipen vergleichbar und stellen nach wie vor den gesellschaftlichen Mittelpunkt des Dorfes oder einer Straße in der Stadt dar. Meist sehr angenehme Atmosphäre, keine Pöbeleien. Hier trifft sich Jung und Alt, man trinkt, plauscht, spielt *Dart* oder

schaut sich Windhundrennen und andere Ereignisse, auf die man Wetten abschließen kann, im allgegenwärtigen Fernsehen an. Zu fortgeschrittener Stunde wird gelegentlich musiziert, die Spenden der geneigten Zuhörer landen in einem leeren Bierglas auf dem Musikertisch. In touristischen Ballungsgebieten wird in den ausgewiesenen ***„Singing Pubs“*** sogar bereits am frühen Nachmittag gespielt und gesungen, um den „Touris“ die irische Lebensart und Pub-Kultur zu demonstrieren. Zunehmend erhält man auch schon in der Mittagszeit warmes Essen wie *gebratenes Fischfilet*, *Irish Stew* oder ähnliches. Seine Getränke und meist auch das Essen holt man sich selbst von der Theke und bezahlt auch sofort, Kellner gibt es selten. Falls es nicht zu laut ist, kommt man mit den Leuten gut ins Gespräch. Wenn man zum Bier eingeladen wird, gehört es zum guten Ton, sich bei der nächsten Runde zu revanchieren. Vom Zapfer hinter dem Tresen gibt es auch gelegentlich einen heißen Tipp für den nächsten WOMO-Übernachtungsplatz!

RAUCHVERBOT

Als erstes Land der EU hat die Republik Irland am 29. März 2004 in allen öffentlichen Gebäuden ein totales Rauchverbot eingeführt. Das betrifft insbesondere öffentliche Verkehrsmikttel, Pubs, Bars und Restaurants.

RESTAURANTS

Während in den Pubs das Trinken bevorzugt wird, steht in den Restaurants das Essen im Vordergrund. In den letzten Jahren haben sich eine ganze Reihe von feinen Lokalen etabliert, die wir ehrlich gesagt eher meiden, da uns weder das Preisniveau noch die entsprechende Abendgarderobe besonders behagt. Ausgewiesene Gourmet-Tempel findet man allerorts, man trinkt Wein und tafelt bei Kerzenlicht. Unsere großen Favoriten sind die Fischrestaurants (***Sea Food***) in den kleineren Hafenstädten und -dörfern.

SPORT

Einige speziell irische Sportarten fallen dem Besucher sofort ins Auge:

Gaelic Football

Ergebnis von Bestrebungen, sich vom Britischen Fußball zu unterscheiden. Eine Mischung aus Fußball und Rugby. Sehr körperbetonte Sportart, bei der es jedoch meist wesentlich fairer zugeht als in der heimischen Fußball-Bundesliga. Man spielt mit der Hand, schießt mit dem Fuß, und das Regelwerk hat eine kuriose Dribbel-Technik hervorgebracht.

Hurling

National-Sport der Iren. Eine Art Rasenhockey, bei dem sich mit schaufelförmig abgeflachten Schlägern und einem kleinen Lederball ein rasantes Spiel entwickelt. Anders als beim Hockey darf der Ball auch mit Hand und Fuß gespielt werden. Besonders verbreitet im südlichen Irland. Gilt als schnellste Ballsportart der Welt.

Ansonsten spielt man auch richtigen **Fußball**, **Rugby, Golf** (Volkssport in Irland, über 200 Golfclubs im Land) und dessen volkstümliche Variante **Pitch and Putt**.

SPRACHE

Gälisch oder ***Irisch*** ist laut Verfassung die offizielle Landessprache in Irland, ***Englisch*** kommt erst an zweiter Stelle. In der Praxis sieht das ganz anders aus. Überall wird Englisch gesprochen und der Tourist trifft nur vereinzelt auf gälische Sprachinseln (***An Gaeltacht***), wo der sprachunkundige Besucher weder die schriftlichen Hinweise, noch irgend etwas von den Pub-Gesprächen versteht. Heute ist man bemüht, diese traditionelle Sprache zu pflegen und zu erhalten. Gälisch ist Pflichtfach in der Schule, aber für die meisten Kinder eine Fremdsprache, die sich im Alltag als wenig nützlich erweist. Kulturhistorisch Interessierte (auch aus dem Ausland) lernen diese schwierige Sprache in Sommerschulen vor Ort, und die Individualurlauber rätseln immer noch so manches Mal an diesen typischen Schilderbäumen herum. Bloß gut, dass auf besserem Kartenmaterial die Ortsnamen zweisprachig aufgeführt sind, selbst dann, wenn die Beschilderung nur noch auf Gälisch erfolgt.

Das ist Gälisch: Geil, die Anderen haben Vorfahrt!

Wichtige Gaeltacht-Gebiete findet man auf der ***Dingle Halbinsel***, in ***Connemara***, den ***Aran Inseln*** und in ***Donegal***. Viele Ortsnamen gehen auf gälische Landschaftsbegriffe zurück, doch eine Gälisch-Lektion für Ihre Grundausstattung möchten wir uns hier verkneifen. Nur soviel für den Notfall vor dem Toilettenhaus: ***Fir*** steht für Herren und ***Mna*** für Damen!

STRÄNDE

Langanhaltende Schönwetterperioden sind zwar selten, doch die (theoretischen) Chancen auf einen vergnüglichen Badespaß stehen bestens. Nach den EU-Richtlinien gehören die irischen Strände zu den besten Europas. Über 60 Strände dürfen sich mit der ***Blue Flag*** schmücken, dem europäischen Gütesiegel für öffentliche Badestellen. In die Bewertung fließen neben der Sauberkeit von Strand und Badewasser die sanitären Anlagen, eine geordnete Müllentsorgung und Erste-Hilfe-Einrichtungen ein. Ein Anspruch auf angenehme Wassertemperaturen besteht hingegen nicht. Der direkte Zusammenhang zwischen der Anzahl der Badegäste, deren Gesamtverweildauer im Wasser, den vorherrschenden Temperaturen und der Sauberkeit von Strand und Badewasser liegt natürlich auf der Hand.

TANKEN

Gut ausgebautes Netz verschiedener Gesellschaften, vergleichbar dem deutschen Standard. Trotzdem sollte man nicht bis zum letzten Tropfen fahren, Überraschungen an Feiertagen oder Sortenarmut in ländlichem Gebiet sind nicht ausgeschlossen.

Super Plus Unleaded	= Super bleifrei (98 Oktan)
Unleaded	= Benzin bleifrei (95 Oktan)
Super Leaded	= Super verbleit (97 Oktan)
Diesel	= Diesel

TOILETTEN

Die Benutzung von öffentlichen Toiletten ist kostenlos, mit Ausnahme der vereinzelt angetroffenen modernen Automatik-Klos. Toilettenhäuschen findet man meist an Strand- und anderen Parkplätzen sowie auf Picknickplätzen. Wenn es sich einrichten lässt, sollte man vorzugsweise diese Toiletten benutzen und nicht das Bordklo unnötigerweise behelligen, Ihre Mitreisenden werden es Ihnen danken.

Besonders interessant sind diese Örtchen zur **Ver- und Entsorgung** des WOMOs. Leeren Sie möglichst täglich Ihr Kassetten-Klo, auch wenn es noch lange nicht voll ist. Das können Sie allerdings nur dann auf den öffentlichen Toiletten mit gutem Gewissen erledigen, wenn Sie auf chemische Zusätze verzichten. Probieren Sie doch einmal eines der Tankentlüftungssysteme oder benutzen Sie Essig. Chemie im Klo haben wir noch nie gebraucht. Wenn Sie solche Zusätze unbedingt verwenden müssen, dann dosieren Sie wenigstens gewissenhaft. WOMO-Mieter lassen sich zum **Thema Toilette** bitte alles ganz genau erklären. Kippen Sie niemals den Inhalt Ihres Bordklos verstohlen in die freie Natur, denn das ist schlichtweg eine Schweinerei!

Viele öffentliche **Toiletten** besitzen sogar einen Außen-**Wasserhahn**, doch dazu mehr beim folgenden Punkt.

TRINKWASSER / ABWASSER

Die **Trinkwasserversorgung** ist völlig unproblematisch. Gelegentlich gibt es öffentliche Wasserhähne (in den Tourentexten beschrieben). Auch an Tankstellen wird das Wasser-Bunkern fast immer möglich sein. Dafür ist das Mitführen eines Wasserschlauches (1x10 m und 1x5 m, bei Bedarf koppelbar = 15 m) sowie von ½- und ¾-Zoll Adaptern nützlich. Für ungewöhnliche Hahn-Dimensionen verwenden wir einen im Durchmesser variablen Anschlussstutzen aus dem Garten-Center, den sogenannten „Wasserdieb" (links) und für „schwere" Fälle hat man den von ***Reinhard Schulz*** erfundenen ***Fahrradschlauch-Adapter*** dabei!

Eher selten gesehen!

Manchmal kann man beim besten Willen nicht an die „Wasserstelle" heranfahren. Für diese Variante haben wir einen 20-Liter-Wasserkanister an Bord, mit dem man dann schrittweise seinen Tank füllen kann.

Etwas schwieriger stellt sich die **Abwasserentsorgung** dar. Außerhalb der Campingplätze, die i.d.R. über Entsorgungseinrichtungen verfügen, sind uns in Irland nur wenige derartigen Stationen bekannt. Was tun? Es ist also abzuwägen, ob man nur wegen des Anspruchs lupenreiner Abwasserentsorgung nun regelmäßig einen Campingplatz in Anspruch nehmen muss. Alternativen, sein Abwasser loszuwerden, gibt es nicht viele. Bliebe noch die Einleitung des meist nur gering verschmutzten Abwassers in die Abflüsse von Autowaschanlagen, doch auch das geht nur nach Zustimmung durch den Betreiber. Die Empfehlung, das Abwasser in einen Regenwassergully oder auf Ödland zu entsorgen, werden wir hier nicht geben, weil dies ökologisch nicht korrekt ist und dem Ansehen der gesamtem WOMO-Gilde schadet, obwohl die Natur, wie Biologen bestätigen, davon keinen Schaden nähme.

ÜBERNACHTUNGSPLÄTZE

Für das „Freistehen" von WOMOs sind uns für Irland keine klaren Regelungen bekannt. Die in vielen Ländern üblichen Einschränkungen oder gar die polizeiliche Ahndung von Verstößen ist in Irland (noch) kein Thema. Bei Nachfragen wird man zwar selten eine hochoffizielle Erlaubnis für das Übernachten auf dem Parkplatz einer Sehenswürdigkeit erhalten, doch uns wurde für den Fall der Fälle meist eine großzügige Tolerierung signalisiert. Doch auch in Irland begegnet man verschiedenen Verboten, die nachfolgend bewertet werden sollen:

Höhenbegrenzungsbalken

Diese Zufahrtsbeschränkung ist eindeutig. Übernachten im WOMO nicht möglich, nicht einmal Parken.

„No Overnight Parking"

Auch hier herrscht Klarheit. Dieses Verbot sollte man akzeptieren, selbst wenn eigentlich damit ***Tinker/Traveller*** abgehalten werden sollen.

„No Camping, No Caravaning"

Wir gehen mittlerweile davon aus, dass dieser Hinweis für WOMOs nicht gilt, zumindest dann, wenn man kein campingähnliches Leben entfaltet.

Bevor Sie sich von der Beschilderung an einem netten Strandparkplatz abschrecken lassen, deuten Sie die Verbote richtig. Eine Reihe von Einschränkungen können wir doch spielend einhalten. So wird das Müllabladen (***No Dumping***), das Jagen (***No Hunting***) und die Entnahme von Material vom Strand (Sand oder Strandgut?) untersagt.

Insgesamt hat in den letzten Jahren die Zahl der Verbotsschilder und der Höhen-Balken in Irland nicht zugenommen, da sich nunmehr auch eine ausgeprägte WOMO-Szene in Irland entwickelt hat, die ihre Interessen zu vertreten weiß. Insgesamt kann man Irland durchaus immer noch als wohnmobilfreundliches Urlaubsland bezeichnen. Durch rücksichtsvolles und behutsames Auftreten sowie bei Vermeidung von Massenzusammenkünften sollte dies auch so bleiben.

ZEITZONE

In Großbritannien und Irland gilt die ***Greenwich Mean Time*** (GMT), also die heimatliche ***Mittel-Europäische Zeit*** (MEZ) minus 1 Stunde. Das heißt z.B.: 22 Uhr in Irland = 23 Uhr in Deutschland.

Stichworte

Der WOMO®-Pfannenknecht

ist die saubere Alternative zum Holzkohlengrill.

* Kein tropfendes Fett,
* Holz statt Holzkohle,
* vielfältige Benutzung –
* vom Kartoffelpuffer bis zur Gemüsepfanne.

Massive Kunstschmiedearbeit, campinggerecht zerlegbar, Qualitäts-Eisenpfanne von Rösle, bequeme Handhabung im Freien, einfachste Reinigung.

Nur 69,90 € – und nur bei WOMO!

Der WOMO®-Aufkleber

* passt mit 14 cm Breite auch auf Ihr Wohnmobil.
* ist das weit sichtbare Symbol für alle WOMO-Freunde.

Ab 0,00 € – und nur bei WOMO!

Der WOMO®-Knackerschreck

* ist die universelle und **sofort sichtbare Einbruchssperre**.
* Wird einfach in die beiden Türarmlehnen eingehängt, zusammengeschoben und abgeschlossen. (tagsüber unter Einbeziehung des Lenkrades, nachts direkt, somit ist Notstart möglich).
* Passend für Ducato, Peugeot, MB Sprinter, Renault sowie alle VWs.
* Krallen aus 10 mm starkem (Edel-) Stahl, d. h. nahezu unverwüstlich.

Ab 44,90 € – und nur bei WOMO!

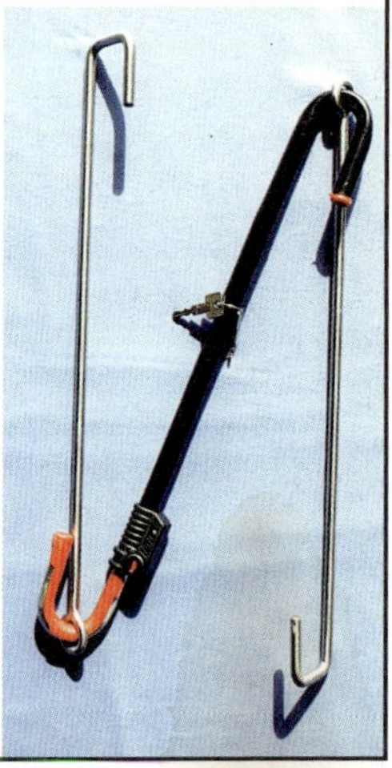

Info-Blatt für das WOMO-Buch Irland '14

(ausgefüllt erhalte ich 10% Info-Honorar auf Buchbestellungen direkt beim Verlag)

Lokalität: Seite: Datum:
(Stellplatz, Campingplatz, Wandertour, Gaststätte, usw.)
unverändert gesperrt/geschlossen folgende Änderungen:

Lokalität: Seite: Datum:
(Stellplatz, Campingplatz, Wandertour, Gaststätte, usw.)
unverändert gesperrt/geschlossen folgende Änderungen:

Lokalität: Seite: Datum:
(Stellplatz, Campingplatz, Wandertour, Gaststätte, usw.)
unverändert gesperrt/geschlossen folgende Änderungen:

Lokalität: Seite: Datum:
(Stellplatz, Campingplatz, Wandertour, Gaststätte, usw.)
unverändert gesperrt/geschlossen folgende Änderungen:

Lokalität: Seite: Datum:
(Stellplatz, Campingplatz, Wandertour, Gaststätte, usw.)
unverändert gesperrt/geschlossen folgende Änderungen:

Lokalität: Seite: Datum:
(Stellplatz, Campingplatz, Wandertour, Gaststätte, usw.)
unverändert gesperrt/geschlossen folgende Änderungen:

Meine Adresse und Tel.-Nummer:

(nur komplett ausgefüllte, zeitnah eingesandte Infoblätter können berücksichtigt werden)

Wir bestellen zur sofortigen Lieferung: (Alle Preise in € [D], Preisänderungen vorbehalten)